O SUBCONTRATO

PEDRO ROMANO MARTINEZ
ASSISTENTE DA FACULDADE DE DIREITO DE LISBOA
E DA UNIVERSIDADE CATÓLICA

O SUBCONTRATO

REIMPRESSÃO DA EDIÇÃO DE 1989

O SUBCONTRATO

AUTOR
PEDRO ROMANO MARTINEZ

EDITOR
EDIÇÕES ALMEDINA, SA
Rua da Estrela, n.º 6
3000-161 Coimbra
Tel: 239 851 904
Fax: 239 851 901
www.almedina.net
editora@almedina.net

PRÉ-IMPRESSÃO • IMPRESSÃO • ACABAMENTO
G.C. GRÁFICA DE COIMBRA, LDA.
Palheira – Assafarge
3001-453 Coimbra
producao@graficadecoimbra.pt

Abril, 2006

DEPÓSITO LEGAL
26242/89

Os dados e as opiniões inseridos na presente publicação
são da exclusiva responsabilidade do(s) seu(s) autor(es).

Toda a reprodução desta obra, por fotocópia ou outro qualquer processo,
sem prévia autorização escrita do Editor,
é ilícita e passível de procedimento judicial contra o infractor.

INDICAÇÕES PRÉVIAS

Todas as disposições citadas, não acompanhadas da fonte, reportam-se ao Código Civil de 1966.
Nas notas de rodapé são usadas as seguintes abreviaturas:

ADC	— Anuario de Derecho Civil
BB	— Der Betriebsberater
BBTC	— Banca Borsa e Titoli di Credito
BFD	— Boletim da Faculdade de Direito da Universidade de Coimbra
BGB	— Bürgerliches Gesetzbuch
BGHZ	— Entscheidungen des Bundesgerichtshofes in Zivilsachen
BMJ	— Boletim do Ministério da Justiça
CJ	— Colectânea de Jurisprudência
CTF	— Ciência e Técnica Fiscal
ED	— Enciclopedia del Diritto
FI	— Il Foro Italiano
GRLx	— Gazeta da Relação de Lisboa
IN	— A Indústria do Norte
JR	— Jurisprudência das Relações
JW	— Juristische Wochenschrift
JZ	— Juristenzeitung
NJW	— Neue Juristische Wochenschrift
NssDI	— Novissimo Digesto Italiano
RDC	— Rivista di Diritto Civile
RDComm	— Rivista di Diritto Commerciale
RDCDGO	— Rivista di Diritto Commerciale e del Diritto Generale delle Obbligazioni
RDES	— Revista de Direito e de Estudos Sociais
RDIPP	— Revista di Diritto Internazionale Privato e Processuale
RDP	— Revista de Derecho Privado
RFDC	— Revista de la Facultad de Derecho de Caracas
RFDUL	— Revista da Faculdade de Direito da Universidade de Lisboa
RIT	— Revue International du Travail
RIW	— Recht der Internationalen Wirtschaft

RJBA	— *Revista Juridica de Buenos Aires*
RLJ	— *Revista de Legislação e de Jurisprudência*
ROA	— *Revista da Ordem dos Advogados*
RT	— *Revista dos Tribunais*
RTDC	— *Revue Trimestrielle de Droit Civil*
RTDPC	— *Rivista Trimestrale di Diritto e di Procedura Civile*
SI	— *Scientia Iuridica*
TJ	— *Tribuna da Justiça*

ÍNDICE

CAPÍTULO I
INTRODUÇÃO

Secção I — **Generalidades**

§ 1 *Admissibilidade de uma teoria geral do subcontrato*

    1. Necessidade de uma disciplina unitária 17
    2. Críticas 19
    3. Sequência; noção provisória de subcontrato 19

§ 2 *Razão de ser e consequências do subcontrato*

    4. Cooperação entre entidades que são sujeitos de relações jurídicas diversas 21
    5. Desenvolvimento da especialização técnica 22
    6. Utilização mais intensa dos bens 23
    7. Especulação parasitária 23
    8. Fraude à lei 24

§ 3 *Tipos de subcontrato*

    9. Sublocação 27
    10. Submandato 33
    11. Subempreitada 36
    12. Outros tipos 42

§ 4 *Casos em que não é admissível subcontratar*

    13. Ideia geral 46
    14. Contratos de execução instantânea 46
    15. Contratos de garantia 47
    16. Contratos *intuitu personæ* 48

17. Proibição legal de subcontratar; as tomadas de posição nas várias legislações 53

Secção II — **Evolução histórica**

§ 5 *A subcontratação no Direito Romano*

18. O subcontrato de locação 59
19. Outros casos 61

§ 6 *Posição do Direito Português*

20. O subcontrato nas Ordenações 65
21. O subcontrato no Código Civil de 1867 70
22. O subcontrato no Código Civil de 1966 72

CAPÍTULO II

CARACTERIZAÇÃO DO SUBCONTRATO

§ 7 *Distinção de figuras afins*

23. Contratos complementares 75
    a) Noção geral 75
    b) Contratação de auxiliares 76
24. Contratos acessórios 79
25. Contratos sucessivos 80
26. Assunção cumulativa de dívida 82
27. Contrato a favor de terceiro 84
28. Cessão da posição contratual 86
    a) Tradicional equiparação 86
    b) Distinção teórica 87
    c) Dificuldades de distinção prática; indícios diferenciadores ... 93

§ 8 *Características do contrato base*

29. Contrato duradouro 95
30. Contrato *sine intuitu personæ* 96

§ 9 *Características do subcontrato em relação ao contrato base*

31. Identidade de tipo negocial 97
32. Identidade de objecto 100
33. Posterioridade lógica 101
34. Subordinação 103

CAPÍTULO III

FORMAÇÃO E EFEITOS DO SUBCONTRATO

Secção I — **Formação do subcontrato**

§ 10 *Elementos específicos*

    35. Ideia geral 111
    36. Poder de subcontratar; a questão da autonomia da vontade .. 112
    37. Necessidade de autorização 113

Secção II — **Efeitos do subcontrato**

§ 11 *Subsistência de dois vínculos contratuais*

    38. Coexistência do contrato base com o subcontrato 119
    39. Surgimento de uma relação trilateral 121

§ 12 *Constituição de uma nova situação jurídica*

    40. Noção geral 123
    41. Criação de direitos e deveres derivados 123
    42. Correlativa limitação da posição jurídica do intermediário ... 124
    43. Constituição de novos deveres acessórios 126

§ 13 *Outros efeitos*

    44. O subcontrato como modo de aproveitamento das vantagens do contrato base 128
    45. O subcontrato como modo de execução do contrato base ... 129

CAPÍTULO IV

ESPECIFICIDADES DA SUBCONTRATAÇÃO NO QUE RESPEITA ÀS RELAÇÕES ENTRE SUJEITOS PARTES EM NEGÓCIOS JURÍDICOS DISTINTOS

Secção I — **Relações entre os três contraentes**

§ 14 *Posição relativa das partes*

    46. Manutenção inalterada da posição jurídica das partes no contrato base 133
    47. Reprodução, quanto ao intermediário no subcontrato, da posição do primeiro contraente no contrato base 134

§ 15 *Relações entre o primeiro contraente e o intermediário*
 48. Relações contratuais derivadas do contrato base 136
 49. Agravamento da responsabilidade do intermediário por facto de outrem 137
 50. Não agravamento da responsabilidade do primeiro contraente 145

§ 16 *Relações entre o intermediário e o subcontraente*
 51. Relações contratuais derivadas do subcontrato 147
  a) Regras gerais 147
  b) Responsabilidade do intermediário 148
 52. Divisão de responsabilidades e direito de regresso 152

§ 17 *Relações entre o primeiro contraente e o subcontraente*
 53. Excepção à relatividade dos contratos 155
 54. Acção directa entre os extremos da cadeia negocial 158

Secção II — **Acção directa**

§ 18 *Individualização da figura*
 55. Noção geral 161
 56. Carácter excepcional 166
 57. Distinção entre acção directa e acção sub-rogatória 168

§ 19 *Acção directa no subcontrato*
 58. Acção directa do primeiro contraente contra o subcontraente 170
 59. Acção directa do subcontraente contra o primeiro contraente 174
 60. Impossibilidade de generalização da acção directa nos dois sentidos para todas as situações subcontratuais; outras soluções 177

CAPÍTULO V

NOÇÃO E NATUREZA JURÍDICA DO SUBCONTRATO

§ 20 *Conceito de subcontrato*
 61. As várias figuras subcontratuais 185
 62. Conceito unitário 187

§ 21 *Teorias relativas à natureza jurídica do subcontrato*

    63. Ideia geral 189

    64. O subcontrato como contrato a favor de terceiro 190

    65. O subcontrato com sucessão constitutiva de contratos 191

    66. O subcontrato como união ou coligação de contratos 193

Bibliografia 199

CAPÍTULO I

INTRODUÇÃO

SECÇÃO I

GENERALIDADES

§ 1 Admissibilidade de uma teoria geral do subcontrato

1. Necessidade de uma disciplina unitária

O Código Civil não trata o subcontrato como uma figura unitária ([1]), mas há toda a vantagem em que a jurisprudência, e principalmente a doutrina, se debrucem sobre esta figura, a fim de, nela, encontrarem os elementos necessários para delinear uma estrutura comum.

São frequentes os estudos que a doutrina dedica ao subarrendamento, e inúmeras as decisões jurisprudenciais sobre este tema ([2]). O mesmo não acontece com os restantes subcontratos.

([1]) O mesmo acontece noutros diplomas de direito civil, tais como os códigos brasileiro, espanhol, francês, italiano, alemão e suíço.

([2]) Em termos exemplificativos podem referir-se, em Portugal, RUI DE ALARCÃO, *A Sublocação de Prédios Urbanos* e ESTELITA DE MENDONÇA, *Da Sublocação;* na Alemanha, GEORG CREZELIUS, «Untermiete und Mieterschutz», *JZ,* 1984, pp. 70 e segs. e OTTO SKOPALIK, *Die Rechte der Untermieter;* em França, PAUL ESMEIN, «Cession de Bail et Sous-location», *RTDC,* 23, 1924, pp. 251 e segs.; e, na Itália, ANDREA TABET, «Sublocazione», *NssDI,* XVIII, pp. 588 e segs.

Quanto à jurisprudência portuguesa, e igualmente em termos exemplificativos, pode citar-se por ordem cronológica: Acórdão da Relação de Coimbra, de 21 de Janeiro de 1925, *RLJ,* 58, p. 191; Acórdão do Supremo Tribunal de Justiça, de 18 de Março de 1966, *RLJ,* 99, p. 266; Acórdão do Supremo Tribunal de Justiça, de 27 de Outubro de 1967, *RLJ,* 101, p. 202; Sentença do 2.º Juízo do Porto, de 29 de Janeiro de 1969, *RT,* 1969, p. 80; Acórdão da Relação de Lisboa, de 17 de Junho de 1970, *JR,* 16, p. 483; Acórdão da Relação do Porto, de 12 de Maio de 1971, *BMJ,* 208, p. 192; Acórdão da Relação de Lis-

Mas na medida em que, entre as várias figuras subcontratuais, se encontra uma unidade conceitual, pode, porventura, ser elaborada uma teoria geral do subcontrato. E o falar-se em «teoria geral do subcontrato» (no singular) indicia a intenção de unificar os vários subcontratos sob um conjunto de regras comuns a todos eles, com a consequente generalização no tratamento do tema.

Para além de certos aspectos específicos e de efeitos próprios [3] que implicariam, só por si, um tratamento autónomo com respeito à teoria geral do contrato, também a possibilidade de relacionamento entre sujeitos que são partes em relações jurídicas distintas vem exigir a criação de uma disciplina unitária do subcontrato. Só essa disciplina unitária poderá explicar o papel do intermediário [4] nas duas relações em que é parte e, especialmente, a possibilidade de terceiros, relativamente a certo negócio jurídico, serem demandados por uma das partes nesse contrato com base na responsabilidade obrigacional.

Há, pois, que procurar os denominadores comuns do fenómeno subcontratual.

---

boa, de 23 de Junho de 1972, *BMJ,* 218, p. 303; Acórdão do Supremo Tribunal de Justiça, de 11 de Julho de 1972, *BMJ,* 219, p. 168; Acórdão do Supremo Tribunal de Justiça, de 17 de Julho de 1972, *RT,* 91, p. 15; Acórdão da Relação do Porto, de 27 de Abril de 1973, *BMJ,* 227, p. 216; Acórdão do Supremo Tribunal de Justiça, de 29 de Junho de 1973, *BMJ,* 228, p. 200; Acórdão da Relação do Porto, de 24 de Julho de 1974, *BMJ,* 239, p. 262; Acórdão da Relação de Évora, de 10 de Fevereiro de 1977, *BMJ,* 266, p. 225; Acórdão da Relação de Coimbra, de 20 de Abril de 1977, *CJ,* II, p. 303; Acórdão da Relação do Porto, de 17 de Janeiro de 1978, *CJ,* III, 1, p. 128; Acórdão da Relação do Porto, de 25 de Novembro de 1980, *CJ,* VI, p. 229; Acórdão do Supremo Tribunal de Justiça, de 2 de Dezembro de 1980, *BMJ,* 302, p. 269; Acórdão da Relação de Lisboa, de 13 de Abril de 1982, *CJ,* VII, p. 183; Acórdão do Supremo Tribunal de Justiça, de 7 de Novembro de 1985, *BMJ,* 351, p. 376; Acórdão do Supremo Tribunal de Justiça, de 14 de Julho de 1987, *TJ,* 34, p. 17; Acórdão do Supremo Tribunal de Justiça, de 7 de Abril de 1988, *TJ,* 41/42, p. 29.

[3] Vd. *infra* n.º 31 e segs. e 38 e segs.

[4] Intermediário é um termo infeliz, normalmente conotado com o elo de ligação entre o produtor e o consumidor final. Todavia, na falta de outra expressão melhor, e por ser sugestiva, adopta-se esta terminologia.

Sobre esta questão, vd. AYNÈS, *La Cession de Contrat,* nota 13, p. 108.

2. Críticas

Salvo raras excepções, tanto a doutrina nacional como a estrangeira não se têm mostrado propensas a admitir a necessidade de formulação de uma teoria geral do subcontrato. Tem-se, inclusivamente, afirmado que, apesar dos vários subcontratos apresentarem certas características próprias, a construção de uma categoria geral seria artificial e não explicaria a verdadeira natureza do subcontrato[5]. Nesta sequência, considera-se que pode ser estudada cada uma das figuras subcontratuais (subarrendamento, subempreitada, etc.), mas que não é viável um estudo unitário do subcontrato.

Todavia, nos últimos anos foram elaboradas pela doutrina estrangeira algumas monografias sobre o subcontrato, nas quais se patenteia a necessidade da criação de uma disciplina unitária[6].

Por outro lado, para uma melhor compreensão das várias situações subcontratuais é de toda a vantagem que a doutrina se debruce sobre esta figura, a fim de lhe delinear uma disciplina unitária.

Na sequência da exposição tentar-se-á demonstrar o carácter infundado das críticas referidas.

3. Sequência; noção provisória de subcontrato

Seria natural que, de início, se apresentasse uma noção de subcontrato e, posteriormente, com base nessa noção, se fossem tecendo considerações em torno da figura. Seguiu-se, todavia, uma metodologia diferente. Depois de se tratar das características, dos efeitos e de certas especificidades do subcontrato, é que se dá o conceito e se explica a natureza jurídica da figura.

---

[5] Vd. TABET, «Sublocazione», cit., pp. 588 e 589, *La Locazione-conduzione*, p. 629.

[6] No estrangeiro, mostraram-se favoráveis à admissibilidade de uma teoria geral do subcontrato, especialmente, BACCIGALUPI, «Appunti per una Teoria del Subcontratto», *RDComm*, 41, 1943, pp. 181 e segs; LÓPEZ VILAS, *El Subcontrato;* GRASSO, *Il Subcontratto;* e NÉRET, *Le Sous-contrat*. Em Portugal não é conhecido nenhum autor que tenha defendido a admissibilidade de uma tal teoria geral.

Na realidade, iniciar este estudo com a noção e a natureza jurídica, implicaria uma inversão lógica, pois começar-se-ia pelas conclusões.

Contudo, não se deixará de, desde já, apresentar uma noção provisória de subcontrato, que funcionará como «hipótese de trabalho».

O subcontrato é um negócio jurídico bilateral subordinado a um outro contrato, dito base ou principal, e celebrado por uma das partes nesta última convenção, com base nos direitos que desta lhe advêm.

Referida a necessidade da formulação de uma teoria geral do subcontrato, caberá explicar qual a razão de ser desta figura, que tipos de contrato derivado existem e em que situações é vedado o subcontrato. Da introdução consta ainda uma breve referência à evolução histórica desta figura jurídica.

§ 2 Razão de ser e consequências do subcontrato

4. Cooperação entre entidades que são sujeitos de relações jurídicas diversas

Qualquer negócio jurídico bilateral visa e possibilita a colaboração intersubjectiva. De facto, os sujeitos celebram um contrato para dele retirarem vantagens: o vendedor pretende desfazer-se de uma coisa em troca de um preço, enquanto que o comprador pretende obter a coisa em contrapartida de uma determinada quantidade de moeda. O mesmo sucede, com as necessárias adaptações, na generalidade dos negócios jurídicos.

Assim, se um sujeito celebra um contrato, para retirar as vantagens que aquela convenção lhe proporciona, terá de cooperar com a outra parte. Isto é patente nos negócios de execução continuada, designadamente no arrendamento, em que a cooperação entre as partes é fundamental para que se aufiram as vantagens próprias do contrato.

O subcontrato, como todo e qualquer negócio jurídico, pressupõe que as partes visem dele retirar vantagens, e que, para tal, cooperem entre si. Mas para além disso, a relação subcontratual depende da subsistência do contrato base [7] e da respectiva cooperação entre as partes neste outro negócio. Coexistem, assim, duas relações de cooperação: a do contrato base e a do subcontrato.

A verdadeira especificidade do subcontrato encontra-se na possibilidade de cooperação, similar à que existe no seio de cada contrato, mas agora entre sujeitos que não estão directamente relacionados, entre si, pela via negocial. Isto permite que, uma parte num dos contratos, retire vantagens da intervenção de ter-

---

[7] Vd. *infra*, n.º 34.

ceiro, por sua vez parte no outro negócio jurídico, ao mesmo tempo que este último pode, eventualmente, demandar o primeiro pelas contrapartidas das vantagens que lhe proporcionou, e não tenham sido remuneradas.

O subcontrato permite, assim, que sujeitos parte em relações jurídicas diferentes, cooperem e retirem mútuas vantagens. Esta colaboração intersubjectiva proporciona, por um lado, um incremento da especialização técnica e, por outro, uma utilização mais intensa dos bens.

5. Desenvolvimento da especialização técnica

O subcontrato pode ser uma forma de cooperação interempresarial, na medida em que contribua para uma melhor qualidade na execução e para um abaixamento dos preços de custo [8]. A melhor qualidade de execução fica a dever-se ao facto de os componentes do produto final serem elaborados por empresas especializadas (subcontraentes) que, por conseguinte, têm melhor preparação técnica. No fundo, do subcontrato advêm as vantagens da concentração vertical de empresas. Os preços tenderão a baixar porque, através do recurso ao subcontrato, se evita, tanto um gigantismo empresarial que leve à inércia [9], como elevados investimentos que não sejam amortizados em boas condições [10].

Nos Estados economicamente mais desenvolvidos tem-se verificado um incremento substancial das relações subcontratuais [11], ao mesmo tempo que organizações internacionais, como

---

[8] Vd. LÓPEZ VILAS, *op. cit.*, p. 17; NÉRET, *op. cit.*, p. 193; HOMET, «O Subcontrato como Meio de Promoção do Desenvolvimento Industrial», *IN*, 121, p. 57; MESSINEO, «Contratto Derivato — Sub-contratto», *ED*, X, p. 85.

[9] Esta afirmação será posta em causa pelos defensores das «economias de escala», e aplaudida pelos adeptos de certas correntes sociológicas norteamericanas do «small is beautiful».

[10] Vd. VALENTIN, *Les Contrats de Sous-traitance*, p. 1.

[11] Vd. HOMET, *op. cit.*, p. 57; DRAETTA, «Il Subcontrato Internazionale», *RDIPP*, 1984, 4, p. 642; VALENTIN, *Les Contrats de Sous-traitance*, pp. 2, 9 e 10; WATANABE, «Sous-traitance», *RIT*, 104, p. 79; VETTER, «Subunternehmerverträge in Internationalen Industrieanlagengeschäft», *RIW*, 1986, 2, p. 81.

Por exemplo, no caso «Reardon Smith Line, V. Hansen Tangen», 1976, os recorridos tinham afretado um petroleiro que estava a ser construído num estaleiro japonês de Osaka e depois vieram a subafretá-lo aos recorrentes. Ao

a OCDE (Organização de Cooperação e Desenvolvimento Económico) e a ONUDI (Organização das Nações Unidas para o Desenvolvimento Industrial), têm relacionado o desenvolvimento económico e a diminuição do desemprego com a subcontratação ([12]).

O subcontrato aparece ainda como forma jurídica idónea para regular as novas exigências económicas ([13]) tanto no campo da especialização técnica, como no do aproveitamento dos bens.

6. Utilização mais intensa dos bens

Quando um dos sujeitos no contrato base não quer, ou não pode, aproveitar, na totalidade, as potencialidades da coisa que detém por força desse negócio, pode subcontratar. Permite-se, assim, que outrem também usufrua o bem nas mesmas condições. Isto é patente nos casos de sublocação e de subafretamento parciais.

Com esta utilização mais intensa, pode evitar-se o subaproveitamento dos bens. Há, todavia, o risco de que esta vantagem seja somente usada como forma de especulação.

7. Especulação parasitária

É frequente o recurso ao subcontrato com intuito meramente especulativo. O fenómeno parasitário de especulação é, segundo MESSINEO ([14]), uma das razões gerais do subcontrato. De facto, ao intermediário é fácil recorrer a este negócio, não para uma

---

mesmo tempo, o estaleiro de Osaka tinha subempreitado a construção do navio a um estaleiro de Oshima. Vd. CHESHIRE, FIFOOT e FURMSTON, *Law of Contract*, p. 147.

Também em Portugal é patente o incremento das relações subcontratuais. Por ex., a Engil, Sociedade de Construção Civil, S.A., no Relatório e Contas de 1987 refere que dispendeu, com subcontratos, Esc. 2.237.225.074$00, num balanço total de Esc. 10.719.940.054$00.

([12]) Vd. DRAETTA, *op. cit.*, p. 643; HOMET, *op. cit.*, p. 57.

([13]) Vd. DRAETTA, *op. cit.*, p. 642; LÓPEZ VILAS, *op. cit.*, p. 17; MASNATTA, «La Subcontratación», *RJBA*, 1964, I-IV, p. 151.

([14]) «Contratto derivato — Sub-contratto», *ED*, X, p. 85. Vd. também LÓPEZ VILAS, *op. cit.*, pp. 69 e 70; NÉRET, *op. cit.*, p. 193.

melhor execução técnica ou mais cabal aproveitamento do bem, mas para ganhar a diferença de preço. Por exemplo, o empreiteiro pode concluir um contrato de subempreitada total, por preço inferior ao estabelecido com o dono da obra; e o locatário pode sublocar o bem, na totalidade, por valor superior àquele a que está obrigado perante o locador [15].

A utilidade de especulação corresponde à diferença absoluta — se o subcontrato é total — entre os montantes de que o subcontraente e o intermediário são devedores ou credores, ou à diferença proporcional — se o subcontrato é parcial — entre esses mesmos montantes.

Por regra, a intermediação especulativa é tanto mais eficaz quanto maior for a independência entre os contratos [16], porque uma estreita relação entre as partes nos dois negócios leva ao conhecimento de todos eles de qualquer situação abusiva; o segredo, que seria a «alma do negócio» para o intermediário, deixará, então, de existir.

Quando o legislador tenta reprimir certas práticas especulativas proibindo um determinado negócio, pode, eventualmente, alcançar-se o mesmo objectivo contornando a proibição legal e recorrendo ao subcontrato.

8. Fraude à lei

O subcontrato pode ser usado como procedimento fraudulento para tentar alcançar um fim proibido pela lei [17].

Assim, a cedência de trabalhadores, também por vezes designada «marchandage», na medida em que reduz o operário a mercadoria negocial, está proibida nalguns países ou, pelo menos,

---

[15] A sublocação é vista frequentemente como uma operação especulativa, pois poderá ser um modo de gozo anormal, que atesta o facto de o locatário não ter necessidade do bem locado, ou duma parte dele. Daí o desfavor da lei em relação à sublocação. Cfr. MALAURIE e AYNÈS, *Les Contrats Spéciaux*, p. 300; NICOLO e RICHTER, *Rassegna di Giurisprudenza sul Codice Civile*, comentário n.º 6 ao art. 1594.º, p. 599.

[16] Vd. BACCIGALUPI, *op. cit.*, pp. 199 e 200.

[17] Vd. GASPERONI, «Collegamento e Connessione tra Negozi», *RDCDGO*, LIII, 1955, I, p. 386.

sujeita a restrições ([18]). Com o subcontrato pode prosseguir-se um fim proibido pelo direito: a empresa, que necessita de mão-de--obra para determinado trabalho que lhe foi encomendado, conclui um subcontrato com outra empresa que se dedica à contratação de trabalhadores. Por força desta nova relação, o empresário, utilizador da mão-de-obra, liberta-se dos encargos derivados da contratação directa de trabalhadores, designadamente de restrições relativas ao direito de greve (como, por exemplo, a impossibilidade de substituir trabalhadores em greve), de contribuições para a segurança social e do despedimento de trabalhadores([19]). Neste caso, o contrato base é o contrato de trabalho, e o subcontrato o negócio jurídico de cedência de trabalhadores.

Contudo, a cedência de trabalhadores pode corresponder a interesses económicos válidos e, por conseguinte, dignos de protecção jurídica ([20]).

Recorrendo ao subcontrato consegue-se, igualmente, resolver contratos quando a lei o veda. Pretendendo o legislador defender o arrendatário de resoluções infundadas do contrato por parte do locador, podem as proibições legais ser defraudadas pela via

---

([18]) Em Portugal, a cedência de trabalhadores é admitida e está prevista, designadamente no art. 22.º n.º 2 do Dec.-Lei n.º 49 408 (Lei do Contrato Individual de Trabalho) e na cláusula 20.ª (cedência temporária de trabalhadores) do Contrato Colectivo de Trabalho Vertical para a indústria de construção civil. Em França está proibida a cessão de trabalhadores (art. 30.º b) e 125.º I do Livro I do Código do Trabalho), tal como na Itália (art. 2127.º I do Código Civil e art. 1.º da Lei n.º 1369, de 1960).

Sobre esta questão pronunciou-se o Acórdão do Supremo Tribunal Administrativo, de 11 de Junho de 1975 (*Acórdãos Doutrinais*, 166, pp. 1316 a 1322) no sentido da admissibilidade da cedência temporária de trabalhadores de uma empresa a outra. Vd. também BERNARDO XAVIER, «A Crise e alguns Institutos do Direito do Trabalho», *RDES*, XXVIII, 4, pp. 534 a 536.

Sobre esta matéria também se pronunciou o Tribunal de Justiça das Comunidades Europeias, Sentença de 17 de Dezembro de 1970, que considerou a Manpower, conhecida empresa que se dedica à cedência de trabalhadores, como verdadeira entidade patronal.

Vd. igualmente a Convenção n.º 96 da Organização Internacional do Trabalho.

([19]) Vd. LÓPEZ VILAS, *op. cit.*, pp. 69 e 70; NÉRET, *op. cit.*, p. 30 e segs., e, principalmente, HOYNINGEN-HUENE, «Subunternehmervertrag oder Illegale Arbeitnehmerüberlassung? *BB*, 25, 1985, pp. 1669 a 1675.

([20]) Vd. BERNARDO XAVIER, *op. cit.*, pp. 539 e 540.

do subcontrato. De facto, se o proprietário arrendar o prédio a uma pessoa de sua confiança a fim de este subarrendar a um eventual interessado, quando pretender despejar o inquilino (subinquilino), basta-lhe, por mútuo acordo, resolver o contrato principal [21].

---

[21] Problema similar tem sido levantado na Alemanha, na hipótese em que o proprietário arrenda um prédio, ou vários prédios, a uma empresa de arrendamentos que, por sua vez, vem a arrendar os andares, desses prédios, aos eventualmente interessados. Na maioria dos casos, estes inquilinos desconhecem que contrataram com um mero arrendatário. Cfr. LARENZ, *Lehrbuch des Schuldrechts*, II, 1, p. 271; CREZELIUS, *op. cit.*, pp. 70 e segs. Vd. também Acórdão do Supremo Tribunal Federal Alemão, de 21 de Abril de 1982, *BGHZ*, 1984, pp. 90 e segs.

§ 3 Tipos de subcontrato

9. Sublocação

Tanto pode haver subarrendamento como subaluguer; este último, porém, sem relevância prática. As situações subcontratuais verificam-se, principalmente, no domínio do arrendamento e, dentro deste, no da locação habitacional e comercial([22]).

De entre as hipóteses subcontratuais, a sublocação é a figura paradigmática, e há até quem afirme que ela está na origem do subcontrato([23]). De facto, no subarrendamento encontram-se as características fundamentais do subcontrato, pelo que se tem defendido a aplicação, por via analógica, das regras da sublocação às demais figuras subcontratuais([24]).

A sublocação vem definida no art. 1060.º, e deste preceito depreende-se, em primeiro lugar, que a sublocação é um contrato de locação submetido à disciplina geral deste último negócio([25]),

---

([22]) Vd. RUI DE ALARCÃO, *A Sublocação de Prédios Urbanos*, nota 1, p. 9.

([23]) Cfr. BACCIGALUPI, *op. cit.*, p. 190; GRASSO, *Il Subcontratto*, p. 11; MESSINEO, «Contratto Derivato — Sub-contratto», *ED*, X, p. 85.

Em sentido contrário, vd. TABET, *La Locazione-conduzione*, pp. 627 e 628, que considera que a sublocação não é um subcontrato.

([24]) Vd. BACCIGALUPI, *op. cit.*, p. 196.

([25]) Vd. PIRES DE LIMA, «Anotação ao Acórdão do Supremo Tribunal de Justiça, de 18 de Março de 1966», *RLJ*, 99, p. 269; ESTELITA DE MENDONÇA, «Da Sublocação», *SI*, 1951, I, p. 58; GALVÃO TELLES, «Contratos Civis», *BMJ*, 83, p. 155; ORLANDO GOMES, *Contratos*, p. 319; LÓPEZ VILLAS, *op. cit.*, p. 79; MICCIO, *La Locazione*, p. 272; KRAUSE, «Untermieter und Mieter im Schutzbereich eines Vertrag», *JZ*, 1982, pp. 16 e segs.

Cfr. também, Acórdão do Supremo Tribunal de Justiça, de 29 de Junho de 1973, *BMJ*, 228, p. 20 e Acórdão da Relação de Lisboa, de 11 de Abril de 1980, *CJ*, V, 2, p. 206.

com algumas excepções ([26]). Por outro lado, tratando-se de um novo contrato de locação, terá de assumir carácter oneroso ([27]), na medida em que a retribuição faz parte do conceito deste negócio jurídico (art. 1022.º). E, por último, a sublocação tem o seu fundamento num precedente contrato locativo, pois o sublocador celebra-a com base no seu direito de locatário, que lhe advém do contrato primitivo.

A sublocação é um contrato subordinado, pelo qual o sublocador, ao abrigo da sua qualidade de locatário, proporciona a terceiro o gozo de uma coisa, mediante retribuição. Na medida em que o subarrendamento consubstancia uma relação arrendatícia de segundo grau ([28]), ficam subsistindo duas locações sobrepostas.

O sublocador pode proporcionar a terceiro o gozo total ou parcial da coisa. A sublocação será total, caso o locatário, mantendo a relação jurídica com o locador, perca a posse da coisa; e será parcial, se o locatário partilha o gozo da coisa com o sublocatário ([29]). Deverá, pois, considerar-se como hipótese de sublocação parcial aquela em que locatário e sublocatário usam e fruem a coisa com alternância temporal.

([26]) Não poderá, por exemplo, o sublocador denunciar o contrato de sublocação, caso necessite do prédio para sua habitação (cfr. ESTELITA DE MENDONÇA, *Da Sublocação,* p. 183), ou se proponha ampliar o prédio ou construir novos edifícios (art. 1096.º n.º 1 *a)* e *b)*), porque são direitos que só assistem ao proprietário.

([27]) Vd. CASTELO BRANCO, *Problemas de Inquilinato,* p. 34 e segs.; ESTELITA DE MENDONÇA, «Da Sublocação», *SI,* 1951, I, p. 58; COSSIO Y CORRAL, *Instituciones de Derecho Civil,* I, p. 500; LÓPEZ VILAS, *op. cit.,* p. 84; MICCIO, *op. cit.,* pp. 281 a 283; MESSINEO, *Manuale di Diritto Civile e Commerciale,* IV, p. 186; NICOLÒ e RICHTER, *op. cit.,* comentário n.º 6 ao art. 1594.º, p. 599; WOLF, *Lehrbuch des Schuldrechts,* 2, p. 101.

Quanto à jurisprudência, por vezes contraditória, vd. Acórdão do Supremo Tribunal de Justiça, de 18 de Março de 1966, *RLJ,* 99, p. 266; Sentença do Tribunal de Alenquer, de 18 de Outubro de 1969, referida por RODRIGUES BASTOS, *Contratos em Especial,* II, p. 107; Acórdão da Relação de Lisboa, de 17 de Janeiro de 1978, *CJ,* III, 1, p. 128; Sentença do 10.º Juízo do Tribunal Judicial de Lisboa, de 12 de Dezembro de 1983, *TJ,* 3, p. 13; Acórdão do Supremo Tribunal de Justiça, de 17 de Junho de 1987, *TJ,* 35, p. 22.

([28]) Vd. LARENZ, *op. cit.,* II, 1, p. 231.

([29]) CASTAN TOBEÑAS, *Derecho Civil Español Comum y Foral* IV, p. 417, considera que há uma presunção inilidível de que o subarrendamento é parcial, no caso de o locatário continuar a habitar a casa.

Pelo contrato de sublocação nasce, para o locatário, o dever de conceder ao sublocatário o uso da coisa sublocada.

No direito actual, a autorização de sublocar, concedida pelo locador, é um requisito de eficácia deste negócio (arts. 1038.º *f)* e 1101.º n.º 1) ([30]) ([31]). Mesmo autorizado, para que o negócio produza efeitos em relação ao locador e a terceiros, torna-se necessário que o sublocador comunique à contraparte no contrato principal, no prazo de quinze dias, a cedência do gozo da coisa (art. 1038.º *g))* ([32]). Admite-se, todavia, que a autorização e a comunicação não sejam necessárias, caso o locador reconheça o sublocatário como tal (arts. 1049.º, 1061.º e 1101.º n.º 2) ([33]), ou se tiver caducado a acção de resolução com base na alínea *f)* do art. 1093.º, por ter decorrido mais de um ano desde que o locador teve conhecimento da cedência do gozo da coisa (art. 1094.º). E, por força do art. 986.º n.º 2 *b)* do Código de Processo Civil, o sublocatário, não tendo sido ouvido e convencido na acção, poderá sobrestar no despejo se exibir título de sublocação e provar que a comunicação ao senhorio foi feita no prazo de quinze

---

([30]) ESTELITA DE MENDONÇA, *Da Sublocação*, p. 125, considera que a exigência de autorização se deve ao facto de se ter caminhado para a prevalência do *intuitus personæ* nos contratos de locação. Não parece ter sido essa a razão da intervenção do legislador; com a exigência de autorização pretende-se, sim, evitar a especulação parasitária.

([31]) Em sentido algo diferente, ao admitir que, em certos casos, não é necessária a autorização para sublocar, vd. CASTELO BRANCO, *op. cit.*, pp. 41, 50, 59 e 61.

Mesmo o trespasse, que não necessita de autorização, tem de ser comunicado ao senhorio no prazo de 15 dias (art. 1038.º *g))*, para evitar que encapotadamente se celebre uma sublocação.

([32]) Cfr. Acórdão da Relação de Coimbra, de 13 de Março de 1968, *JR*, 14.ª, p. 486; Acórdão da Relação de Lisboa, de 21 de Julho de 1972, *BMJ*, 219, p. 253. Também no direito italiano, a sublocação habitacional parcial é admitida, desde que as partes a não tenham excluído por contrato, mas o locatário deve avisar o locador, indicando a pessoa do sublocatário e o termo da relação derivada. Cfr. TRABUCCHI, *Istituzione di Diritto Civile*, pp. 778 e 779.

De igual modo, no direito espanhol, exige-se a notificação do senhorio no prazo de trinta dias. Cfr. DIEZ PICAZO e GULLON, *Sistema de Derecho Civil*, II, p. 300.

([33]) Não é reconhecimento o simples conhecimento, Acórdão da Relação de Coimbra, de 13 de Março de 1968, *JR*, 14.ª, p. 486. No direito alemão, se a ocupação pelo terceiro não estava autorizada, mas o proprietário, sabendo-o, não se opõe ao subarrendamento, o contrato derivado é válido. Cfr. SKOPALIK, *op. cit.*, p. 18.

dias, ou que o senhorio autorizou aquele subarrendamento, ou ainda que o senhorio o reconheceu como tal [34].

Mas, mesmo que o locatário subloque sem autorização do locador, não há qualquer violação do primitivo contrato, desde que o locatário não entregue ao sublocatário o objecto sublocado [35].

A sublocação pode ter utilidade pública [36], na medida em que, estando os bens subaproveitados, *maxime* a habitação, permita atribuí-los a quem deles careça. Mas, para evitar abusos por parte do sublocador, estabeleceu-se um limite à sub-renda ou ao subaluguer (art. 1062.º): Assim, sendo a cedência total, a retribuição não poderá exceder em vinte por cento o que é devido no contrato principal; se a sublocação é parcial, estabelece-se uma proporção entre a totalidade e a parte sublocada, segundo um critério qualitativo e quantitativo [37]. Como, porém, não se trata de uma disposição de ordem pública [38], pode o locador consentir que a sub-renda ou o subaluguer sejam superiores a esses limites [39].

---

[34] Vd. Acórdão do Supremo Tribunal de Justiça, de 27 de Outubro de 1967, *RLJ*, 101, p. 202; Acórdão do Supremo Tribunal de Justiça, de 7 de Abril de 1988, *TJ*, 41/42, p. 29.

[35] Vd. PINTO LOUREIRO, *Tratado da Locação* II, p. 189; NICOLÒ e RICHTER *op. cit.*, comentário n.º 24 ao art. 1594.º, p. 603.

[36] Vd. ESTELITA DE MENDONÇA, *Da Sublocação*, p. 154; TABET, *La Locazione-conduzione*, p. 609.

[37] Cfr. RUI DE ALARCÃO, *A Sublocação de Prédios Urbanos*, p. 59; PEREIRA COELHO, *Arrendamento*, pp. 228 e 229.
Quanto à jurisprudência, vd. Sentença do 2.º Juízo do Tribunal Judicial do Porto, de 29 de Janeiro de 1969, *RT*, 1969, p. 80; Acórdão da Relação de Lisboa, de 4 de Janeiro de 1980, *CJ*, V, p. 190; Acórdão do Supremo Tribunal de Justiça, de 17 de Junho de 1987, *TJ*, 35, p. 22.

[38] Vd. Acórdão do Supremo Tribunal de Justiça, de 17 de Junho de 1987, *TJ*, 35, p. 22.

[39] No direito espanhol, a sub-renda, no caso de sublocação habitacional, não pode exceder o dobro da renda estipulada no contrato principal (art. 12.º n.º 1 da Lei de Arrendamentos Urbanos); mas, no subarrendamento comercial, a sub-renda é livre (art. 22.º n.º 2 do mesmo diploma). O locador pode participar da sub-renda, sempre que, ao autorizar o subarrendamento, reserve esse direito e fixe a quantia ou a percentagem da sua participação (art. 14.º n.º 1 do mesmo diploma). Cfr. ALBALADEJO, *Compendio de Derecho Civil*, p. 261; COSSIO Y CORRAL, *op. cit.*, I, pp. 511 e 512; DIEZ PICAZO e GULLON, *op. cit.*, II, p. 300.

No art. 1103.º n.º 1 e 2 prevê-se a hipótese de o subarrendamento se extinguir, transformando-se em arrendamento[40]. O subarrendatário passará, então, a arrendatário, em relação directa com o senhorio. Trata-se de uma figura a que GALVÃO TELLES[41] chama «expropriação por utilidade particular».

No primeiro caso (n.º 1), tal solução deve-se a uma razão de desfavor da lei, por o subarrendamento total ser considerado um modo parasitário de exploração. No segundo caso (n.º 2), prevalece uma razão de defesa dos interesses do subarrendatário que, depois de extinto o contrato de locação, pagou a renda ao senhorio e se colocou numa situação *de facto* de arrendatário, julgando-se, portanto, com direito ao arrendamento.

Em ambas as situações há uma substituição: o sublocador é substituído pelo locador na relação locatícia com o sublocatário. E, como o contrato de sublocação caducou pela resolução do vínculo principal, estabelece-se, *ope legis,* um contrato de arrendamento entre o locador e o sublocatário. A este novo contrato de arrendamento aplicam-se, salvo acordo em contrário, as cláusulas do antigo contrato de subarrendamento[42]. Nestes casos,

---

No direito inglês, pode ver-se o caso «Kirini Cotton Co. Ltd. V. Dewani, 1960» in POWELL-SMITH, *Contract,* p. 73, em que o arrendatário, a fim de obter a autorização para subarrendar um apartamento, pagou um *præmium* ao proprietário. Como, naquele local e naquela altura, estava proibida a exigência de tal *præmium* para conceder autorização de subarrendar, foi decidido que o arrendatário tinha direito a recuperar a quantia dispendida.

Segundo o direito alemão, a sub-renda é, em princípio, livre, mas tem de ser adequada ao objecto sublocado. Vd. SKOPALIK, *op. cit.,* pp. 67 e 70. Segundo LÖWISCH, *Vertragliche Schuldverhältnisse,* p. 136, o locador não pode exigir do locatário a diferença que este cobra do sublocatário; todavia, depois do termo do contrato de locação, o locador poderá exigir, com base no enriquecimento sem causa, a entrega das utilidades que foram obtidas durante o tempo em que durou a locação. Contra, LARENZ, *op. cit.,* II, 1, p. 231, considera que o locatário não é obrigado a devolver, com base no enriquecimento sem causa, a diferença de preço que obteve com a sub-renda. O que parece mais correcto pois, doutra forma, o locador receberia duas rendas pelo mesmo objecto.

[40] Idêntica solução constava do art. 61.º n.º 4 da Lei n.º 2030. Vd. também PINTO COELHO, «O art. 61.º da Lei n.º 2030», *ROA,* 1961, 3 e 4, p. 50.

No direito brasileiro, o art. 40.º da Lei n.º 6649, de 16 de Maio de 1979, prevê outras hipóteses em que o sublocatário passa a locatário em relação directa com o locador.

[41] *Manual dos Contratos em Geral,* pp. 377 e 378, nota 3.

[42] Vd. ESTELITA DE MENDONÇA, *Da Sublocação,* pp. 195 e 200.

há sempre um renascer, como novas potencialidades, de um contrato que caducara, pelo que, em certa medida, se poderá falar de uma novação subjectiva (art. 858.º), à qual, porém, falta a declaração negocial expressamente manifestada (art. 859.º). A situação é similar à novação, até porque se alguém tivesse afiançado o sublocatário perante o sublocador, tal garantia não subsistia em relação ao locador.

No mesmo sentido de defesa dos interesses do sublocatário, foi instituído a seu favor um direito de preferência na celebração de novo arrendamento para habitação, caso o arrendamento primitivo tenha caducado por morte do arrendatário [43]. O referido direito de preferência só lhe é reconhecido em caso de subarrendamento lícito; isto é, no caso do subcontrato ser eficaz em relação ao senhorio. Assim, sendo o arrendamento resolvido com base em sublocação não autorizada, não poderá o subarrendatário exercer o direito de preferência.

Este direito de preferência é excepcional, pelo que não poderá estender-se a hipóteses que não estejam, de forma expressa, nele previstas. Daí que o legislador, no art. 30.º da Lei n.º 46/85, de 20 de Setembro, tenha sentido a necessidade de expressamente conceder ao subarrendatário o direito de preferência em relação à venda do prédio que o locador pretenda realizar [44].

---

[43] Vd. Dec.-Lei n.º 420/76, de 28 de Maio, art. 1.º n.º 1 a) com a redacção do Dec.-Lei n.º 293/77, de 20 de Julho. Estes diplomas foram revogados pelo Dec.-Lei n.º 328/81, de 4 de Dezembro que instituiu regime idêntico nos seus arts. 7.º e 8.º n.º 1 b). Este decreto foi revogado pela Lei n.º 46/85, de 20 de Setembro que estabelece a mesma solução no seu art. 28.º n.º 1 b).

Sobre esta questão vd. MOITINHO DE ALMEIDA, *Inquilinato Urbano Post 25 de Abril*, p. 71; PEREIRA COELHO, op. cit., pp. 231 a 233; ABÍLIO NETO, *Inquilinato*, p. 117.

Quanto à jurisprudência, cfr. Acórdão do Supremo Tribunal de Justiça, de 17 de Julho de 1979, *BMJ*, 289, p. 317; Acórdão da Relação de Lisboa, de 13 de Abril de 1982, *CJ*, VII, p. 183; Acórdão do Supremo Tribunal de Justiça, de 5 de Janeiro de 1984, *BMJ*, 333, pp. 406 e segs.; Acórdão do Supremo Tribunal de Justiça, de 27 de Outubro de 1987, *TJ*, 36, p. 19.

[44] Também no Brasil, pelo art. 24.º § 1 da Lei n.º 6649, de 16 de Maio de 1979, dá-se preferência ao sublocatário na aquisição do prédio.

10. Submandato

Contrariamente à sublocação, o Código Civil não apresenta qualquer definição de submandato; há, todavia, referências indirectas a esta figura nos arts. 261.º n.º 2, 264.º e 1165.º.

O submandato é um subcontrato pelo qual o mandatário dispõe do conteúdo da sua posição contratual, sem contudo a perder, e outorga um novo mandato a terceiro, a fim de este cumprir as obrigações que emergiam, para aquele, do primitivo negócio jurídico[45]. No submandato, o mandatário assume a posição de mandante (submandante) em face do submandatário, ao mesmo tempo que conserva todos os seus poderes e deveres em relação ao *dominus*[46]. Há como que um segundo mandato enxertado no primeiro[47].

Presume-se que há submandato sempre que o mandatário «substituído» continue a intervir nos negócios que lhe haviam sido confiados[48].

O mandatário pode transferir para terceiro os seus poderes, sempre que o mandato não tenha sido celebrado *intuitu personæ* (art. 264.º n.º 1, 2.ª parte)[49], o mandante o tenha autorizado (art. 264.º n.º 1, 1.ª parte), ou seja necessário para o bom desempenho do encargo (art. 264.º n.º 1, 2.ª parte).

Em qualquer destas situações é lícito submandatar, o que não exclui a responsabilidade do mandatário perante o mandante por prejuízos ocasionados pelo submandatário.

---

[45] Vd. DIAS MARQUES, *Teoria Geral do Direito Civil*, II, p. 350; LÓPEZ VILAS, *op. cit.*, p. 152; MASNATTA, *op. cit.*, pp. 161 e 162.

[46] Vd. MINERVINI, «Mandato, Sub-mandato e Sostituzione del Mandatario nella Prassi Bancaria e nella Giurisprudenza», *RDC*, XXII, 1976, p. 481.

[47] Vd. CUNHA GONÇALVES, *Tratado de Direito Civil*, VII, p. 465.

[48] Vd. RUI DE ALARCÃO, «Breve Motivação do Anteprojecto sobre o Negócio Jurídico na Parte Relativa ao Erro, Dolo, Coacção, Representação, Condição e Objecto Negocial», *BMJ*, 138, p. 107; CARRESI, «Sostituzione e Submandato», *FI*, LXIII, 1938, I, p. 1090.

[49] Vd. *infra* n.º 16.

Cfr. também VAZ SERRA, Anotação ao Acórdão do Supremo Tribunal de Justiça, de 19 de Fevereiro de 1974, *RLJ*, 108, p. 84; CAIO SILVA PEREIRA, *Instituições de Direito Civil*, III, p. 358; CARRESI, *op. cit.*, p. 1092; GRAZIADEI, «Mandato», *RDC*, XXXI, 1985, 4, p. 473.

No direito inglês, e com base no princípio *delegatus non potest delegare*, tem-se entendido que a pessoa a quem foi confiado um encargo, não pode nomear outra para o executar em seu lugar. Cfr. POWELL-SMITH, *op. cit.*, p. 170.

Mesmo quando não é permitido submandatar, pode, em princípio, o mandatário recorrer a auxiliares (art. 264.º n.º 4 e 1165.º) pois, apesar de a prestação ser, nesse caso, infungível, ele não está impedido de ser coadjuvado no cumprimento [50].

Tem-se discutido se o mandatário celebra o submandato em nome do mandante ou em seu próprio nome [51]. No primeiro caso, o submandatário será um verdadeiro mandatário e os actos por ele praticados entram, imediatamente, na esfera jurídica do mandante [52]. Na hipótese contrária, o submandatário não entra em relação directa com o mandante e os negócios por aquele celebrados repercutem-se na esfera jurídica do mandatário que, por sua vez, os transfere para o *dominus*. Só neste segundo caso é que há, verdadeiramente, um subcontrato [53].

O mandatário pode transferir para o terceiro todos ou parte dos poderes que lhe foram conferidos. E mesmo na hipótese de transferir todos os poderes, haverá submandato desde que subsistam os laços contratuais entre ele e o mandante.

Como figura específica é de referir o substabelecimento do mandato judicial previsto no art. 36.º n.º 2 do Código de Processo Civil, mas que não foi regulamentado no Estatuto da Ordem dos Advogados [54].

---

[50] Vd. *infra* n.º 23 b).
Cfr. também ANTUNES VARELA, *Das Obrigações em Geral*, I, p. 93; ORLANDO GOMES, *op. cit.*, p. 391; CAIO SILVA PEREIRA, *op. cit.*, III, p. 358; MINERVINI, *op. cit.*, p. 474; ENNECCERUS e LEHMANN, *Derecho de Obligaciones*, II, 1, p. 601; SCHLECHTRIEM, *Schuldrecht, Besonderer Teil*, p. 159. De igual forma dispunha o art. 9.º n.º 4 do Anteprojecto de Contrato de Mandato da autoria de GALVÃO TELLES, *BMJ*, 83, pp. 114 e segs.

[51] Vd. *infra* n.º 28 b).
Cfr. também VAZ SERRA, Anotação ao Acórdão do Supremo Tribunal de Justiça, de 19 de Fevereiro de 1974, *RLJ*, 108, p. 87; ENNECCERUS e LEHMANN, *op. cit.*, II, 1, p. 597; LARENZ, *op. cit.*, II, 1, p. 415; BENATTI, «Appunti in Tema di Azioni Diretta», *RTDPC*, XVIII, 1964, pp. 629 e 630; BUONOCORE, «Sull'art 1856 C.C.: Sostituzione nel Mandato o Submandato?» *BBTC*, XXIII, 1960, II, pp. 490 a 492; CLARIZIA, Comentário ao Aresto do Tribunal de Cassação Italiano de 15 de Maio de 1972, *BBTC*, XXXVI, 1973, II, pp. 68 e segs.; MINERVINI, «Sostituzione nell'esecusione del Mandato e Submandato», *BBTC*, XIV, 1951, pp. 376 e segs.

[52] Era este o sentido do art. 9.º n.º 2 do Anteprojecto de Contrato de Mandato da autoria de GALVÃO TELLES, *BMJ*, 83, pp. 114 e segs.

[53] Vd. *infra* n.º 28 b).

[54] Vd. anotações de ALFREDO GASPAR ao *Estatuto da Ordem dos Advogados*, n.º 37 e 38 a p. 154, Jornal do Fundão Editora, s.l., s.d.

Há, pois, que fazer uma referência à subprocuração. A subprocuração está prevista no art. 264.º n.º 2 e é um negócio jurídico unilateral pelo qual o procurador, continuando a ser titular dos mesmos poderes representativos que lhe foram conferidos, atribui a outrem, parte ou a totalidade, dos mesmos poderes.

No submandato representativo a figura da subprocuração perde autonomia, na medida em que se integra no todo contratual.

A subprocuração pode ser instituída com ou sem reserva. Tanto a doutrina como a jurisprudência têm, em regra, entendido que o substabelecimento sem reserva implica que o procurador transfere, definitivamente, todos os poderes que lhe foram conferidos, renunciando, por conseguinte, à representação. O substabelecimento sem reserva significaria a exclusão do procurador primitivo. Em contrapartida, no substabelecimento com reserva o procurador não se desvincularia da relação que o liga ao representado [55].

Diferentemente, CUNHA GONÇALVES [56] é de opinião que o substabelecimento sem reserva não equivale a renúncia nem liberta o procurador, dado tratar-se, somente, dum compromisso de não interferir nos actos do substabelecido.

Todavia, como refere VAZ SERRA [57], a cláusula «sem reserva» inserta num substabelecimento, pode ter dois significados: renúncia à procuração inicial (art. 264.º n.º 2 *in fine*); ou outorga, ao substabelecido, de poderes com conteúdo igual aos da procuração primitiva.

É, pois, um problema de interpretação, determinar qual o alcance da cláusula. Só em face do caso concreto, e tendo em

---

[55] Vd. GALVÃO TELLES, *Manual dos Contratos em Geral*, pp. 315 e 371, nota 1; DAIBERT, *Dos Contratos*, p. 416; ORLANDO GOMES, *op. cit.*, p. 398; PONTES DE MIRANDA, *Tratado de Direito Privado*, XLIII, pp. 167 e 168; BARROS MONTEIRO, *Curso de Direito Civil*, V, 2, p. 261.

Cfr. também DIAS MARQUES, *op. cit.*, II, p. 350, apesar de este autor considerar que a cláusula «sem reserva» tem um alcance controvertido.

A jurisprudência tem considerado que o substabelecimento «sem reserva» exclui o procurador primitivo. Cfr. Acórdão do Supremo Tribunal de Justiça, de 19 de Fevereiro de 1974, *RLJ*, 108, p. 83 (e anotação de VAZ SERRA. pp. 93 e 94); Acórdão do Supremo Tribunal de Justiça, de 8 de Março de 1974, *RT,* 1974, p. 456.

[56] *Tratado de Direito Civil* VII, p. 459.
[57] *RLJ,* 108, p. 93.

conta a vontade das partes, se poderá averiguar do valor da estipulação «sem reserva».

Na dúvida, deve entender-se que o substabelecimento foi instituído «com reserva», porque a manutenção de relações entre os três sujeitos levará, em regra, a um maior equilíbrio entre as prestações e oferece mais garantias ao representado[58].

Constituindo as regras do mandato o regime paradigmático dos contratos de prestação de serviço atípicos (art. 1156.º), e admitindo que todo o contrato de prestação de serviço pode dar origem a um subcontrato[59], as regras do submandato são extensíveis às situações subcontratuais que derivem da prestação de serviço.

11. Subempreitada

Tal como a sublocação, também a subempreitada vem definida na lei (art. 1213.º n.º 1)[60]. Da definição legal depreende-se que são pressupostos deste contrato: a existência de um primeiro negócio pelo qual alguém (o empreiteiro) se vincula a realizar uma obra (art. 1207.º); e a celebração de um segundo contrato, por força do qual um terceiro se obriga, para com o empreiteiro, a realizar toda ou parte da mesma obra.

A subempreitada é um contrato subordinado a um negócio jurídico precedente. É uma empreitada de «segunda mão» que entra na categoria geral do subcontrato[61], e em que o subempreiteiro é um «empreiteiro do empreiteiro», também adstrito a uma obrigação de resultado.

---

[58] É esta a posição defendida pelo Supremo Tribunal Federal Brasileiro. Vd. BARROS MONTEIRO, *op. cit.*, V, 2, p. 261.

[59] Vd. NÉRET, *op. cit.*, p. 67.

[60] No direito francês encontra-se uma definição legal de subempreitada mais desenvolvida, na Lei n.º 75 1334, de 31 de Dezembro de 1975, integralmente dedicada a este subcontrato.

[61] Sobre a noção de subempreitada vd. VAZ SERRA, «Empreitada», *BMJ*, 145, p. 65; RUBINO, *Dell'Appalto*, p. 86; ORLANDO GOMES, *op. cit.*, 338; HOYNINGEN-HUENE, *op. cit.*, p. 1672; NICKLISCH, «Rechtsfragen des Subunternehmervertrags bei Bau — und Anlagenprojekten im In — und Auslandsgeschäft», *NJW*, 40, 1985, p. 2362; MOTA PINTO, *Teoria Geral do Direito Civil*, p. 364; PLANIOL e RIPERT, *Traité Pratique de Droit Civil Français*, XI, p. 153.

Os dois contratos (empreitada e subempreitada) prosseguem a mesma finalidade; isto é, apesar de serem contratos distintos, visam ambos a realização do interesse do dono da obra. A subempreitada enquadra-se no projecto geral, e é de toda a conveniência que esteja com ele harmonizada de forma a que a execução de um não inutilize a do outro. Daí que, muitas vezes, no segundo contrato se façam referências às regras do contrato principal [62]. Os contratos de empreitada e de subempreitada estão, por conseguinte, funcionalizados, na medida em que foram celebrados para a prossecução duma finalidade comum.

Todavia, do ponto de vista do empreiteiro, o recurso à subempreitada tem, em princípio, duas ordens de motivos: a necessidade de especialização [63]; e a falta de capacidade do empreiteiro para arcar com o volume do encargo, no prazo acordado [64].

Por outro lado, o recurso à subempreitada pode facilitar o crescimento de pequenas empresas, e aumentar o número de postos de trabalho [65].

A subempreitada é um contrato do mesmo tipo da empreitada, ao qual se aplicam as mesmas regras [66]; contudo, por vontade das partes, ela pode ficar sujeita a cláusulas diferentes das do contrato base. Inclusivamente, a subempreitada total pode divergir do negócio principal quanto ao preço ou à sua forma de determinação (a corpo, à medida, etc.), ou quanto ao termo final que poderá ser mais curto [67]. Por outro lado, pode acontecer

---

[62] Vd. NICKLISCH, *op. cit.*, p. 2366.

[63] Por exemplo, a montagem de elevadores, a instalação eléctrica ou a canalização de água e gás num prédio a construir são, em regra, confiadas a empresas especializadas.
Vd. *supra* n.º 5.

[64] Quando o empreiteiro, não querendo rejeitar um negócio que lhe é proposto, mas verificando que não pode, por si só e no prazo de que dispõe, realizar a obra, pode dar de subempreitada parte da mesma.
Vd. CUNHA GONÇALVES, *op. cit.*, VII, p. 649; HOMET, *op. cit.*, p. 59; VALENTIN, *op. cit.*, pp. 9 e 10; WATANABE, *op. cit.*, 104, p. 79; DRAETTA, *op. cit.*, p. 645; LÓPEZ VILAS, *op. cit.*, p. 35; VETTER, *op. cit.*, p. 81.

[65] Vd. WATANABE, *op. cit.*, p. 79.

[66] Vd. VAZ SERRA, «Empreitada», *cit.* pp. 127 e 128; RUBINO, *op. cit.*, p. 92; NICOLÒ e RICHTER, *op. cit.*, comentário n.º 1 ao art. 1656.º, p. 755; GIANNATTASIO, *L'Appalto*, p. 70.

[67] Vd. RUBINO, *op. cit.*, p. 90.

que certas disposições reguladoras do contrato de empreitada não sejam, por sua natureza, aplicáveis à subempreitada. É o caso da necessidade de autorização por escrito para as alterações da iniciativa do empreiteiro (art. 1214.º n.º 3), que visa a protecção do dono da obra, no pressuposto de que a sua impreparação técnica pode permitir ao empreiteiro induzir a contraparte a consentir alterações que frustrem o seu plano de despesas; tal norma não se destina à protecção dos próprios empreiteiros perante os subempreiteiros.

Se no contrato de empreitada ficou vedada a faculdade de subempreitar, e se o empreiteiro encarregar terceiro de realizar, total ou parcialmente, a obra de que estava incumbido, o contrato de subempreitada é inoponível ao dono da obra [68], e acarreta responsabilidade contratual do empreiteiro.

Não tendo ficado esclarecido no contrato de subempreitada, podem levantar-se algumas dúvidas quanto à aceitação, garantia e pagamento do preço da obra [69]. No que à aceitação concerne, cabe perguntar se ela deverá efectuar-se quando terminar a subempreitada, ou só no termo da obra principal. RUBINO [70] considera que a aceitação da obra pelo empreiteiro está condicionada à aceitação, sem reserva, pelo dono da obra. Esta solução não tem, porém, directo apoio na lei italiana; nem na portuguesa. De facto, o art. 1670.º do Código Civil Italiano (como o art. 1226.º do Código Civil Português) estabelece, unicamente, que o empreiteiro deverá comunicar a denúncia ao subempreiteiro, para poder agir em regresso.

Mas se o problema da aceitação não ficou resolvido no contrato de subempreitada, e se o empreiteiro não aceitou a obra sem reserva (art. 1219.º n.º 1), a solução preconizada por RUBINO é a mais justa, tendo em conta a necessária cooperação entre subempreiteiro e empreiteiro na prossecução do interesse do dono da obra.

---

[68] Vd. TETTENBORN, *An Introduction to the Law of Obligations*, p. 200. Vd. também POWELL-SMITH, *op. cit.*, p. 59, a propósito do caso «Helstan Securities Ltd. V. Hestfordshire Count y Council, 1978».

Diferentemente, GIANNATTASIO, *op. cit.*, p. 75, considera que a falta de autorização acarreta a anulabilidade da subempreitada.

[69] Vd. NICKLISCH, *op. cit.*, p. 2368.

[70] *Dell'Appalto*, p. 92.

Com respeito à garantia, esta iniciar-se-á a partir da aceitação com reserva ou da recusa de aceitação para os vícios aparentes, e a partir da entrega para os vícios redibitórios, protelando-se, respectivamente, por um ou dois anos (art. 1224.º n.º 1 e 2). Podendo o prazo de garantia atingir cinco anos a contar da entrega, se a empreitada tiver por objecto a construção, modificação, ou reparação de edifícios ou outros imóveis destinados a longa duração (art. 1225.º n.º 1).

Da aplicação directa, em termos puramente teóricos, destes preceitos à subempreitada, concluir-se-ia no sentido de que o prazo de garantia, neste subcontrato, poderia terminar antes do contrato principal.

No que respeita às regras da caducidade previstas no contrato de empreitada, a jurisprudência francesa tem decidido que os prazos previstos no art. 2270.º do Código Civil Francês não são extensíveis à relação jurídica de subempreitada, sendo aplicáveis a este contrato as regras gerais da responsabilidade contratual[71]. Esta opinião não parece de aceitar, pelo menos no sistema jurídico português, porquanto à subempreitada se aplicam, em regra, os mesmos preceitos estabelecidos para o contrato de empreitada, e porque tais prazos não foram só estabelecidos em favor do dono da obra, mas também do empreiteiro. E, portanto, aplicáveis ao subempreiteiro.

Quanto aos vícios aparentes, se a aceitação da subempreitada coincidisse com a do contrato principal, o prazo de garantia seria o mesmo. Mas já quanto aos vícios ocultos, o prazo de garantia da subempreitada contar-se-ia a partir do momento em que o subempreiteiro entregasse a obra ao empreiteiro, o que poderia ocorrer antes da entrega ao dono da obra. E nas subempreitadas de imóveis destinados a longa duração, o prazo de garantia também se contaria a partir do momento em que o subempreiteiro entregasse a obra ao empreiteiro.

É evidente que estas regras supletivas terão de ser adaptadas às circunstâncias de cada subempreitada. Se a parte entregue pelo subempreiteiro se integrar de tal forma na obra principal que os vícios não possam ser destacados, o prazo de garantia da subempreitada só pode iniciar-se com a entrega ao dono da obra

---

[71] Cfr. MALAURIE e AYNÈS, *Les Contrats Spéciaux*, p. 321; SAINT--ALARY, *Droit de la Constructiom*, p. 613.

ou com a aceitação deste último. Até porque os dois contratos estão funcionalizados à obtenção do mesmo resultado.

Só será admissível que o prazo de garantia da subempreitada termine antes do do contrato principal, quando a obra realizada pelo subempreiteiro tenha total autonomia, e, por isso, possa ser verificada e aceite pelo comitente antes do termo da obra principal [72].

Por último, a questão do pagamento está também relacionada com a resposta aos dois problemas antecedentes. Se o pagamento do subcontraente não ficou dependente do contrato geral, e a obra parcial tem autonomia relativamente à principal, o subempreiteiro, para ser pago, não necessita de aguardar pelo fim de toda a obra [73]. Nos casos em que o preço não é fixado globalmente, mas sim por unidades ou por medida, a questão do momento em que o subempreiteiro deve ser pago pode ficar facilitada. É uma questão que depende, em larga medida, do que foi convencionado.

Ainda no que respeita ao pagamento, é de referir que o facto de o empreiteiro não ser pago pelo dono da obra, não inibe, em regra, o subempreiteiro de demandar tanto a contraparte, como, eventualmente, o comitente [74].

A subempreitada distingue-se do contrato de fornecimento de materiais ao empreiteiro, na medida em que este último negócio se consubstancia numa simples venda [75]. Há, porém, casos de fronteira em que, além do fornecimento de materiais, se realiza, com eles, uma obra para o empreiteiro. O problema liga-se, assim, com a distinção entre a compra e venda e a empreitada [76].

---

[72] COLIN e CAPITANT, *Cours Élémentaire de Droit Civil Français*, II, p. 574, consideram que, por regra, o subempreiteiro fica liberado de responsabilidade, logo após a recepção da obra pelo empreiteiro, porque este tem a obrigação de verificar o trabalho que lhe é entregue. Todavia, os mesmos autores consideram que esta é uma justificação insuficiente.

[73] NICKLISCH, *op. cit.*, p. 2368.

[74] Vd. *infra* n.º 59.

[75] Vd. CUNHA GONÇALVES, *op. cit.*, VII, p. 649; RÉMY, «Définition de la Sous-traitance de Construction», *RTDC*, 1985 n.º 4, p. 737.

[76] Quanto à distinção entre estes dois contratos, vd. MOITINHO DE ALMEIDA, «A Responsabilidade Civil do Projectista e o seu Seguro», *BMJ*, 228, p. 15; *Código Civil Anotado* II de PIRES DE LIMA e ANTUNES VARELA, pp. 788 e segs.; VAZ SERRA, «Empreitada», *cit.*, pp. 45, 59 e 60 e Anotação ao

A subempreitada também deverá distinguir-se dos contratos de trabalho celebrados pelo empreiteiro. No contrato de trabalho, o prestador de serviço fica numa relação de subordinação em face do empreiteiro, e sobre ele impende, somente, uma obrigação de meios; pelo contrário, o subempreiteiro tem autonomia em relação ao empreiteiro e está adstrito a uma obrigação de resultado([77]). Por outro lado, o termo «subempreiteiro» subentende, as mais das vezes, a existência de uma empresa, o que dissipa confusões com os trabalhadores por conta do empreiteiro([78]).

Esta distinção pode acarretar diferenças no que respeita ao horário e local de trabalho, tipo de remuneração, etc. Daí que o empreiteiro — e por sua vez o subempreiteiro — possa celebrar um subcontrato, enquanto que o trabalhador não pode, sem o consentimento da entidade patronal, ser substituído no cumprimento dos deveres de que foi incumbido([79]).

Similar e, muitas vezes, confundida com a subempreitada, é a cedência de trabalhadores([80]).

Na cessão de trabalhadores, os operários contratados por uma entidade vão trabalhar sob a organização e responsabilidade de outro sujeito; passam a trabalhar sob as ordens daquele para quem executam o trabalho. E o cedente de trabalhadores não corre os riscos da execução da obra([81]).

Acórdão do Supremo Tribunal de Justiça, de 14 de Junho de 1972, *RLJ*, 106, pp. 190 e segs.; RUBINO, *op. cit.*, pp. 8 e 20 e segs.; PLANIOL e RIPERT, *op. cit.*, XI, pp. 147 e 148; ENNECCERUS e LEHMANN, *op. cit.*, II, 1, p. 510.

No que respeita propriamente à diferença entre o subempreiteiro e o fornecedor do empreiteiro e às dificuldades que a jurisprudência francesa tem enfrentado. Vd. MALAURIE e AYNÈS, *Les Contrats Spéciaux*, p. 320, nota 104.

([77]) Vd. *Código Civil Anotado* II de PIRES DE LIMA e ANTUNES VARELA, p. 787; VAZ SERRA, «Empreitada» *cit.*, nota 18, pp. 31 e 32; GALVÃO TELLES, «Aspectos Comuns aos Vários Contratos» *RFDUL*, VII, p. 303; PLANIOL e RIPERT, *op. cit.*, XI, p. 141; ALBALADEJO, *op. cit.*, II, pp. 276 e segs.; LACRUZ BERDEJO, *Derecho de Obligaciones*, III, pp. 183 e segs; ENNECCERUS e LEHMANN, *op. cit.*, II, 1, pp. 433 e segs.

([78]) Cfr. COLIN e CAPITANT, *op. cit.*, II, p. 574.

([79]) Cfr. BARROS MONTEIRO, *op. cit.*, V, 2, p. 191.

([80]) Vd. *supra* n.º 8.

([81]) Para maior desenvolvimento e critérios de distinção entre os dois negócios jurídicos vd. HOYNINGEN-HUENE, *op. cit.*, pp. 1669 e segs.; NÉRET, *op. cit.*, pp. 30 e segs.

Na subempreitada, os operários executam os trabalhos sob as ordens daquele que os contratou, o subempreiteiro; e o risco é repartido, na devida proporção, entre o empreiteiro e o subempreiteiro.

Também se poderá distinguir a subempreitada da chamada «co-empreitada»[82]. Nesta última, vários empreiteiros obrigam-se a, em conjunto, executar o mesmo trabalho, mas cada um dos co-empreiteiros está directamente ligado ao dono da obra; há uma justaposição de contratos. Diferentemente, o subempreiteiro está somente relacionado com o empreiteiro; há uma sobreposição de contratos. Na prática, a diferença nem sempre é muito clara.

12. Outros tipos

As várias figuras subcontratuais não poderão ser, nem sequer, enumeradas, porquanto, atendendo à autonomia privada, podem ser criadas em número ilimitado. Sem referir a subcontratação no direito público, que nos últimos tempos tem registado um grande incremento[83], podem indicar-se alguns subcontratos com maior interesse teórico e prático.

Ao subdepósito referem-se os arts. 1189.º e 1197.º, e deles se pode concluir que este subcontrato está, em princípio, proibido (art. 1189.º), mas que o depositário poderá confiar a coisa depositada a terceiro se estiver devidamente autorizado (art. 1197.º 1.ª parte). No caso de depositar a coisa que lhe foi confiada junto de terceiro, o depositário é responsável por culpa *in eligendo* (art. 1197.º 2.ª parte).

O art. 1770.º do Código Civil Italiano também estatui a regra geral da proibição de subdepositar, mas admite a validade de tal contrato, em circunstâncias urgentes, sem necessidade de consentimento, desde que se avise o depositante logo que possível[84]. Tal excepção, por não contrariar o direito português

---

[82] Vd. MALAURIE e AYNÈS, *Les Obligations*, pp. 597 e 598 e *Les Contrats Spéciaux*, p. 321; SAINT-ALARY, *op. cit.*, p. 572.
[83] Vd. LÓPEZ VILAS, *op. cit.*, p. 35.
[84] Vd. idêntica posição, quanto ao direito alemão, em AA.VV. (KROHN), comentário n.º 1 ao § 691 do *BGB*, in *Das Bürgerliche Gesetzbuch, Kommentar*, II, 4, p. 13; SCHLECHTRIEM, *op. cit.*, p. 174.

deverá, igualmente, ser admitida à face do Código Civil. Até porque, perante circunstâncias urgentes, sempre seria de admitir que o depositante autorizasse o subdepósito.

GRASSO[85] considera que o depositário pode sempre subdepositar desde que esta situação não assuma relevo nas relações com o depositante. Isto, todavia, só é válido nos depósitos irregulares que, como no caso do mútuo, não podem dar origem a subcontratos[86].

A proibição de subdepositar não exclui que o depositário recorra a auxiliares no cumprimento das suas obrigações (art. 1198.º)[87].

Havendo subdepósito, o depositário passa a ter a detenção mediata ou indirecta da coisa e o subdepositário fica na posição de detentor imediato ou directo[88].

O subcomodato é um contrato gratuito, pelo qual o comodatário entrega a terceiro a coisa que lhe foi comodatada, para que este se sirva dela, com a obrigação de a restituir (art. 1129.º).

O comodatário não pode subcomodatar sem autorização do comodante (art. 1135.º f))[89]. O subcomodato é um contrato com pouco interesse prático[90], porque o intermediário não tira qualquer proveito material da coisa[91]. Não assim no subcomodato parcial, ou celebrado por um período de tempo inferior ao do comodato.

A subenfiteuse era um subcontrato mediante o qual o foreiro celebrava um novo aforamento, com base no direito que lhe advinha da relação enfitêutica. Os direitos e obrigações recíprocos do enfiteuta e do subenfiteuta eram análogos aos que se estabeleciam entre o senhorio e o enfiteuta[92].

O subemprazamento já havia sido proibido pelo art. 1701.º do Código Civil de 1867, e voltou a sê-lo no art. 1496.º do actual Código Civil, porque o legislador considerou que não tinha

---

[85] *Il Subcontrato*, p. 121.
[86] Vd. *infra* n.º 14.
[87] Vd. AA.VV. (KROHN), *op. cit.*, II, 4, comentário n.º 5 ao § 691 do *BGB*, p. 13.
[88] Vd. DARMANTELLO e PORTALE, «Deposito» *ED*, XII, p. 266.
[89] No mesmo sentido dispõe o art. 1804.º II do Código Civil Italiano.
[90] Vd. LÓPEZ VILAS, *op. cit.*, p. 27.
[91] Vd. GRASSO, *op. cit.*, pp. 131 e 132.
[92] Vd. CUNHA GONÇALVES, *op. cit.*, IX, p. 329.

qualquer utilidade económico-social([93](#)) e que, as mais das vezes, prosseguia uma finalidade meramente especulativa.

Pode considerar-se como figura subcontratual o contrato pelo qual o médico, incumbido pelo paciente de o tratar ou, mais concretamente, de o operar, encarrega um colega de proceder a parte do tratamento (v.g. fisioterapia) ou, no caso da operação, de anestesiar o doente ([94](#)).

Na prática, a regra é a de que o paciente celebre o contrato com toda a equipa médica que o vai operar. Mas só em face de cada situação concreta se poderá determinar em que medida é que os médicos ficaram vinculados ao paciente.

Nestes casos, a admitir-se a existência de uma relação subcontratual, poder-se-á subsumir ao subcontrato de prestação de serviço.

Também já foi defendida a existência de um subcontrato de trabalho sempre que, não se tratando de uma empreitada, alguém execute um trabalho por conta de outrem e possa recorrer a uma relação laboral de ajuda ([95](#)). Por exemplo, se um empresário duma praça de touros contrata um matador, este poderá fazer-se acompanhar da sua quadrilha ([96](#)). E pode imaginar-se um contrato de trabalho com um capataz de uma exploração agrícola, em que este, em períodos de maior azáfama, possa, à sua custa, contratar ajudantes.

No domínio do direito comercial são frequentes os subcontratos, tais como a subcorretagem, a subagência, a subcomissão, etc.

A permissão de celebrar contratos de subagência foi expressamente consagrada pelo legislador no art. 5.º n.º 1 do Dec.-Lei n.º 178/86, de 3 de Julho.

Tem particular interesse a figura do subtransporte (art. 367.º e 377.º do Código Comercial) que se verifica quando, no decurso da execução de um contrato de transporte, é necessária a inter-

---

([93](#)) Para maior desenvolvimento, vd. *Código Civil Anotado*, III, de PIRES DE LIMA e ANTUNES VARELA, pp. 697 e 698.

Diferentemente, CUNHA GONÇALVES, *op. cit.*, IX, p. 325, considera que, tal proibição, não tinha qualquer razão de ser.

([94](#)) Vd. NÉRET, *op. cit.*, pp. 26 e segs. Em sentido algo diferente, cfr. AYNÈS, *La Cession de Contrat*, pp. 120 e 121.

([95](#)) Vd. RODRIGUEZ-PIÑERO, *El Auxiliar Asociado*, pp. 18 e segs.

([96](#)) Vd. RODRIGUEZ-PIÑERO, *op. cit.*, p. 17.

venção de outro transportador [97]. O subtransporte é um tipo de subcontrato de prestação de serviço.

Também não desprovido de interesse é o caso do subafretamento [98], que, indirectamente, está previsto no parágrafo único do art. 552.º do Código Comercial. O subafretamento é o contrato pelo qual o afretador, com base no direito que lhe advém do contrato de fretamento celebrado com o armador ou com o proprietário do navio, celebra um novo contrato de fretamento com terceiro. O subafretamento é um misto de subtransporte e de subaluguer [99].

---

[97] Vd. Sentença do Tribunal de Milão, de 13 de Junho de 1952 e anotação de IANNUZI, *RDCDGO*, L, 1952, II, pp. 363 e segs. Vd. também POWELL-SMITH, *op. cit.*, pp. 49 e 50, a propósito do caso «Garnham, Harris & Elton Ltd. V. Alfred W. Ellis (Transport) Ltd., 1967».
Quanto à admissibilidade, em geral, do subtransporte, vd. CHESHIRE, FIFOOT e FURMSTON, *op. cit.*, p. 511.

[98] Vd. FERRO, «Do Subafretamento» *GRLX*, 36, 1923, pp. 353 e segs.; PONTES DE MIRANDA, *Tratado de Direito Privado*, XLI, pp. 414 e 415; MESSINEO, *Manuale di Diritto Civile e Commerciale*, IV, p. 231.

[99] Contra, ESTELITA DE MENDONÇA, *Da Sublocação*, p. 86. Sobre esta questão, vd. também NÉRET, *op. cit.*, pp. 187 e segs.

§ 4 Casos em que não é admissível subcontratar

13. Ideia geral

A impossibilidade de subcontratar pode ter a sua origem num contrato principal cuja natureza não admita a criação de uma relação derivada. E mesmo quando a natureza do contrato principal permite a subcontratação, ela pode estar proibida por lei ou convenção.

Nos contratos de execução instantânea e nos contratos de garantia, pela sua natureza, não é admissível o recurso ao subcontrato.

Da mesma forma, nos contratos pessoalíssimos, como o intermediário não se pode fazer substituir por terceiro no cumprimento (art. 767.º n.º 2), nem no gozo da coisa, também não poderá subcontratar. Tal impedimento, tanto pode derivar da natureza da própria prestação ou do direito atribuído, como de expressa declaração das partes.

A proibição legal de subcontratar pode ficar a dever-se a razões de vária ordem, como sejam a condenação da mera especulação parasitária e a falta de interesse económico-social de determinado subcontrato.

14. Contratos de execução instantânea

A subcontratação só é possível nas espécies contratuais que admitem a transferência das suas utilidades para terceiros. Se a prestação se executa num só momento, já se não podem transferir as utilidades desse contrato, mas unicamente criar novas relações jurídicas sem carácter de derivação. Por conseguinte, nos contratos de execução instantânea não se concebe uma relação subcontratual. o subcontrato pressupõe a existência de um negócio jurídico que perdure no tempo ([100]).

Também não se pode subcontratar nos negócios jurídicos translativos de domínio; por um lado, porque, normalmente, são de execução instantânea (ex. compra e venda, doação), e por outro, porque sendo as prestações permanentes ou duradouras (ex. mútuo, depósito irregular), o efeito dispositivo não permite a criação de novas relações com carácter derivado.

As prestações de facto negativo, apesar de se protelarem no tempo de forma contínua, não podem ser subcontratadas, porque as duas finalidades do subcontrato (aproveitamento das vantagens ou execução das prestações do contrato base ([101])) não se obtêm mediante a subcontratação de prestações de *non facere*. Quanto a estas poderá haver, quando muito, uma assunção de dívida ou uma cessão da posição contratual.

15. Contratos de garantia

O subcontrato é incompatível com os negócios jurídicos de garantia. Nestes só se admitirá a cessão da posição contratual e, quando muito, uma sucessão subsidiária que não é subcontrato, porque lhe falta a sobreposição ([102]).

Por exemplo, a subfiança não se enquadra no esquema subcontratual, porque tem uma função diferente — aumentar a garantia do credor — e não possibilita ao terceiro o gozo das utilidades dum contrato, nem é um modo de execução do contrato principal. Por outro lado, o subfiador garante o fiador perante o credor (art. 630.º), enquanto que na fiança o fiador garante o devedor perante o credor (art. 627.º); há um sucessivo reforço da garantia, em regra subsidiário, sem carácter de sobreposição negocial.

([100]) Cfr. BACCIGALUPI, *op. cit.*, p. 186; ORLANDO GOMES, *op. cit.*, p. 160; LÓPEZ VILAS, *op. cit.*, pp. 29, 198 e 200 e nota 11 da p. 199; MASNATTA, *op. cit.*, p. 159; CASTRO MENDES, *Direito Civil Teoria Geral*, II, p. 63; MOTA PINTO, *Cessão da Posição Contratual*, nota 2 da p. 112.
([101]) Vd. *infra* n.º 44 e 45.
([102]) Cfr. BACCIGALUPI, *op. cit.*, pp. 187 e 188; LÓPEZ VILAS, *op. cit.*, pp. 28, 203 e 204; MESSINEO, *Contratto Derivato — Sub-contrato», ED*, X, p. 83.

O credor pignoratício não tem legitimidade para subempenhar o objecto que lhe foi dado em garantia (art. 667.º n.º 1). Pode, sim, empenhar o seu crédito (art. 679.º e segs.), mas o objecto do segundo contrato é o crédito e não a coisa empenhada no primeiro contrato. No penhor também pode haver cessão (art. 676.º), mas é inadmissível uma sobreposição de contratos [103].

O credor hipotecário não tem igualmente legitimidade para hipotecar, de novo, a coisa (art. 715.º). A propósito do art. 727.º, a doutrina tem falado na subhipoteca [104]; trata-se, todavia, de uma cessão da garantia, e não de um subcontrato.

Também o resseguro não tem sido considerado um tipo de subcontrato, porque não cria relações entre assegurado e ressegurador [105]; isto é, não se estabelecem entre os dois contratos as relações características de fenómeno subcontratual. Por outro lado, os dois contratos mantêm-se independentes e o objecto de ambos não é o mesmo.

16. Contratos *intuitu personæ*

O *intuitus personæ*, nos contratos, pode advir, tanto da natureza da própria prestação, tendo em conta a satisfação do interesse do credor, como da relação pessoal entre as partes no negócio [106].

Sendo a prestação não fungível por sua natureza (o que, em regra, só se verifica nalgumas prestações de facto), ela terá de ser, necessariamente, cumprida pelo próprio devedor [107].

A natureza insubstituível da pessoa do devedor implica a não satisfação do interesse do credor, caso um terceiro se venha a imiscuir na relação jurídica. Como consequência dessa não

---

[103] Cfr. BACCIGALUPI, *op. cit.*, p. 187.
[104] Cfr. ALMEIDA COSTA, *Direito das Obrigações*, p. 672; *Código Civil Anotado*, I de PIRES DE LIMA e ANTUNES VARELA, p. 748.
[105] Vd. CLARIZIA, *op. cit.*, p. 76; LÓPEZ VILAS, *op. cit.*, p. 27, nota 9; MESSINEO, «Contratto Derivato», *cit.*, p. 84 e *Il Contratto in Genere*, 1, p. 739.
[106] Terá de se verificar se o cumprimento pessoal faz parte da essência do próprio contrato. Cfr. CHESHIRE, FIFOOT e FURMSTON, *op. cit.*, p. 511.
[107] Cfr. MENEZES CORDEIRO, *Direito das Obrigações*, 1, p. 340; ALMEIDA COSTA, *op. cit.*, p. 466; PESSOA JORGE, *Direito das Obrigações*, 1, p. 79; GALVÃO TELLES, *Direito das Obrigações*, p. 37.

fungibilidade, torna-se impossível a cedência das obrigações e a execução da prestação por terceiro.

Assim, nos contratos celebrados *intuitu personæ,* a realização dum subcontrato, que não se reporte a aspectos meramente acessórios, acarreta a frustração do interesse da contraparte, e a consequente violação do contrato principal.

O *intuitus personæ* apresenta vários inconvenientes, entre os quais o de contrariar a estabilidade das convenções ([108]), pelo que se tem verificado uma tendência doutrinária no sentido de eliminar o elemento pessoal dos contratos. A despersonalização do vínculo obrigacional é o resultado de uma evolução que se tem vindo a efectuar no domínio dos direitos de crédito ([109]).

Todavia, como a infungibilidade tem uma origem natural ou convencional, visando a satisfação de interesses privados, ela não poderá, em princípio, ser alvo de apreciação judicial.

No que respeita à maioria dos contratos de locação, é de admitir que não são celebrados *intuitu personæ* ([110]), pois, em regra, o proprietário tem, principalmente, em vista o preço locativo a auferir, independentemente da pessoa que usa a coisa. Nota-se mais esta tendência nos arrendamentos urbanos do que nos rústicos; mas, mesmo nestes últimos, é frequente que os proprietários descuidem da pessoa do rendeiro, pretendendo somente auferir a renda anual.

E nem se diga que as proibições legal e convencional de sublocar são critério para se determinar o *intuitu personæ* da

---

([108]) Vd. AZOULAI, «L'elimination de l'*intuitus personæ* dans le Contrat» in *La Tendance a la Stabilité du Rapport Contratuel,* pp. 3 a 12.

([109]) Vd. CUNHA E SÁ, «Direito ao Cumprimento e Direito a Cumprir», *RDES,* XX, 2 a 4, p. 161; ANTUNES VARELA, *Das Obrigações em Geral,* II, p. 195.

([110]) Cfr. CUNHA GONÇALVES, *op. cit.,* VIII, p. 754; BERNARDINO DE SOUSA, *Sublocação,* pp. 28 e segs.; MICCIO, *op. cit.,* p. 274; RUGGIERO, *Istituzioni di Diritto Civile,* III, p. 340; SIMONCELLI, «La Sublocazione e la Cessione dell'Affito» in *Scritti Giuridici,* I, p. 505; TABET, «Sublocazione», *cit,* p. 590; COSSIO Y CORRAL, *op. cit.,* I, p. 500; WEIL e TERRÉ, *Les Obligations,* pp. 529 e 530.

Com algumas dúvidas manifesta-se TEYSSIÉ, *Les Groupes des Contrats,* pp. 79 e 80.

Contra, LÓPEZ VILAS, *op. cit.,* p. 79; ESTELITA DE MENDONÇA, *Da Sublocação,* p. 101; LARENZ, *op. cit.,* II, 1, p. 230; LÖWISCH, *op. cit.,* p. 130; WOLF, *op. cit.,* II, p. 101.

locação([111]). A actual necessidade de autorização para sublocar tem essencialmente em vista a defesa do locador contra a especulação parasitária do locatário. Relacionado com este argumento, pode acrescentar-se que, como há penuria de bens a locar, e como a utilização dos bens, principalmente no arrendamento para habitação, corresponde a interesses vitais das pessoas, não se deverá permitir que alguém (o intermediário) trafique na mira de lucros exagerados.

Como argumentos legais em favor do carácter não pessoal da locação, pode referir-se, a título de exemplo, o princípio da *emptio non tollit locatum* (art. 1057.º), a possibilidade de transmissão do arrendamento (art. 1111.º), e a permissão de trespasse (art. 1118.º).

O mandato é, normalmente, considerado como contrato *intuitu personæ* ([112]), por força da relação de confiança que lhe está subjacente, mas não são poucas as vozes que se levantam discordando desta tese([113]). E, por exemplo, relativamente à procuração forense, não se põe em causa a possibilidade de substabelecer mesmo sem autorização([114]). Tem-se ainda entendido que é lícito submandatar, sem autorização, sempre que isso seja necessário para a boa execução do mandato([115]).

([111]) Vd. AZOULAI, *op. cit.*, nota 24, p. 17; PONTES DE MIRANDA, *op. cit.*, XL, p. 291; TABET, *La Locazione-conduzione*, pp. 616 e 617.

([112]) Cfr. CUNHA GONÇALVES, *op. cit.*, VIII, p. 455; VAZ SERRA, Anotação ao Acórdão do Supremo Tribunal de Justiça, de 19 de Fevereiro de 1974, *RLJ*, 108, p. 86; BROX, *Besonderes Schuldrecht*, p. 214; ESSER e WEYERS, *Schuldrecht*, II, p. 295; LARENZ, *op. cit.*, II, 1, p. 414; SCHLECHTRIEM, *op. cit.*, pp. 159 e 165; PONTES DE MIRANDA, *op. cit.*, XLIII, p. 165; CAIO SILVA PEREIRA, *op. cit.*, II, p. 358; MALAURIE e AYNÈS, *Les Contrats Spéciaux*, p. 235; PLANIOL e RIPERT, *op. cit.*, XI, p. 905; TEYSSIÉ, *op. cit.*, p. 78; WEIL e TERRÉ, *op. cit.*, p. 529; GALGANO, *Diritto Privato*, p. 554; RESCIGNO, *Manuale del Diritto Privato Italiano*, p. 280.

([113]) Vd. RODRIGUES BASTOS, *Dos Contratos em Especial*, III, p. 165; DIAS MARQUES, *Teoria Geral do Direito Civil*, II, p. 349; ANTUNES VARELA, *Das Obrigações em Geral*, II, p. 26; BUONOCORE, *op. cit.*, p. 490; CARRESI, «Sostituzione e Submandato», *cit.*, p. 1092; GRAZIADEI, «Mandato», *RDC*, XXXI, 1985, 4, p. 473; MINERVINI, «Mandato, Sub-mandato», *cit.*, p. 474; MEDICUS, *Schuldrecht*, II, p. 185.

([114]) Cfr. Acórdão do Supremo Tribunal de Justiça, de 19 de Fevereiro de 1974, *RLJ*, 108, pp. 83 e segs. e Acórdão do Supremo Tribunal de Justiça, de 8 de Março de 1974, *BMJ*, 235, pp. 250 e segs.

([115]) Cfr. CUNHA GONÇALVES, *op. cit.*, VIII, p. 455; CASTAN TOBEÑAS, *op. cit.*, p. 250.

Há contratos de mandato que têm, de facto, um carácter estritamente pessoal, mas isso não será uma verdadeira característica deste negócio jurídico; e só em face do caso concreto se poderá determinar o *intuitus personæ*. O mandato só será um negócio fiduciário se isso se depreender da natureza da obrigação assumida, da especial relação entre as partes, ou de expressa convenção nesse sentido [116].

A empreitada não é, na maior parte das vezes, considerada como contrato *intuitu personæ* [117], porque o interesse do dono da obra é satisfeito desde que obtenha o resultado, independentemente da pessoa que o executa [118]. De facto, o empreiteiro está adstrito a uma prestação de resultado que, na maioria dos casos, é fungível. Por outro lado, o art. 1230.º n.º 1, ao estatuir que o contrato de empreitada, em regra, não se extingue por morte ou incapacidade do empreiteiro, consagra a regra da fungibilidade da prestação [119].

Também aqui o carácter pessoal dependerá da natureza da obrigação (por ex. fazer o retrato do cliente) [120], da especial

---

[116] Nessas hipóteses será inadmissível uma substituição. Cfr. AA.VV. (STEFFEN), *op. cit.*, II, 4, comentário n.º 4 ao § 664 do *BGB*, p. 19; TREITEL, *An Outline of the Law of Contract*, p. 237, a propósito do caso «John McCann & Co. V. Pow, 1975».

[117] Cfr. BROX, *op. cit.*, p. 181; DAIBERT, *op. cit.*, pp. 353 e 354; GRASSO, *op. cit.*, pp. 98 e 110; GIANNATTASIO, *op. cit.*, p. 68; NICOLÒ e RICHTER, *op. cit.*, comentário n.º 23 ao art. 1655.º, p. 729 e comentário n.º 2 ao art. 1656.º, p. 755; COSSIO y CORRAL, *op. cit.*, I, p. 526; LÓPEZ VILAS, *op. cit.*, p. 129; MEDICUS, *op. cit.*, II, p. 154; PLANIOL e RIPERT, *op. cit.*, XI, p. 168. *op. cit.*, XI, p. 168.

Também para sustentar que o *intuitus personæ* não está normalmente presente no contrato de empreitada, pode citar-se o caso «Reardon Smith Line Ltd. V. Hansen-Tangen, 1976». Vd. POWELL-SMITH, *op. cit.*, p. 104.

Em sentido contrário, vd. CAIO SILVA PEREIRA *op. cit.*, III, p. 227; RESCIGNO, *op. cit.*, p. 813; TORRENTE e SCHLESINGER, *Manuale di Diritto Privato*, p. 556; WEIL e TERRÉ, *op. cit.*, p. 529.

VALENTIN, *Les Contrats de Sous-traitance*, p. 87, considera que a subempreitada é, em princípio, concluída *intuitu personæ*, pelo que o subempreiteiro não poderá, por sua vez, celebrar outra subempreitada.

[118] Cfr. idêntica posição no direito inglês em TREITEL, *op. cit.*, p. 237, a propósito do caso «British Waggons Co. V. Lea & Co., 1880»; CHESHIRE, FIFOOT e FURMSTON, *op. cit.*, pp. 510 e 511.

[119] Vd. PEREIRA DE ALMEIDA, *Direito Privado*, II, p. 19.

[120] Vd. mesmo exemplo em TETTENBORN, *An Introduction to the Law of Contract*, p. 200.

relação entre as partes (por ex. a confiança em certo técnico) ([121]), ou de convenção nesse sentido ([122]).

E o carácter pessoal, tanto do mandato como da empreitada, não obsta a que, respectivamente, o mandatário e o empreiteiro recorram ao serviço de auxiliares para a execução das suas obrigações (art. 264.º n.º 4).

O contrato de agência é igualmente celebrado sem carácter pessoal, pelo que o legislador estabeleceu a regra da liberdade de celebração de contrato de subagência (art. 5.º n.º 1 do Dec.-Lei n.º 178/86, de 3 de Julho).

Diferentemente, o comodato e o depósito são contratos, as mais das vezes, concluídos *intuitu personæ* ([123]).

Quanto ao primeiro, o comodante, como não visa auferir qualquer contraprestação, só cederá o uso e fruição da coisa a pessoas da sua confiança.

Da mesma forma, o depositante terá sempre a preocupação de procurar alguém que lhe inspire confiança. Principalmente no caso do depósito gratuito.

Podem, evidentemente, ser celebrados contratos de comodato e de depósito sem carácter pessoal, mas nestes contratos prevalece, em regra, o *intuitus personæ*.

Não é admissível a conclusão de um subcontrato, cujo objecto coincida com o objecto principal do contrato base, sempre que o negócio jurídico principal tenha sido celebrado *intuitu personæ*. Nesses casos, o subcontrato implica uma intromissão ilícita de terceiro na relação jurídica existente. Diferentemente, quando, no contrato principal, o elemento pessoal não é rele-

---

([121]) Vd. TREITEL, *op. cit.*, p. 237, a propósito do caso «Robson V. Drommoval, 1831».

([122]) No caso «Davier V. Collins, 1945» foi decidido pelos tribunais ingleses que, como de um contrato de limpeza a seco constavam as seguintes palavras: «Será tomado todo o cuidado na limpeza da roupa», o prestador do serviço não podia delegar o cumprimento num terceiro. Cfr. TREITEL, *op. cit.*, p. 237.

([123]) Quanto ao subcomodato, cfr. MICCIO, *Dei Singoli Contratti*, p. 81; e, em relação ao subdepósito, cfr. RODRIGUES BASTOS, *op. cit.*, III, p. 89; AA.VV. (KROHN) *op. cit.*, comentário n.º 1 ao § 691 do *BGB*, p. 13; BROX, *op. cit.*, p. 229; LARENZ, *op. cit.*, II, 1, p. 457. Ainda quanto ao subdepósito é concludente o caso «Edwards V. Newland & Co., 1950» analisado por CHESHIRE, FIFOOT e FURMSTON, *op. cit.*, p. 511; vd. também TREITEL, *op. cit.*, p. 237.

vante, vigora a regra da liberdade de subcontratar, salvo disposição em contrário ([124]).

17. Proibição legal de subcontratar; as tomadas de posição nas várias legislações

A proibição de subcontratar dificulta, por uma lado, o aproveitamento dos bens (ex. sublocação) e, por outro, uma melhor execução de certas obrigações (ex. submandato, subempreitada).

No que respeita ao contrato derivado vigora, igualmente, o princípio da liberdade contratual (art. 405.º), e não são frequentes as proibições legais de subcontratar. Havia uma proibição deste tipo quanto à subenfiteuse (art. 1496.º) ([125]); e, por força do art. 36.º n.º 1 da Lei n.º 76/77 de 29 de Setembro, estava vedado o subarrendamento rural ([126]). Mas do n.º 3 do citado preceito constava uma excepção: «É lícito o subarrendamento ao Estado desde que para fins de investigação agrária, de extensão rural ou de formação profissional». E na parte final do n.º 1 e do n.º 2 do art. 36.º constavam duas pretensas excepções à proibição de subarrendamento rural; de facto, não eram verdadeiras excepções, porque o Estado, as autarquias ou as cooperativas, por imperativo legal, ficavam colocadas na posição de arrendatários e não de subarrendatários.

Posteriormente, o Dec.-Lei n.º 385/88, de 25 de Outubro, art. 13.º n.º 1, veio, de novo, a permitir o subarrendamento rural, desde que autorizado, por escrito, pelo senhorio ([126a]). A actual

---

([124]) Também no direito inglês há, em princípio, liberdade de subcontratar. Cfr. CHESHIRE, FIFOOT e FURMSTON, *op. cit.*, pp. 505 e 510; TETTENBORN, *op. cit.*, p. 200; TREITEL, *op. cit.*, p. 237.

([125]) Está, igualmente, proibida em Espanha (art. 1645.º do Código Civil) e na Itália (art. 968.º do Código Civil). Não assim no Brasil onde o art. 694.º do Código Civil admite a subenfiteuse.

([126]) Tal proibição, quanto ao subarrendamento total, já constava do n.º 1 do art. 1078.º (revogado pelo Dec.-Lei n.º 201/75 de 15 de Abril) e, anteriormente, do disposto na Base XIX da Lei n.º 2114. Todavia, o n.º 2 do art. 1078.º, bem como o n.º 2 da Base XIX, admitiam o subarrendamento parcial, desde que autorizado pelo senhorio.

([126a]) De forma idêntica dispõe o art. 25.º do Dec.-Lei n.º 394/88, de 8 de Novembro (arrendamento para fins de exploração silvícola).

lei do arrendamento rural vai até mais longe do que o que dispunha o art. 1078.º, na medida em que, hoje, se permite inclusive o subarrendamento total.

O subarrendamento rústico está proibido, nomeadamente em Espanha ([127]), em França ([128]) e na Itália ([129]).

Não assim na Alemanha, onde é permitido o subarrendamento de prédios rústicos ([130]).

O subarrendamento rural tem sido proibido porque, por um lado, é considerado uma forma parasitária de actuação por parte do intermediário que não traz qualquer benefício social, e por outro, porque, sendo a terra um meio de subsistência de limitados recursos para muitas famílias, não deverão os agricultores ficar ainda mais sobrecarregados com o lucro do intermediário.

Mais avisada era, pois, a solução preconizada na versão original do Código Civil (art. 1078.º n.º 2) que só permitia o subarrendamento parcial e desde que autorizado pelo senhorio.

Também por contrariar interesses de ordem económico social, tem sido proibida a sublocação de habitações de renda económica ([131]).

Igualmente em derrogação da regra da liberdade de subcontratar, a lei exige, por vezes, uma prévia autorização da contraparte.

A sublocação, no domínio do Código Civil, bem como do actual Dec.-Lei que regula o arrendamento rural, carece de autorização, expressa ou tácita, do locador ([132]). Igual solução fora

---

([127]) Lei de 15 de Março de 1933, art. 4.º e 5.º e Regulamento, de 29 de Abril de 1959, art. 4.º. O subarrendamento é, todavia, admitido nos casos excepcionais dos arts. 61.º e 62.º da Lei do Arrendamento Rural. Cfr. COSSIO y CORRAL, op. cit., I, p. 518.

([128]) Art. 832.º do Código Rural e art. 15.º da Lei n.º 75632, de 15 de Julho de 1975. Sobre casos excepcionais, em que o subarrendamento rural é admitido em França, vd. AYNÈS, op. cit., nota 9, p. 107; MALAURIE e AYNÈS, Les Contrats Spéciaux, p. 302.

([129]) Art. 1.º da Lei n.º 156, de 5 de Abril de 1945, art. 21.º, n.º 1, da Lei n.º 11, de 11 de Fevereiro de 1971 e art. 21.º da Lei n.º 203, de 1982. Vd. NICOLÒ e RICHTER, op. cit., comentários n.º 1 e 7 ao art. 1624.º, pp. 680 e 681 e comentário n.º 1 ao art. 1649.º, pp. 721 e 722; RESCIGNO, op. cit., pp. 712 e 810; TRABUCCHI, op. cit., pp. 765 e 768.

([130]) Vd. LARENZ, op. cit., II, 1, p. 287; SKOPALIK, op. cit., p. 34.

([131]) Cfr. art. 35.º do Dec.-Lei n.º 608/73, de 14 de Novembro.

([132]) Vd. supra n.º 9.

preconizada no § 549 do Código Civil Alemão([133]). Contrariamente, no Brasil (art. 1201.º do Código Civil), Espanha (art. 1550.º do Código Civil), França (art. 1717.º do Código Civil), Itália (art. 1594.º 1 do Código Civil) e Suíça (art. 264.º 1 do Código das Obrigações) manteve-se a tradição da liberdade de subcontratar salvo cláusula em contrário([134]).

Mas, mesmo nos sistemas em que ainda vigora a tradicional liberdade de sublocação, as várias restrições impostas pelo legislador têm, na prática, transformado a regra geral numa excepção; a regra geral só encontra, pois, aplicação em casos excepcionais.

O submandato, nos termos dos arts. 1165.º e 264.º, pode ser estabelecido, sem autorização do mandante, se tal faculdade resultar do conteúdo do contrato principal, ou for necessária para a execução do encargo. É também esta a regra no Brasil (art. 1300.º do Código Civil), Espanha (art. 1721.º do Código Civil), França (art. 1994.º do Código Civil) e Itália (art. 1717.º do Código Civil). Mais restritivo é o § 664 do Código Civil Alemão que, na dúvida, não permite o submandato; o qual, segundo ENNECCERUS e LEHMANN([135]) só é admissível se estiver nos usos.

No que respeita à subempreitada, por força do art. 1213.º, n.º 2, aplicam-se as regras já referidas quanto ao submandato.

([133]) Cfr. SCHLECHTRIEM, *op. cit.*, p. 81.

([134]) No Brasil exige-se o consentimento escrito para a sublocação de prédios urbanos (art. 10.º da Lei n.º 6649, de 16 de Maio de 1979). Vd. também BARROS MONTEIRO, *op. cit.*, V, 2, p. 150; PONTES DE MIRANDA, *op. cit.*, XL, p. 285; ARNOLDO WALD, *Obrigações e Contratos*, p. 267.

Em Espanha, a Lei de Arrendamentos Urbanos, de 13 de Abril de 1956, art. 10.º e 22.º, só permite o subarrendamento com autorização do locador. Vd. ALBALADEJO, *op. cit.*, p. 261; CASTAN TOBEÑAS, *op. cit.*, p. 415; DIEZ--PICAZO e GULLON, *Sistema de Derecho Civil*, II, p. 367.

Também em França só se pode subarrendar, em arrendamentos comerciais e habitacionais, com autorização do locador, nos termos dos arts. 78.º da Lei n.º 48 1360, de 1 de Setembro de 1948 e 21.º do Dec. n.º 53 960, de 30 de Setembro de 1953. Vd. NÉRET, *op. cit.*, p. 78.

Na Itália, o n.º 2 do art. 1594.º do Código Civil proíbe a sublocação de coisas móveis sem autorização. Vd. MESSINEO, *Manuale cit.*, IV, p. 186; TABET, «Sublocazione», *cit.*, p. 591. E o art. 2.º da Lei n.º 392, de 27 de Julho de 1978, bem como o art. 1624.º do Código Civil, exigem o consentimento do locador, respectivamente, para a sublocação total de imóveis para habitação e para o subarrendamento de bens produtivos. Vd. TRABUCCHI, *op. cit.*, p. 778.

([135]) *Derecho de Obligaciones*, II, 1, pp. 596 e 597. Cfr. também LÖWISCH, *op. cit.*, pp. 232 e 235.

Poder-se-á, portanto, dizer que, quando o contrato base fôr omisso, a subempreitada é admíssivel, sempre que sirva para executar tarefas especiais que não estão ao alcance do empreiteiro, ou tal faculdade resulte do carácter fungível da prestação do empreiteiro. Diferentemente, no art. 3.º do Anteprojecto de contrato de empreitada da autoria de VAZ SERRA, o empreiteiro só podia subcontratar com autorização do dono da obra, porque frequentemente o comitente teria interesse em que a obra fosse executada pessoalmente pelo empreiteiro ([136]). Não parece que, na maioria das situações, se verifique tal interesse por parte do dono da obra e, de facto, a restrição proposta por VAZ SERRA não passou para a versão definitiva do Código Civil.

Não assim na Itália, onde o art. 1656.º só permite a subempreitada com autorização do dono da obra ([137]). Da mesma forma, no art. 3.º da Lei Francesa n.º 75-1334, de 31 de Dezembro de 1975, estabelece-se que o empreteiro deverá requerer o acordo do dono da obra para a celebração do contrato de subempreitada. Mas mesmo que o contrato de subempreitada não tenha sido aceite pelo comitente, o empreiteiro continua responsável perante o subempreiteiro.

No Brasil, em Espanha, em França, na Alemanha e na Suiça a subempreitada não encontra regulamentação expressa nos respectivos diplomas de direito civil ([138]).

Por último, no Dec.-Lei n.º 446/85, de 25 de Outubro (Cláusulas Contratuais Gerais), art. 18.º *l)*, estabelece-se a proibição absoluta de subcontratar, por parte de quem predisponha as cláusulas, sem acordo da contraparte. Não se entende bem a *ratio* deste preceito porquanto, por um lado, na maioria dos casos, vigora a liberdade de subcontratar e não se torna necessária a autorização para celebrar um contrato derivado, e por outro, a razão invocada pelos comentadores desta lei ([139]), de que se poderia usar o instituto para limitação da responsabilidade,

---

([136]) Vd. VAZ SERRA, «Empreitada», *cit.*, pp. 72 e 73.

([137]) Vd. GIANNATTASIO, *op. cit.*, p. 75; GRASSO, *op. cit.*, p. 110.

([138]) Salvo se se admitir que o art. 1597.º do Código Civil Espanhol, que consagra uma acção directa dos trabalhadores do empreiteiro contra o dono da obra, é extensível aos subempreiteiros.

([139]) Vd. ALMEIDA COSTA e MENEZES CORDEIRO, *Cláusulas Contratuais Gerais, Anotação ao Dec.-Lei n.º 446/85, de 25 de Outubro,* anotação n.º 5 ao art. 18.º, p. 44.

não colhe, na medida em que o intermediário continua responsável, na totalidade, perante o primeiro contraente([140]). Não havia, pois, razão para equiparar a cessão da posição contratual e a assunção singular de dívidas ao subcontrato.

([140]) Vd. *infra* n.º 49.

SECÇÃO II

EVOLUÇÃO HISTÓRICA

§ 5 A subcontratação no direito romano

18. O subcontrato de locação

O direito romano([141]) concebia a relação contratual como um *vinculum iuris* personificado, pelo que a substituição subjectiva só se poderia efectivar através de uma novação([142]). A personificação e a intransmissibilidade foram características do vínculo obrigacional no direito romano clássico.

Estas características, que punham entraves à cessão da posição contratual, não foram, todavia, obstáculo para o subcontrato. De facto, o contrato derivado não acarreta alterações na relação jurídica principal, pois nesta, os sujeitos originários mantêm-se com os mesmos direitos e obrigações.

Como o subcontrato não contrariava as características da personificação e da intransmissibilidade do vínculo, veio a ser aceite no direito romano.

([141]) Na realidade, não há um direito romano, mas sim tantos «direitos» quantas as épocas autonomizadas. Vd. MENEZES CORDEIRO, *Teoria Geral do Direito Civil, Relatório,* p. 61.

([142]) Vd. GARCIA-AMIGO, *La Cesión de Contratos en el Derecho Español,* pp. 99 e 100; VON MAYR, *Historia del Derecho Romano,* II, p. 147.

As necessidades económicas e o tráfico jurídico levaram, na última fase do direito romano, à atenuação desta regra. Cfr. DECLAREUIL, *Rome et l'Organisation du Droit,* pp. 283, 284 e 404.

Parece até que a sublocação se praticou desde tempos mais remotos, como os do Código de Hammurábi ([143]).

E no direito romano, na medida em que a locação tinha o *intuitus personæ* pouco acentuado ([144]), podia-se subarrendar, salvo cláusula em contrário ([145]). Assim, LABEO, no Digesto (19.2.60), afirmava: «Quando se arrenda uma casa por vários anos, o locador deve facilitar, não só que o arrendatário a possa habitar, como também que possa, um dia, subarrendá-la a quem queira». PAULO, também no Digesto (19.2.7), dizia: «Se te tivesse arrendado uma casa por cinquenta mil sestércios e tu a subarrendasses a Tício por sessenta mil...». ALFENUS (Digesto 19.2.30) considerava: «O que tomou de arrendamento uma casa por trinta mil sestércios, arrendou separadamente cada um dos dois pisos de modo a que logrou quarenta mil entre todos...». E ainda PAULO (Digesto 41.2.30(6)) referia: «... e o mesmo será se o meu rendeiro der de arrendamento a propriedade a outro arrendatário» ([146]). Por seu turno, o Código de Justiniano (4.65.6) dispunha: «Ninguém está proibido, quando locatário de uma coisa, de a sublocar, salvo cláusula em contrário» ([147]).

Apesar de comummente se afirmar que, na hipótese de sublocação, não se estabelecia uma acção directa do locador contra

---

([143]) O § 47 do Código de Hammurábi costuma ser interpretado no sentido de que era admissível o subarrendamento. Cfr. FEDERICO LARA PEINADO, *Código de Hammurábi*, Tecnos, Madrid, 1986, pp. 13 e 227. Vd. também ESTELITA DE MENDONÇA, *Da Sublocação*, pp. 16 e 17.

([144]) Cfr. ALVARO D'ORS, *Elementos de Derecho Privado Romano*, p. 253; GIFFARD e VILLERS, *Droit Romain et Ancien Droit Francais*, p. 80; MICCIO, *La Locazione*, p. 273.

([145]) Cfr. ALVARO D'ORS, *Elementos cit.*, p. 253; IGLÉSIAS, *Derecho Romano*, p. 446; TARBOURIECH, *De la Sous-location et de la Cession de Bail*, p. 99, TOULOUSSE, 1893, apud, TEYSSIÉ, *op. cit.*, p. 265.

([146]) Tradução com base em D'ORS, *El Digesto de Justiniano*.
D.19.2.60: «Cum in plures annos domus locata est, præstare locator debet, ut non solum habitare conductor ex kalendis illis eujusque anni, sed etiam locare habitatori, si velit, suo tempore possit.»
D.19.2.7: «Si tibi alienam insulam locavero quinquaginta, tuque eandem sexaginta Ticio locaveris, ...»
D.19.2.30: «Qui insulam triginta conduxerat, singula coenacula ita (conduxit,) ut quadraginta ex omnibus colligerentur:...»
D.41.2.30(6): «... Et idem erit, si colonus meus fundum locaverit...»

([147]) CODEX 4.65.6: «Nemo prohibetur rem, quam conduxit, fruendam alii locare: si nihil aliud convenit.»

o sublocatário, designadamente para a cobrança de rendas ([148]), parece que foi admitida uma acção real sobre os móveis trazidos pelo sublocatário ([149]). E para o arrendamento rural, PAULO, no Digesto (19.2.24(1)), considerava: «Se um rendeiro subarrendar a propriedade, as coisas do segundo arrendatário não ficam empenhadas a favor do proprietário; mas os frutos ficam empenhados, do mesmo modo que estariam se tivessem sido colhidos pelo primeiro rendeiro» ([150]).

19. Outros casos

Como no direito romano não se distinguia conceitualmente o arrendamento (*locatio rei*) da empreitada (*locatio operis*) ([151]), as considerações anteriores podem, *mutatis mutandis*, ser extensíveis à subempreitada.

Na empreitada o comitente não podia exigir do *conductor* que este executasse pessoalmente a obra, a não ser que a execução pessoal tivesse sido expressamente acordada, ou que a execução por terceiro não satisfizesse o interesse do credor. Fora destes casos, o empreiteiro podia utilizar, na execução da obra, o pessoal auxiliar de que necessitasse; e podia também encomendar a execução da obra, total ou parcialmente, a um terceiro substituto ([152]).

([148]) Cfr. SIMONCELLI, *op. cit.*, p. 506; TARBOURIECH, *op. cit.*, p. 99, apud, TEYSSIÉ, *op. cit.*, p. 265.
A acção directa, apesar da sua origem pretoriana (cfr. COZIAN, *L'Action Directe*, p. 12), parece não ter tido, neste campo, a sua aplicação.
([149]) Cfr. TARBOURIECH, *op. cit., apud* TEYSSIÉ, *op. cit.*, p. 265.
([150]) Tradução com base em D'ORS, *El Digesto de Justiniano*.
D.19.2.24(1): «Si colonus locaverit fundum, res posteriores conductoris domino non obligantur: sed fructus in causa pignoris manent, quemadmodum essent, si primus colonus eos percepisset.»
([151]) Na época primitiva nem, na prática, se fazia distinção entre estas duas figuras. Cfr. VON MAYR, *op. cit.*, II, p. 222. E apesar de, mais tarde, os juristas romanos diferenciarem as duas figuras, ficou a dever-se à pandectística alemã a distinção entre os três tipos de *locatio*.
([152]) Vd. SANTA CRUZ TEIJEIRO, *Instituciones de Derecho Romano*, p. 409.

Apesar de o direito romano não ter admitido a representação em termos gerais([153]), segundo PESSOA JORGE([154]), «O mandato concebido como encargo confiado a um amigo de praticar certo acto, (...) surgiu (...) na época republicana, quando a expansão territorial e o desenvolvimento das relações sociais tornaram impossível, principalmente nas classes mais abastadas, que os actos jurídicos fossem realizados sempre pelos próprios interessados.»

O mandato era entendido como um relação pessoal, celebrada com um acentuado *intuitus personæ*([155]) o que leva BESTA([156]) a concluir que a faculdade de se fazer substituir estaria excluída, se o mandante não tivesse consentido.

Não partilham desta opinião IGLESIAS([157]) e D'ORS([158]), para os quais o mandatário podia executar o mandato recorrendo a um substituto, excepto se tal estivesse vedado no contrato, ou não fosse permitido pela natureza do acto cometido.

No sentido desta segunda opinião ULPIANO (Digesto 17.1.8(3)) afirmava: «Quem tiver mandado alguém gerir negócios de outra pessoa que, por sua vez, lhe havia encomendado a ele, tem acção de mandato, porque também ele mesmo responde.»([159]). Desta passagem de ULPIANO poder-se-á concluir no sentido da admissibilidade da substituição, porquanto não se fala na necessidade de consentimento, para encarregar terceiro dos negócios que lhe haviam sido encomendados; antes pelo contrário, os

---

([153]) Cfr. DECLAREUIL, *op. cit.*, p. 280; FLATTET, *Les Contrats pour le Compte d'Autrui*, pp. 23 e segs., PETIT, *Traité Élémentaire de Droit Romain*, p. 411; ALVARO D'ORS, *Elementos cit.*, p. 239.
 Mas, os últimos clássicos vieram a admitir a aquisição da posse e da propriedade, directamente, através de representantes. Cfr. ALVARO D'ORS, *Elementos cit.*, p. 240; PETIT, *op. cit.*, pp. 273, 411 e 412.
 ([154]) *O Mandato sem Representação*, p. 34.
 ([155]) Cfr. ALVARO D'ORS, *op. cit.*, p. 241; BESTA, *L'Obbligazioni nella Storia del Diritto Italiano*, p. 250; GIFFARD e VILLERS, *op. cit.*, p. 80; VON MAYR, *op. cit.*, II, p. 189.
 ([156]) *L'Obbligazioni nella Storia del Diritto Italiano*, p. 252.
 ([157]) *Derecho Romano*, p. 437.
 ([158]) *Derecho Privado Romano*, p. 518.
 ([159]) Tradução com base em D'ORS, *El Digesto de Justiniano*.
 •D.17.1.8(3): «Si quis mandaverit alicui gerenda negotia ejus, qui ipse sibi mandaverat, habebit mandati actionem, quia & ipse tenetur: tenetur autem, quia agere potest.»

termos em que esta passagem está redigida levam a concluir que a substituição na execução do mandato era bastante frequente.

Tendo o mandatário recorrido a um substituto, será responsável, não só por culpa *in eligendo* ([160]), como também pelo risco derivado da substituição, mesmo que esta fosse necessária para uma melhor execução do mandato ([161]).

Quanto ao depósito, apesar do seu carácter pessoal, admitiu-se a realização de um contrato derivado, levantando-se, todavia, a dúvida quanto a saber se se tratava de um depósito ou de um mandato ([162]). No Digesto (16.3.1(11)) ULPIANO dizia: «se eu te pedir que leves uma coisa minha a TÍCIO para que ele a guarde, pergunta POMPÓNIO com que acção pode demandar-te; ele crê que, contra ti, com a acção de mandato, e contra o que tenha recebido a coisa, com a de depósito; mas se tiveres recebido a coisa em teu nome, tu certamente ficas obrigado pela acção de mandato; e ele para contigo com a de depósito, a qual me cederás ao ser demandado com a acção de mandato». AFRICANUS, no Digesto (16.3.16), escrevia: «Se aquele em quem tenhas depositado uma coisa a depositar noutro e este tenha feito algo como dolo, pelo dolo do segundo depositário o primeiro só fica obrigado a ceder-te as suas acções.» PAULO (Digesto 41.2.30(6)) referia: «... ou o meu depositário tenha depositado, por sua vez, em mãos de outra pessoa.» ([163])

Destas últimas passagens, facilmente se concluirá pela admissibilidade do subdepósito no direito romano.

([160]) Vd. BESTA, *op. cit.*, p. 252.
([161]) Cfr. ALVARO D'ORS, *Derecho Privado Romano*, pp. 518, 546 e 547; IGLÉSIAS, *op. cit.*, p. 437.
([162]) Cfr. ASTUTI, «Deposito (Storia)», *ED*, XII, p. 214 e 215.
([163]) Tradução com base em D'ORS, *El Digesto de Justiniano*.
D.16.3.1(11): «Si te rogavero, ut rem meam perseras ad Titium, ut is eam servet, qua actione tecum experiri possum, apud Pomponium quæritur? Et putat, tecum mandati: cum eo vero, qui eas res receperit, depositi: si vero tuo nomine receperit, tu quidem mihi mandati teneris, ille tibi depositi; quam actionem mihi præstabis, mandati judicio conventus.»
D.16.3.16: «Si is, apud quem rem deposueris, apud alium eam deponat, & ille dolo quid admiserit, ob dolum ejus, apud quem postea sit depositum, eatenus eum teneri apud quem tu deposueris, ut actiones suas tibi præstet.»
D.41.2.30(6): «... aut is, apud quem deposueram, apud alium rursos deposuerit.»

Também o subcomodato parece ter sido admitido no direito romano em razão do seguinte texto de PAULO (Digesto 41.2.30(6)): «Se eu te prestar uma coisa em comodato e tu a prestares a TÍCIO...» ([164]).

Tem-se afirmado que a acção directa no direito romano tinha carácter excepcional ([165]). E, de facto, esta figura parece que não teve tratamento por parte dos autores clássicos.

Mas, das considerações de ULPIANO (Digesto 16.3.1(11)) e de AFRICANUS (Digesto 16.3.16), infere-se que, em situações subcontratuais, e através da cedência da acção, o primeiro contraente podia demandar o terceiro. Seria, talvez, um caso de *commodum subrogationis* de origem convencional.

([164]) Tradução com base em D'ORS, *El Digesto de Justiniano*.
D.41.2.30(6): «Si ego tibi commodavero, tu Ticio, ...»
([165]) Vd. FLATTET, *op. cit.*, p. 185; ATAZ LÓPEZ, *Ejercicio por los Acreedores de los Derechos e Acciones del Deudor*, p. 19, nota 8.
Como hipóteses de acções indirectas, veja-se o *Edicto* VII de Justiniano, cap. III, a *Novæla* 135 e o *Codex* 4.15. Neste último prevê-se que o fisco demande os devedores dos seus devedores. Vd. também, D.42.1.15.2.

§ 6 Posição do direito português

20. O subcontrato nas Ordenações

Justifica-se que, do direito romano, se passe para as Ordenações, porquanto não se fez distinção entre o direito romano pré e pós Justinianeu, e porque não foram encontradas quaisquer referências ao subcontrato nos direitos visigótico e muçulmano. Por outro lado, as Ordenações, como compilação das leis do Reino, coligiram o direito pátrio anterior à elaboração de tais colecções.
Segundo CUNHA GONÇALVES[166], «No nosso país foi a sublocação de longa data praticada». Era permitido sublocar salvo disposição em contrário[167].
Nas Ordenações Afonsinas, Livro IV, Título LXXIII, n.º 3 estabelecia-se: «Se o Senhor da casa nom achar aquelle, que a casa alugou, e achar algum outro em ella, pode requerer aaquelle, que achar de posse da casa, ou tever algũa cousa dentro em ella, que lhe pague o aluguer, e o pode penhorar por ello sem cooima, e nom se pode o que em ella morar chamar á força.» Com algumas alterações sintáticas, dispunham no mesmo sentido as Ordenações Manuelinas (Livro IV, Título LVII, n.º 3) e as Filipinas (Livro IV, Título XXIII, n.º 3).
A disposição transcrita aplicava-se tanto à cessão do arrendamento como à sublocação, o que não é de estranhar, na medida em que só recentemente se fez a distinção entre estas figuras[168].

---

[166] *Op. cit.*, VIII, p. 745.
[167] Vd. ESTELITA DE MENDONÇA, *Da Sublocação*, p. 102.
[168] Vd. *infra* n.º 28 a).

Desta passagem conclui-se que, não só a sublocação era permitida, como também que, em tais casos, o senhorio tinha acção directa, para cobrança de rendas, contra o subinquilino.

Também das Ordenações Afonsinas, pode citar-se o n.º 18 do Título XXIX do Livro II que estatuía: «Ha hy alguũs Cavalleiros de conthia, que trazem Casaaes, e Quintaãs, e Herdades das Igrejas, e Mosteiros, e Bispados a certos dinheiros, ou a certo pam, e estas Herdades dam a lavrar a piaaẽs, por lhe darem dellas a raçom: Se os lavradores pagaram Jugada?

«Manda ElRey, que se estes Cavalleiros trouverem arrendados ataa nove annos, que pague tal piam lavrador, que as Herdades trouver, Jugada; e se passar os ditos nove annos, que a nom pague, morando na dita Herdade encabeçada.»

Das disposições transcritas infere-se que a sublocação era cumummente praticada no antigo direito português.

O subarrendamento estaria tão generalizado que, inclusivamente, se previam hipóteses em que as questões, dele derivadas, poderiam ser dirimidas no foro eclesiástico. De facto, LOBÃO[169] referia: «Segue-se, que os Rendeiros geraes da Igreja podem attrahir ao Juizo Ecclesiastico os Colonos, (...) que lhe negão as prestações, ...»

Quanto à sublocação, seriam igualmente de aplicar as regras do *Corpus Iuris Civilis* anteriormente citadas[170], porquanto nas Ordenações Afonsinas (Livro II, Título IX) se dispunha: «... e quando o caso, de que se trauta, non for determinado per Ley do Regno, mandamos que seja julgado, e findo pelas Leyx Imperiaaes...» E nas Manuelinas (Livro II, Título V) justifica-se: «... as quaes Leys Imperiaes Mandamos soomente guardar pola boa razam em que sam fundadas.» No mesmo sentido, quanto ao direito subsidiário, prescreviam as Ordenações Filipinas no Livro III Título LXIV.

CORRÊA TELLES era de opinião que o locatário «póde sublocar se esta faculdade lhe não foi prohibida, quando tomou de arrendamento a cousa.» E, por conseguinte, «O conductor é responsável não só pelo damno, que directamente causou, mas pelo que causárão os seus familiares ou sublocados.»[171]. Também

---

[169] *Notas de Uso Pratico, E Criticas*, I, p. 158.
[170] Vd. *supra* n.º 18.
[171] *Digesto Portuguez*, III, respectivamente, n.º 737, p. 119 e n.º 780, p. 126.

COELHO DA ROCHA afirmava: «o mesmo conductor pode sublocar, se no contracto lhe não foi prohibido» e o locatário «é responsavel pelos damnos causados por culpa leve, quer os damnos sejam praticados por elle mesmo, quer por familiares, ou sublocados.» ([172]).

A subprocuração estava prevista nas Ordenações Filipinas (Livro I, Título XLVIII, n.º 28) quando aí se dispunha: «E todas estas pessoas, que não podem ser Procuradores, poderão antes de lhe ser posta a excepção da incapacidade, sobstabelecer outros....». A admissibilidade da subprocuração também se depreende da seguinte passagem de MELLO FREIRE: «Extingue-se ainda o ofício de Procurador por substituição, a saber, quando o procurador nomeado, já tornado senhor da lide pela contestação, substabelece noutro para que em seu nome defenda a causa.» ([173]).

Caso o mandatário não tivesse obtido autorização para substabelecer, era responsável pelos actos do submandatário ([174]). Tendo autorização para submandatar, o mandatário só era responsável por culpa *in eligendo* ([175]). Na hipótese de submandato,

---

([172]) *Instituições de Direito Civil Portuguez*, II, respectivamente, n.º 832, p. 648 e n.º 836, p. 651.

Diferentemente, no direito espanhol, mas só para os arrendamentos habitacionais em Madrid, a Lei de 31 de Julho de 1792, *Novísima Recopilacion de las Leyes de España*, Tomo V, Livro X, Ley VIII, n.º 4, p. 41, dispunha: «Se prohibe todo subarriendo y traspaso del todo o parte de las habitaciones, á no ser con expreso consentimiento de los dueños...»

([173]) *Institutiones Iuris Civilis Lusitani* IV, Título III, § XI, p. 21, tradução de MIGUEL PINTO DE MENESES in *BMJ*, 168, p. 62. Esta passagem reporta-se tanto à cessão do mandato, como ao submandato, na medida em que a distinção entre as duas figuras ainda não fora feita.

No mesmo sentido, em relação ao direito espanhol, HEVIA BOLAÑOS, *Curia Filipica*, II, Livro I, Capítulo IV, n.º 43, p. 25, escrevia: «Aunque el adicto no puede nombrar, ni substituir otro en su lugar, sin tener poder para ello (...) empero el mandato dado para cobrar, ò hazer cozas fuera de juizio, puede ser substituido por el mandatario en otro, aunque no se le dè facultad para ello por el mandante...»

([174]) Cfr. COELHO DA ROCHA, *op. cit.*, II, n.º 796, II, 2, p. 622; CORRÊA TELLES, *op. cit.*, III, n.º 621, p. 101.

Para o direito espanhol, vd. no mesmo sentido, HEVIA BOLAÑOS, *op. cit.*, Livro I, Cap. IV, n.º 44, p. 25.

([175]) Cfr. COELHO DA ROCHA, *op. cit.*, n.º 796, II, 3, p. 622; CORRÊA TELLES, *op. cit.*, n.º 622, p. 102.

No mesmo sentido, vd. HEVIA BOLAÑOS, *op. e luq. cit.*

o mandante podia demandar, directamente, o submandatário ([176])

Também a subempreitada parece que já era admitida, como se infere da seguinte passagem de COELHO DA ROCHA: «Se para a obra se atendeu à aptidão especial do mestre, não pode este encarregal-a a outro; o que não estorva porém empregar officiaes que trabalhem debaixo da sua direcção.» ([177]) Por conseguinte, não se tendo atendido à aptidão especial do mestre, este podia subempreitar.

Como o depositário era uma pessoa em quem o depositante confiava, ele teria apenas de guardar a coisa e não a podia conceder a terceiro ([178]). Sem expressa autorização, não se podia subdepositar.

Quanto a estes subcontratos, também seriam aplicáveis as referidas disposições do Digesto ([179]), pelas mesmas razões anteriormente indicadas.

Mas durante a vigência das Ordenações, o subcontrato mais generalizado era a subenfiteuse ([180]).

Apesar de a subenfiteuse não ter sido expressamente regulamantada, estava indirectamente prevista nas Ordenações. Assim, nas Ordenações Afonsinas (Livro II, Título XXIX, n.º 16) dizia-se: «Primeiramente ha hy casaaes, e Herdades, que som dos senhores; ... as quaees trazem lavradores afforadas en fatiota, os quaaes lavradores ham de dar aos ditos Senhores raçom, e seus foros, (...) e estes lavradores som piaaẽs, e moram em cabeças de casaaes, e parte destas Herdades dos casaaes, em que moram, trazem alugadas de maaõ de piaaẽs por certo preço, ...». E nas Ordenações Manuelinas (Livro II, Título XVI, n.º 27) dispunha-se: «E se os lavradores dos ditos privilegiados, que suas herdades em que morarem, e forem encabeçados, lavrarem, as passarem a alguũ piam com encarreguo, que aalem de paguar o foro de

---

([176]) Cfr. COELHO DA ROCHA, op. cit., n.º 796, II, 2, p. 622; CORRÊA TELLES, op. cit., n.º 621, p. 101.

([177]) Op. cit., n.º 852, 6, pp. 664 e 665.

([178]) Cfr. MELLO FREIRE, op. cit., IV, Título III, § VIII, p. 16 e tradução de MIGUEL PINTO DE MENESES, op. cit., p. 57.

([179]) Vd. supra n.º 19.

([180]) Cfr. ALMEIDA COSTA, Origem da Enfiteuse no Direito Português, p. 194. Vd. também, situações concretas de subemprazamentos em LOBÃO, Appendice Diplomatico-Historico ao Tractado Pratico, e Critico de todo o Direito Emphyteutico, § 61, pp. 98 a 101.

terço, quarto, ou sexto ao senhorio dereito, porque as traziam, paguem a elles, ou a seus herdeiros, certa renda em cada huũ anno de pam, ou dinheiro, ou outra cousa certa, ...».

Na legislação, então vigente, não se encontra qualquer proibição de *subemphyteuticar,* nem se estabeleceu pena de comisso por subempazar sem autorização do senhorio[181]. Todavia, os autores estavam divididos quanto a saber se era ou não necessário o consentimento do senhorio para o enfiteuta subafrorar. MELLO FREIRE[182], aplicando à subenfiteuse as regras da alienação da enfiteuse (Ordenações Filipinas, Livro IV, Título XXXVIII), considerava que era necessário o consentimento do senhorio. Diferentemente, LOBÃO[183] admitia a possibilidade de subemprazar livremente, sem consentimento do senhorio. Segundo este autor, haveria várias razões para admitir a liberdade de subaforamento. Designadamente pelo facto de não advir qualquer prejuízo para o senhorio, que ficava com todos os direitos em relação ao enfiteuta; e pelo facto de o senhorio ficar mais garantido, porque podia demandar tanto o enfiteuta como o subenfiteuta. Para o mesmo autor[184] havia uma diferença entre subemprazar e alienar o foro, porque no primeiro caso o enfiteuta não perdia totalmente o seu domínio.

Parece, porém, que haveria dois aspectos relativamente aos quais a doutrina estabelecera um consenso. Em primeiro lugar, no caso de o enfiteuta pretender subaforar o prazo, devia dar preferência ao senhorio[185]; e, em segundo lugar, ao senhorio era concedida a possibilidade de demandar directamente o subenfiteuta para cobrança do foro[186].

---

[181] Cfr. LOBÃO, *Appendice cit.,* § 58, p. 97.

[182] *Op. cit.,* III, Título XI, § XV, p. 177, tradução de MIGUEL PINTO DE MENESES, *BMJ,* 166, p. 116.
No mesmo sentido, vd. *Repertorio das Ordenações, e Leis do Reino de Portugal,* II, nota *a),* p. 550 em que se afirmava: «... emphyteuta non possit subemphyteuticar sine consensu domini.»

[183] *Tractado Pratico, e Critico de todo o Direito Emphyteutico,* I, § 39, pp. 28 e segs. No mesmo sentido, vd. CUNHA GONÇALVES, *Tratado de Direito Civil,* IX, p. 326.

[184] *Appendice cit.,* § 62, p. 101.

[185] Vd. LOBÃO, *Tractado Pratico, cit.,* I, § 38, p. 27 e II, § 913, p. 75.

[186] Vd. LOBÃO, *Tractado Pratico, cit.,* I, § 39, p. 29; CUNHA GONÇALVES, *op. cit.,* IX, pp. 329 e 330.

21. O subcontrato no Código Civil de 1867

No Código Civil de 1867 encontram-se algumas referências, pelo menos indirectas, ao subcontrato. Nos arts. 1342.º e 1362.º estaria, implicitamente, admitida a figura do submandato; o art. 1405.º poderia aplicar-se à subempreitada; a sublocação seria possível com base no art. 1605.º; e a subenfiteuse estava proibida no art. 1701.º.

O Código não definia a sublocação, mas o art. 1605.º dispunha: «Se no contracto não houver clausula alguma prohibitiva de sublocação, o locatário poderá sublocar livremente, ficando, porém, sempre responsavel para com o senhorio pelo pagamento do preço locativo e mais obrigações derivadas da locação.» ([187]).

Depois de se ter estabelecido a regra da permissão de subcontratar, salvo cláusula em contrário, surgiram vários diplomas com soluções diferentes. Assim, no Dec. de 30 de Agosto de 1907 (art. 25.º) exigia-se o consentimento prévio do locador, tal como nos Dec. de 12 de Novembro de 1910 (art. 28.º) e Dec. n.º 4499, de 27 de Julho de 1918 (art. 32.º). Em sentido oposto, isto é, retomando a regra permissiva de sublocar, estatuem os arts. 31.º a 33.º do Dec. n.º 5411, de 17 de Abril de 1919.

Por fim, o art. 7.º da Lei n.º 1662, de 4 de Setembro de 1924, e depois os arts. 59.º a 65.º da Lei n.º 2030, de 22 de Junho de 1948, assentaram na regra limitativa de subcontratar, ou seja, fazendo depender a sublocação do consentimento do senhorio. Estes últimos, foram os preceitos que mais directamente influenciaram o actual Código Civil.

No que respeita ao submandato, dispunha o art. 1342.º do Código de Seabra: «o mandatário não pode encarregar a outrem o cumprimento do mandato, se para isso lhe não tiverem sido dado poderes; e se lhe foram dados sem designação da pessoa, responderá pelo substituído, sendo este notoriamente inhábil ou insolvente». E no art. 1362.º previa-se a possibilidade de substabelecer a procuração. Infere-se destes preceitos que, tendo o mandatário subcontratado sem autorização, corria o risco de ser responsabilizado perante o mandante, por actos do submandatá-

---

([187]) Diferentemente, o art. 1865.º do Projecto de Código Civil de 1867 estabelecia a regra da proibição de sublocar.

rio, mas tendo-lhe sido dado poderes para submandatar, só responderia com base em culpa *in eligendo*.

E com base no art. 1343.º, a doutrina admitia que, no caso de procuração sem poderes para substabelecer, o mandante tinha acção contra o submandatário pelos prejuízos que este lhe causasse ([188]).

Levantaram-se dúvidas quanto a saber se o art. 1405.º, que concedia acção directa contra o dono da obra a todos os que trabalhassem por conta do empreiteiro ou lhe subministrassem materiais, se aplicava aos subempreiteiros. CUNHA GONÇALVES ([189]) era de opinião que tal norma se deveria aplicar aos subempreiteiros por duas razões. Primeiro, porque eles são, via de regra, operários; segundo, porque o fim da lei era o de impedir que os que trabalham ficassem prejudicados com a insolvência do empreiteiro e que o dono da obra se locupletasse à custa alheia. Também VAZ SERRA ([190]) apontava para uma interpretação extensiva do preceito e no art. 38.º do Anteprojecto (que não passou para o actual Código Civil) consagrou, expressamente, a acção directa dos subempreiteiros contra o dono da obra.

Mas era quanto à subenfiteuse que o Código Civil de 1867 apresentava uma regulamentação mais pormenorizada. Apesar de no art. 1701.º se proibir este subcontrato, o artigo seguinte ressalvava a subsistência das subenfiteuses pretéritas. E, pelo Dec. de 30 de Setembro de 1892, regulamentado pelo Dec. de 14 de Dezembro do mesmo ano, a subenfiteuse foi restaurada com certas restrições. Também o Dec. n.º 11, de 10 de Janeiro de 1895 (art. 5.º), confirmado pela Lei de 14 de Fevereiro de 1896, veio a permitir a subenfiteuse de terrenos incultos. A proibição de subemprazar foi restabelecida pelo Dec. de 23 de Maio de 1911 ([191]).

O art. 1703.º estabelecia as regras de preferência em caso de alienação do prédio subenfitêutico, do domínio directo e do domínio enfitêutico. No primeiro caso, preferia, em primeiro lugar, o senhorio e, em segundo, o enfiteuta; no segundo caso, a

---

([188]) Cfr. DIAS FERREIRA, *Código Civil Portuguez Annotado*, III, p. 19.
([189]) *Op. cit.*, VII, p. 650.
([190]) *BMJ*, 146, pp. 188 e segs.
([191]) Para maiores desenvolvimentos, vd. CUNHA GONÇALVES, *op. cit.*, IX, p. 325; DIAS FERREIRA, *op. cit.*, III, p. 265; PIRES DE LIMA e ANTUNES VARELA, *Código Civil Anotado*, III, p. 697.

preferência era dada primeiramente ao subenfiteuta e depois ao enfiteuta; e, no terceiro caso, preferia, em primeiro lugar, o senhorio e, em segundo lugar, o enfiteuta.

No art, 1704.º impunha-se a necessidade de comunicação da venda aos preferentes e, por último, no art. 1705.º prescrevia-se o pagamento do laudémio, no caso de alienação do prédio subenfitêutico, nos mesmos termos em que estivesse estipulado no contrato de emprazamento.

22. O subcontrato no Código Civil de 1966

No actual Código Civil encontra-se a definição de dois subcontratos: a sublocação (art. 1060.º) e a subempreitada (art. 1213.º n.º 1).

Isto não quer dizer que estes sejam os únicos subcontratos admitidos, pois o submandato está, indirectamente, previsto nos arts. 1165.º e 264.º, e o mesmo acontece quanto ao subdepósito nos arts. 1189.º e 1197.º. Além disso, do princípio da liberdade contratual não se poderia inferir tal restrição.

O subcontrato não foi considerado uma figura com autonomia, como o contrato a favor de terceiro ou a cessão da posição contratual, pelo que não foi objecto de tratamento na Parte Geral do Livro II do Código Civil. Todavia, das várias referências que se encontram na Parte especial é possível, como já se disse, autonomizar o subcontrato, procurando-lhe denominadores comuns; isto é, um regime típico compatível com as várias figuras subcontratuais.

CAPÍTULO II

CARACTERIZAÇÃO DO SUBCONTRATO

§ 7 Distinção de figuras afins

23. Contratos complementares

a) Noção geral

Os contratos complementares podem apresentar-se como uma das modalidades de contratos mistos([1]), na medida em que, no mesmo negócio jurídico, se podem reunir obrigações principais inerentes a determinado contrato e obrigações acessórias próprias de outro tipo negocial.

Tratando-se de contratos mistos, que têm carácter unitário, e em que, por conseguinte, os negócios que os compõem perderam a sua autonomia, a diferença relativamente ao subcontrato parece ser clara. O contrato base e o subcontrato são dois negócios jurídicos que, apesar da sua íntima conexão, se mantêm diferenciados (no sentido de que se não fundem num único negócio); enquanto que nos contratos mistos complementares as partes reunem «no mesmo contrato regras de dois ou mais negócios» (art. 405.º, n.º 2).

A terminologia «contratos complementares» usa-se também no sentido de negócio conexo que fica na dependência de uma convenção principal([2]). É frequente que, após a celebração de um contrato, uma das partes venha a realizar outro negócio que facilita ou possibilita a execução do primeiro. Por exemplo, um

---

([1]) Vd. MENEZES CORDEIRO, *Direito das Obrigações*, 1, pp. 525 e 526; GALVÃO TELLES, *Manual dos Contratos em Geral*, pp. 385, 390 e segs.; ESSER e SCHMIDT, *Schuldrecht*, 1, p. 184. Estes últimos autores chamam-lhes «contratos típicos com prestações acessórias» e dão como exemplos o arrendamento de um quarto com prestação de serviço e a venda de uma máquina com adicionais deveres de cuidado.

([2]) Vd. NÉRET, *Le Sous-contrat*, p. 61.

mestre de obras, depois de celebrado o contrato de empreitada, pode contrair um empréstimo para fazer face às despesas, ou contratar o pessoal necessário para a realização da obra; também o mandatário poderá ter de contratar um empregado para o ajudar na execução do mandato.

O contrato complementar — neste segundo sentido — distingue-se do subcontrato por vários motivos. Em primeiro lugar, o contrato complementar pode ser celebrado entre as mesmas partes no contrato principal; por outro lado, não tem de revestir a mesma natureza do contrato base ([3]); e, por último, não há relação hierárquica entre os dois contratos.

Os exemplos seguintes vêm corroborar esta distinção. Se num contrato de empreitada, o empreiteiro contrair um mútuo junto do cliente, para fazer face às despesas da obra, as partes são as mesmas nos dois contratos. Os contratos de trabalho, que o empreiteiro ou o mandatário realizem, são de natureza diferente, respectivamente, da empreitada e do mandato. Se o empreiteiro celebrar um mútuo para fazer face às despesas, ou contratar pessoal para executar a obra, os contratos de mútuo, trabalho e empreitada, apesar de relacionados, estão numa situação de paridade; não há sobreposição de contratos.

O contrato complementar serve, em regra, para execução do contrato principal, ao passo que o subcontrato, apesar de poder ter essa finalidade, também pode ser um modo de aproveitamento das vantagens do contrato base.

b) Contratação de auxiliares

De entre os contratos complementares (no segundo sentido) assume particular relevância a contratação de auxiliares. Esta última apresenta, na realidade, algumas similitudes com o subcontrato; e, por vezes, torna-se difícil distinguir um auxiliar do devedor dum subcontraente.

Mesmo no cumprimento de prestações não fungíveis, é lícito o recurso a auxiliares (ex. intérpretes, peritos, núncios), pois o devedor, nos termos dos arts. 264.º n.º 4, 1165:º, 1198.º e 1213.º

([3]) Vd. NÉRET, *op. cit.*, pp. 62 e segs.

n.º 2(⁴), pode ser coadjuvado na realização dos deveres a que estava adstrito, ainda que não possa ser substituído.

Segundo LÓPEZ VILAS(⁵), os auxiliares são um prolongamento do devedor, que actuam sob a direcção e vigilância deste. Eles distinguem-se em auxiliares subordinados, comummente designados por meros auxiliares, se estão relacionados com o devedor por um contrato laboral (ex. empregados); e autónomos, que poderão ser estáveis (ex. agentes de comércio) ou ocasionais (ex. comissionistas, peritos).

Também VON THUR(⁶), por força do art. 101.º do Código das Obrigações Suíço, considera como auxiliares aqueles que, sem estarem sujeitos à autoridade do devedor, nem vinculados, para com ele, por uma relação de serviços, são empregados pelo *solvens* para o cumprimento de determinadas obrigações(⁷).

O auxiliar coopera materialmente no cumprimento dos deveres do *solvens*(⁸), tanto nas tarefas imediatas como nas mediatas, e é considerado auxiliar, independentemente da relação jurídica que tem com o devedor, desde que o ajude no cumprimento(⁹).

(⁴) Cfr. ANA PRATA, *Cláusulas de Exclusão e Limitação da Responsabilidade Contratual*, p. 738; GALVÃO TELLES, *Direito das Obrigações*, p. 37.

Segundo RUBINO, *Dell'Appalto*, p. 90, na execução do contrato de empreitada pode recorrer-se a auxiliares, mesmo especializados, sem autorização do dono da obra. Partilham da mesma opinião MEDICUS, *Schuldrecht*, II, p. 155; LÓPEZ VILAS, *El Subcontrato*, p. 128.

Também o mandatário poderá recorrer a auxiliares, na execução do encargo de que foi incumbido. Cfr. AA.VV. (ALFF), comentário n.º 25 ao § 278 do *BGB*, in *Das Bürgerliche Gesetzbuch, Kommentar*, II, 1, p. 85; BROX, *Besonderes Schuldrecht*, p. 214; ENNECCERUS e LEHMANN, *Derecho de Obligaciones*, II, 1, p. 597; ESSER e WEYERS, *Schuldrecht*, II, p. 280; WOLF, *Lehrbuch des Schuldrechts*, 2, p. 231. Vd. idêntica posição na doutrina brasileira em CAIO SILVA PEREIRA, *Instituições de Direito Civil*, III, p. 281 e na doutrina espanhola em LÓPEZ VILAS, *op. cit.*, p. 150.

Da mesma forma, o depositário pode recorrer à colaboração de auxiliares. Cfr. BROX, *op. cit.*, p. 230; LARENZ, *Lehrbuch des Schuldrechts*, II, 1, p. 457; GRASSO, *Il Subcontratto*, p. 120.

(⁵) *Op. cit.*, p. 256.

(⁶) *Tratado de las Obligaciones*, II, pp. 102 e 103.

(⁷) Da mesma forma, nos termos do § 278 do Código Civil Alemão, o auxiliar pode não estar sujeito à autoridade do devedor.

(⁸) Vd. CASTAN TOBEÑAS, *Derecho Civil Español Comun y Foral*, IV, p. 520.

(⁹) Cfr. AA.VV. (ALFF), comentário n.º 11 ao § 278 do *BGB*, *op. cit.*, II, 1, p. 82.

Não se pode falar de subcontrato, quando a parte obrigada a efectuar determinada prestação se vale de meros auxiliares; isto é, utiliza pessoas que lhe são dependentes, designadamente por via de um contrato de trabalho [10]. Mas já se poderá concluir um subcontrato com um auxiliar autónomo (ex. comissionista, intérprete), na medida em que este actua com independência. Se o devedor, no cumprimento das suas obrigações, recorre aos serviços de auxiliares subordinados não está a subcontratar. Mas, no que respeita aos auxiliares autónomos, a diferença relativamente aos subcontraentes não é clara. Só em face da situação concreta se poderá tomar posição.

Levantam-se dúvidas quanto à distinção entre o mero auxiliar e o substituto do devedor. O substituto é um potencial contraente, chamado à relação contratual pelo devedor para desempenhar as funções deste último, desde que a prestação seja fungível ou a contraparte o tenha autorizado. Enquanto que o mero auxiliar limita-se a coadjuvar o devedor no cumprimento, mesmo de prestações não fungíveis.

Como diz ANTUNES VARELA [11], «A fixação rigorosa dos limites entre o mero auxílio ou colaboração prestada ao devedor e a substituição deste, em termos que lesem o interesse do credor ou se afastem do acordo expresso dos contratantes, é questão cuja resolução depende, em larga medida, da criteriosa ponderação das circunstâncias específicas de cada caso concreto.»

Na substituição propriamente dita também não há subcontrato, na medida em que o substituto entra na relação jurídica existente, ocupando o lugar do substituído [12]. Todavia, o termo «substituição» é, por vezes, usado em sentido amplo de forma a abranger o subcontrato. Neste sentido amplo, que se usa em outras passagens desta exposição, o termo «substituição» pretende exprimir a ideia de um terceiro que cumpre uma prestação do devedor (substituição na execução da prestação); enquanto que em sentido restrito, a substituição implica uma modificação subjectiva na relação jurídica.

No plano das consequências, seria de supor que a principal diferença entre o mero auxiliar e o subcontraente se reportaria ao campo da responsabilidade civil. O devedor que se servisse de

---

[10] Cfr. CARRESI, *Il Contratto*, 2, nota 375, p. 856.
[11] *Das Obrigações em Geral*, I, p. 101.
[12] Vd. *infra* n.º 28.

auxiliares seria responsável pelos actos destes, desde que a responsabilidade não tivesse sido convencionalmente excluída ou limitada (art. 800.º n.º 1 e 2); enquanto que o intermediário só responderia em caso de substituição não autorizada ou se tivesse culpa *in eligendo* e, eventualmente, *in instruendo* e *in vigilando*. Todavia, nas hipóteses de submandato, subempreitada, etc., o intermediário também poderá ser responsabilizado nos termos do art. 800.º ([13]).

Daí que BACCIGALUPI([14]) conclua, e bem, que apesar de o subcontraente não ser um auxiliar, deve ser equiparado para efeitos de responsabilidade civil.

24. Contratos acessórios

O subcontrato é um contrato acessório, mas nem todo o contrato acessório é um subcontrato. A qualificação de «acessório» é bastante ampla([15]) e nela cabem, além do subcontrato, os contratos de garantia([16]), e outros que estejam numa relação de dependência com um contrato principal (v.g. o contrato que modifica a taxa de juro de um mútuo).

Para ser contrato acessório, é necessário que dependa juridicamente de outro negócio jurídico, por isso designado de principal([17]). A acessoriedade não implica uma posterioridade cronológica, pelo que o contrato acessório poderá anteceder o principal (v.g. a hipoteca poderá ser anterior ao mútuo que garante).

O contrato acessório segue as vicissitudes do principal, mas não vice-versa. Excepcionalmente, podem as vicissitudes do contrato acessório repercutir-se no principal; por exemplo, no caso de risco de insolvência do fiador, se não for reforçada a fiança ou oferecida outra garantia idónea, pode o credor exigir o imediato cumprimento da obrigação (art. 633.º n.ºs 2 e 3). O mesmo

---

([13]) Vd. *infra* n.º 49.
([14]) «Appunti per una Teoria del Subcontratto», *RDComm*, 41, 1943, p. 199.
([15]) Vd. GASPERONI, «Collegamento e Connessione tra Negozi», *RDCDGO*, LIII, 1955, I, p. 377.
([16]) Vd. *supra* n.º 15.
([17]) Cfr. MASNATTA, «La Subcontratación», *RJBA*, 1964, I-IV, p. 156. Vd. também CUNHA GONÇALVES, *Tratado de Direito Civil*, IV, p. 161, apesar de este autor não adjectivar de «jurídica» a dependência do subcontrato.

sucede em relação ao penhor (art. 670.º c)) e à hipoteca (art. 701.º n.º 1 2.ª parte) no caso da coisa perecer ou se tornar insuficiente para garantir o crédito (vd. também art. 780.º).

O subcontrato distingue-se dos contratos meramente acessórios, porquanto a acessoriedade é uma das características do subcontrato, mas não a única ([18]). Por outro lado, contrariamente ao que acontece com o subcontrato, os contratos meramente acessórios podem não ter a mesma natureza, nem incidir sobre o mesmo objecto, nem exercer a mesma função prático-social do negócio principal. E, por último, só no subcontrato é que um dos sujeitos (o intermediário) vai ocupar, na segunda relação jurídica, idêntica posição à da contraparte no contrato base.

25. Contratos sucessivos

Como exemplos de sucessão de contratos, pode referir-se a venda e a revenda ([19]), os contratos preliminares (contrato promessa, pacto de preferência) e os respectivos contratos definitivos ou posteriores.

Os fenómenos contratuais sucessivos não se confundem com o subcontrato, por várias razões.

Primeiramente, os contratos sucessivos não têm existência contemporânea, pois como o próprio nome indica, sucedem-se no tempo, no sentido de o segundo ocupar o lugar do primeiro; em contrapartida, o subcontrato pressupõe a coexistência de dois negócios jurídicos.

Em segundo lugar, nos contratos sucessivos o primeiro contrato esgota-se com a conclusão do segundo ([20]); enquanto que o contrato base subsiste, apesar da realização do subcontrato.

Em terceiro lugar, os contratos sucessivos podem ser de execução instantânea; e o subcontrato só se justifica em contratos de execução continuada ([21]).

([18]) Vd. *infra* n.º 31 e segs.
([19]) Para mais explicações, porque é que a revenda não é subcontrato, vd. BACCIGALUPI, *op. cit.*, pp. 190 e 191; AYNÈS, *La Cession de Contrat*, p. 106; NÉRET, *op. cit.*, p. 38; LATOUR BROTONS, «Contrato y Subcontrato de Distribución», *RDP*, LV, p. 720.
([20]) Vd. MASNATTA, *op. cit.*, pp. 155 e 156.
([21]) Vd. *supra* n.º 14.

Em quarto lugar, nos contratos sucessivos as partes podem ser as mesmas; e, no subcontrato, uma das partes terá necessariamente de ser distinta das do contrato base.

Por último, os fenómenos sucessivos não se caracterizam pela sobreposição negocial, como é próprio do subcontrato [22].

As considerações anteriores não são extensíveis a todos os contratos sucessivos, como é o caso do contrato tipo, que é um *pactum de modo contrahendi*. Designadamente, o contrato tipo e os contratos celebrados na base daquele têm existência contemporânea, o contrato tipo não se esgota com a conclusão de posteriores negócios e estes contratos dependem juridicamente do contrato tipo.

O subcontrato distingue-se do negócio celebrado com base no contrato tipo, na medida em que este último é, as mais das vezes, de execução instantânea e, principalmente, porque há identidade quanto às partes que celebram o contrato tipo e o negócio posterior. É ainda de referir que o segundo contrato não é celebrado com base em direitos que advêm da celebração do contrato tipo (que, em regra, só limita a liberdade contratual), como acontece no subcontrato.

Nesta sequência cabe também fazer uma referência aos acordos de empresa. Há uma relação de dependência jurídica entre os vários contratos de trabalho celebrados pela entidade patronal e o acordo de empresa ajustado entre esta última e os sindicatos. Todavia, o acordo de empresa não concede à entidade patronal o poder de (sub)contratar, antes pelo contrário, restringe-lhe a liberdade contratual. Por outro lado, o acordo de empresa, além de regular as relações entre as partes, pode disciplinar os direitos e deveres recíprocos dos trabalhadores (terceiros em relação ao acordo) e da entidade patronal. Há ainda a referir que o acordo de empresa, mesmo celebrado depois de os contratos de trabalho já estarem em vigor, também se lhes aplica.

---

[22] Vd. NÉRET, *op. cit.*, p. 38. Vd. Também LÓPEZ VILAS, *op. cit.*, pp. 203 e 204, que chega a idêntica conclusão, ao comparar o subcontrato com o contrato de garantia.

26. Assunção cumulativa de dívida

Tem-se defendido, e em certa medida com razão, que o subcontraente assume dívidas do intermediário, face ao primeiro contraente [23]. De facto, o sublocatário torna-se responsável por parte, ou mesmo pela totalidade, da renda do locatário, perante o locador (art. 1063.º); também o subempreiteiro assume obrigações do empreiteiro em face do dono da obra; e o mesmo acontece relativamente ao submandatário, pelas obrigações do mandatário perante o mandante.

Daqui se poderia concluir que, no subcontrato, há uma assunção cumulativa das dívidas de outrem; mas o contrato derivado distingue-se da co-assunção, por várias razões.

Em primeiro lugar, no subcontrato há dualidade de contratos distintos com o mesmo objecto, e na assunção cumulativa os dois negócios não têm identidade de objecto [24]. Acresce que o assuntor não pode invocar perante o credor a invalidade (ou o incumprimento) do contrato que serviu de fundamento à assunção (art. 598.º); enquanto que a invalidade (ou o incumprimento) do subcontrato é invocável pelo subcontraente contra o primeiro contraente.

---

[23] Vd. GRASSO, op. cit., pp. 62 e 129 (quanto ao subcontrato em geral), pp. 41, 42 e 77 (quanto à sublocação), p. 101 (quanto à subempreitada) e p. 117 (quanto ao submandato).
Também LÓPEZ VILAS, op. cit., pp. 153 e 281 admite a existência de uma assunção cumulativa no submandato.
MENEZES CORDEIRO, *Direito das Obrigações*, II, p. 119, parece apontar para a existência de uma assunção de dívidas na sublocação ou, pelo menos, que, na sublocação, há um fenómeno idêntico ao da assunção.
Da mesma forma, ANA PRATA, op. cit., pp. 713 e 718, advoga que, a substituição prevista no art. 264.º, não é uma verdadeira substituição, mas uma assunção cumulativa em que o substituído fica co-obrigado com o substituto. Segundo a mesma autora, op. cit., p. 715, só haveria subcontrato de mandato, e não assunção cumulativa, quando a autorização do mandante tem como pressuposto um mandato conferido pelo representado ao seu procurador, para este realizar com terceiro um contrato por conta daquele. Neste caso, todavia, não haverá qualquer subcontrato pois, estando o procurador mandatado para celebrar, em nome do representado, um contrato de mandato com terceiro, passa este a ser mandatário directo do mandante. Vd. *infra* n.º 28 b).
E, segundo LARENZ, op. cit., II, 1, p. 270, pode falar-se de uma assunção cumulativa, no caso em que o subarrendatário e o arrendatário ficam ambos com o dever de devolver a coisa locada, no fim do contrato de arrendamento.

[24] Cfr. NÉRET, op. cit., p. 39.

Em segundo lugar, na assunção cumulativa de dívidas há uma mera modificação subjectiva no lado passivo. Contrariamente ao que acontece no subcontrato, não se criam novos direitos e deveres, pois apenas se transmitem obrigações para o assuntor [25]. Mesmo admitindo que, com a assunção cumulativa, se cria um novo vínculo em relação ao credor [26], só se estabelecem obrigações para o assuntor e não direitos e deveres, como acontece no subcontrato.

Em terceiro lugar, o devedor primitivo e o assuntor tornam-se devedores solidários [27] do credor (art. 595.º n.º 2, 2.ª parte); enquanto que o subcontraente, mesmo a admitir-se uma suposta solidariedade, só responde subsidiariamente e pode não estar obrigado ao cumprimento integral da prestação.

Em quarto lugar, a assunção só produz efeitos com o acordo do credor (art. 595.º e 596.º); enquanto que o subcontrato pode ser eficaz sem o consentimento da contraparte.

Por último, há que admitir que sempre serão diferentes as funções a desempenhar pelos dois negócios [28].

---

[25] Sobre estas distinções, vd. LÓPEZ VILAS, op. cit., pp. 281 e 283.

[26] ANTUNES VARELA, Das Obrigações em Geral, II, pp. 325 e 326, considera que, com a assunção cumulativa, passam a existir dois vínculos; MENEZES CORDEIRO, Direito das Obrigações, II, p. 117, entende que a assunção cumulativa implica a constituição de nova obrigação.
Parece não ser esta a ideia da assunção cumulativa, em que há uma mera adjunção à dívida e o terceiro obriga-se a assumir a obrigação do devedor, ao lado deste, como própria; ALMEIDA COSTA, Direito das Obrigações, p. 568. Na co-assunção podem ficar ambos devedores principais; PESSOA JORGE, Direito das Obrigações, II, p. 29. Na assunção cumulativa, um terceiro aceita participar na relação obrigacional; WOLF, op. cit., I, p. 336. E, além disso, nem se compreenderia a existência de uma nova obrigação, na medida em que o assuntor pode opor ao credor os meios de defesa derivados das relações entre o antigo devedor e o accipiens (art. 598.º), ao assuntor aproveita a prescrição iniciada a favor do antigo obrigado (art. 308.º) e transferem-se para o assuntor as obrigações acessórias do antigo devedor (art. 599.º n.º 1).

[27] Não se trata de uma verdadeira solidariedade, nos termos dos arts. 512.º e segs., mas tão só da possibilidade de o credor poder exigir, a qualquer deles, o cumprimento integral da prestação. Cfr. ALMEIDA COSTA, op. cit., pp. 568 e 569; ANTUNES VARELA, Das Obrigações em Geral, II, p. 343.

[28] A assunção cumulativa visa, essencialmente, dar maior garantia ao credor (daí as suas similitudes com a fiança); enquanto que, pelo subcontrato, pretende-se, ou o aproveitamento mais intenso dos bens, ou uma melhor execução do contrato base.
Não assim, GRASSO, op. cit., p. 39, o qual considera que, nas hipóteses subcontratuais, se tenta reforçar a garantia do credor.

27. Contrato a favor de terceiro

Tanto no subcontrato, como no contrato a favor de terceiro, encontram-se vínculos que relacionam três pessoas. Mas, enquanto no primeiro há uma dualidade de negócios jurídicos, no segundo há um só contrato, com estipulação a favor de terceiro. Por outro lado, o beneficiário não é parte no contrato a favor de terceiro, e só pode adquirir direitos [29]; em contrapartida, o subcontraente é parte num negócio jurídico (o subcontrato), não vê entrar na sua esfera jurídica direitos por simples efeito da vontade do promissário e promitente, e também pode assumir obrigações [30].

Além destas diferenças de carácter geral, pode ainda referir-se que o terceiro, beneficiário da estipulação feita em seu favor, é credor directo do promitente (art. 444.º n.º 1); enquanto que o subcontraente só em caso de acção directa é que será credor ou devedor imediato do primeiro contratante.

Há também a ter em conta que, no subcontrato, as prestações a que as partes estão adstritas são equivalentes às prestações do contrato base. Por exemplo, a renda e a sub-renda deverão corresponder, respectivamente, ao valor de utilização da coisa locada e da sublocada. Contrariamente, no contrato a favor de terceiro haverá um mero enriquecimento do beneficiário, que poderá nem sequer ter contrapartida na relação de valuta [31].

Por último, é de assinalar que o direito derivado, diferentemente do que se passa quanto ao benefício atribuído ao terceiro, não se adquire directamente do contrato originário, mas sim por força de um segundo contrato (o subcontrato) [32].

---

[29] Por este contrato, o terceiro só pode adquirir direitos, e não se lhe podem transmitir dívidas. Cfr. LEITE DE CAMPOS, *Contrato a Favor de Terceiro*, p. 114; MESSINEO, «Contratto Derivato — Sub-contratto», *ED*, X, p. 87, *Il Contratto in Genere*, 2, p. 165; AYNÈS, *La Cession de Contrat*, p. 130.

[30] Vd. LEITE DE CAMPOS, *op. cit.*, p. 79; MESSINEO, *operæ cit.*, respectivamente, pp. 86, 87 e 165; MASNATTA, *op. cit.*, p. 156; SKOPALIK, *Die Rechte der Untermieter*, p. 28.

[31] Da relação de valuta pode depreender-se que a prestação a efectuar pelo promitente é contrapartida duma dívida do promissário para com o terceiro; mas, na maior parte das vezes, a atribuição ao beneficiário tem um carácter de mera liberalidade.
Sobre esta questão, vd. LÓPEZ VILAS, *op. cit.*, pp. 289 e segs.

[32] Vd. MASNATTA, *op. cit.*, p. 156.

Aparentemente, estas distinções seriam suficientes para afastar qualquer confusão entre as duas figuras. Todavia, GRASSO ([33]), ao defender que todo o subcontrato pressupõe um contrato a favor de terceiro, levanta alguns problemas de difícil resposta.

Segundo este autor, o subcontrato é um acordo aberto à adesão de terceiro, que adquire relevância externa em caso de inadimplemento do intermediário. Se, por exemplo, o locatário não paga a renda, o locador pode exigir a sub-renda ao sublocatário.

Para o autor em causa, a relevância externa do acordo assume o significado de uma estipulação a favor de terceiro. Tomando o mesmo exemplo da sublocação, o terceiro a favor de quem se estipulou é o locador, que adere implicitamente ao acordo, se demandar o sublocatário.

Deste modo, o autor referido considera que, além da sublocação, que é um locação com estipulação a favor de terceiro (locador), também a subempreitada é uma empreitada com estipulação a favor de terceiro (dono da obra) que, com a sua adesão, adquire um novo devedor. Generalizando, chega à conclusão que todo o subcontrato é um negócio com estipulação a favor de terceiro. Assim, o submandato é estabelecido a favor do mandante ([34]), o subdepósito a favor do depositante, etc.

A concepção do jurista italiano é criticável sob dois aspectos. Em primeiro lugar, porque do contrato a favor de terceiro tem de resultar para o beneficiário uma atribuição patrimonial directa e não reflexa ([35]). E, em segundo lugar, porque é necessário que promissário e promitente tenham intenção inequívoca de atribuir um benefício a terceiro.

Ao terceiro (locador, mandante, dono da obra, etc.) só reflexamente lhe são atribuídas vantagens derivadas do subcontrato. Por outro lado, as partes no contrato derivado só excep-

---

([33]) *Op. cit.*, pp. 104, 137 e 139; quanto à sublocação, subempreitada, submandato e subdepósito, veja-se, respectivamente, pp. 64 e segs., 98, 116 e 122.

([34]) Partilha da mesma opinião MINERVINI, «Sostituzione nell'esecuzione del Mandato e Submandato», *BBTC*, XIV, 1951, p. 378.

([35]) Vd. ALMEIDA COSTA, *op. cit.*, p. 237; *Código Civil Anotado*, I de PIRES DE LIMA e ANTUNES VARELA, p. 424; ANTUNES VARELA, *Das Obrigações em Geral*, I, p. 375 e nota 2 da mesma página; MENEZES CORDEIRO, *Direito das Obrigações*, I, p. 539.

cionalmente poderão ter a intenção de atribuir um benefício a terceiro; até porque, em regra, não há uma relação de valuta entre este e o promissário (locatário, mandatário, empreiteiro, etc.) que justifique tal atribuição. Ou seja, as partes, ao celebrarem um subcontrato, não têm qualquer intenção de atribuir uma vantagem ao primeiro contraente.

28. Cessão da posição contratual

a) Tradicional equiparação

Durante bastante tempo a doutrina não distinguiu a cessão do contrato do subcontrato. Concretamente, confundia-se a cessão do arrendamento com o subarrendamento.

É assim que autores como POTHIER, LAURENT e PLANIOL [36] entendem que estas figuras não se distinguem pela sua natureza, mas tão só em razão da sua extensão ou grau; isto é, a cessão do arrendamento seria uma sublocação total. Por outro lado, para os mesmos autores, a distinção é impalpável, quimérica, sem utilidade e, do ponto de vista económico social, as duas figuras são equiparáveis, porque o resultado é o mesmo. E, em Portugal, PINTO LOUREIRO [37] afirma que: «A venda feita pelo locatário do direito que tem ao arrendamento deve regular-se pelas disposições relativas à sublocação e não pelas que regem o contrato de compra e venda». O mesmo autor [38] considera aplicáveis ao trespasse as regras da sublocação.

Também o legislador tem confundido a cessão do arrendamento com a sublocação. Assim acontecia no art. 31.º (e no art. 55.º quanto à confusão entre sublocação e trespasse) do Dec. n.º 5411 e no art. 65.º da Lei n.º 2030. Em Espanha a Lei de Arrendamentos Urbanos apresenta idêntica confusão [39]. E, em

---

[36] Vd. *apud*, CUNHA GONÇALVES, *Tratado de Direito Civil*, VIII, p. 746; ESTELITA DE MENDONÇA, «Sublocação e Cessão», *SI*, 1951, I, p. 159; AYNÈS, *op. cit.*, notas 3 e 5, pp. 105 e 106; ESMEIN, «Cession de Bail et Sous-location», *RTDC* 23, 1924, p. 251. Este último autor faz referência a uma antiga posição defendida por PLANIOL. Vd. também alusão de MESSINEO, *Il Contratto in Genere*, 2, p. 45, à antiga doutrina italiana.
[37] *Tratado da Locação*, II, p. 190.
[38] *Op. cit.*, p. 202.
[39] Vd. LÓPEZ VILAS, *op. cit.*, pp. 90 e 91.

França, o art. 1717.º do Código Civil aponta para uma indistinção entre as duas figuras[40]. Mesmo recentemente, no Dec.-Lei n.º 446/85, de 25 de Outubro (Cláusulas Contratuais Gerais), art. 18.º *l)*, equipara-se a cessão da posição contratual ao subcontrato.

Na jurisprudência encontram-se, igualmente, casos em que a sublocação foi confundida com a cessão do arrendamento. No Acórdão da Relação de Coimbra, de 21 de Janeiro de 1925, afirma-se: «Contra o estipulado no contrato não só trespassaram, sublocando, o prédio à firma...»[41] e no Acórdão da Relação de Lisboa, de 15 de Maio de 1968, diz-se: «A cedência, mesmo parcial, gratuita e provisória, do local arrendado é para todos os efeitos equiparada à sublocação e submetida à mesma disciplina.»[42]

Estas confusões estão hoje, pelo menos teoricamente, superadas, e a distinção entre cessão da posição contratual e subcontrato já ganhou «foros de cidade».

b) Distinção teórica

O subcontrato e a cessão da posição contratual correspondem a duas categorias diferentes, com distintas finalidades, sendo fácil destrinçá-las em teoria.

Talvez por força da velha confusão entre as duas figuras, os juristas têm-se esforçado por encontrar um elevado número de distinções, que seria fastidioso reproduzir. Há, todavia, que indicar, de entre essas distinções, as que têm maior relevância.

Na cessão transfere-se um direito para terceiro, há uma modificação subjectiva pela qual um dos contraentes originários

---

[40] Também na Itália, o art. 394.º do Código da Navegação, identifica o subafretamento com a cessão do afretamento. Vd. MESSINEO, *Manuale di Diritto Civile e Commerciale*, IV, p. 231, *Il Contratto in Genere*, 2, nota 105, p. 44.
[41] *RLJ*, 58, p. 191.
[42] *JR*, 14, p. 554.
Vd. também referência de MICCIO, *La Locazione*, p. 296, a um Aresto da Cassação Italiana, de 8 de Julho de 1954, em que as duas figuras são equiparadas.
Em França, segundo ESMEIN, *op. cit.*, pp. 255, 261 e 267, a jurisprudência não distingue a cessão do arrendamento do subarrendamento, e é admitida acção directa contra o terceiro ocupante em ambos os casos.

(o cedente) deixa de ser parte no contrato[43]. Mesmo que o cedente fique garante do cumprimento das obrigações (art. 426.º n.º 2), só responderá, em regra, subsidiariamente[44]. Pelo contrário, no subcontrato, como subsiste o vínculo inicial, o intermediário continua adstrito às mesmas obrigações para com o primeiro contraente, e, por força de um novo contrato (derivado), gera-se outro direito; não há substituição mas sobreposição de sujeitos[45]. Há quem conclua, portanto, no sentido de que no subcontrato há uma sucessão constitutiva, enquanto que na cessão do contrato a sucessão é translativa[46]

Conclui-se, pois, que o cessionário passa a ser parte no contrato originário, enquanto que o subcontraente é parte num segundo contrato, derivado do contrato originário.

Para além destas diferenças principais, pode acrescentar-se que o subcontrato se distingue da cessão do contrato porque o primeiro é um negócio de execução continuada e o segundo de execução instantânea[47]. O contrato derivado tem um carácter

---

[43] Cfr. ALMEIDA COSTA, *op. cit.*, p. 573; ESTELITA DE MENDONÇA, «Sublocação e Cessão», *SI*, 1951, I, p. 160; MOTA PINTO, *Cessão da Posição Contratual*, nota 2, p. 112; GALVÃO TELLES, *Manual cit.*, p. 376; ANTUNES VARELA, *Das Obrigações em Geral*, II, p. 355; ORLANDO GOMES, *Contratos*, p. 159; ENNECCERUS e LEHMANN, *Derecho de Obligaciones*, II, 1, p. 290; CLARIZIA, Comentário ao Aresto do Tribunal de Cassação Italiano, de 15 de Maio de 1972, *BBTC*, XXXVI, 1973, II, p. 77; MESSINEO, «Contratto Derivato», *cit.*, p. 86; TABET, «Sublocazione», *NssDI*, XVIII, p. 590; TRABUCCHI, *Istituzioni di Diritto Civile*, p. 594; CASTAN TOBEÑAS, *op. cit.*, IV, nota 1, p. 413; GARCIA-AMIGO, *La Cesión de Contratos en el Derecho Español*, pp. 84 e 85; CRISTOBAL-MONTES, «La Cesión de Contrato en el Derecho Venezuelano», *RFDC*, 1967, p. 82; MASNATTA, *op. cit.*, p. 157; AYNÈS, *op. cit.*, pp. 106 e 107; NÉRET, *op. cit.*, pp. 50 e 51.

[44] Cfr. GALVÃO TELLES, *Manual cit.*, p. 376; AYNÈS, *op. cit.*, nota 12, p. 107; NÉRET, *op. cit.*, p. 52; MESSINEO, *Il Contratto in Genere*, 2, p. 44; TRABUCCHI, *op. cit.*, nota 1, p. 594.

[45] Cfr. CASTAN TOBEÑAS, *op. cit.*, IV, nota 1, p. 413.

[46] Cfr. MOTA PINTO, *Cessão cit.*, nota 2, p. 112, *Teoria Geral do Direito Civil*, p. 363; ANTUNES VARELA, *Das Obrigações em Geral*, II, nota 1, p. 356; GARCIA-AMIGO, *op. cit.*, p. 85; CRISTOBAL-MONTES, *op. cit.*, p. 82; MASNATTA, *op. cit.*, p. 158; AYNÈS, *op. cit.*, pp. 106 e 107.

[47] Cfr. MOTA PINTO, *Cessão cit.*, nota 2, p. 112; ENNECCERUS e LEHMANN, *op. cit.*, II, 1, p. 290; CASTAN TOBEÑAS, *op. cit.*, IV, p. 413; GARCIA-AMIGO, *op. cit.*, p. 85; LÓPEZ VILAS, *op. cit.*, pp. 104 e 279; MASNATTA, *op. cit.*, p. 158.

tendencialmente temporário, e a cessão um carácter definitivo ([48]).
Na cessão do contrato é indispensável o consentimento da contraparte (art. 424.º n.º 1), o que nem sempre se exige no subcontrato ([49]). A cessão da posição contratual depende das regras dos arts. 424.º e segs. e das do tipo negocial que lhe serve de base (compra e venda, doação, dação em cumprimento, etc.), independentemente do negócio cedido, enquanto que o subcontrato segue as regras do contrato base ([50]). Qualquer das partes num contrato pode ceder a sua posição contratual, enquanto que só uma das partes no contrato base (locatário, empreiteiro, etc.) é que pode subcontratar.

O cessionário pode opor ao cedido os meios de defesa do cedente derivados da relação contratual básica. Em contrapartida, o subcontraente não pode opor ao primeiro contraente os meios de defesa do intermediário.

Tem sido indicado como distinção o facto de o subcontrato poder ser total ou parcial, ao passo que a cessão do contrato teria de ser necessariamente total ([51]). Tal distinção não parece correcta, porquanto nada impede que a cessão da posição contratual seja parcial ([52]), desde que, em relação a essa parcela, se transmitam globalmente direitos e obrigações. De facto, nada obsta a que o arrendatário de um prédio de dois andares, com o consentimento do locador, ceda a terceiro o arrendamento de um desses andares, passando a pagar metade da renda. Nos negócios consensuais poder-se-á pôr a dúvida, se o primitivo contrato não foi substituído por dois negócios com pessoas diferentes; mas,

---

([48]) Vd. LÓPEZ VILAS, *op. cit.*, pp. 104 e 297.
([49]) Vd. *supra* n.º 16 e *infra* n.ºˢ 36 e 37.
Vd. também MESSINEO, *Il Contratto in Genere*, 2, p. 44.
([50]) MALAURIE e AYNÈS, *Les Contrats Spéciaux*, p. 300, consideram que, entre a cessão de arrendamento e a sublocação, há a mesma diferença que entre a compra e venda e a locação.
([51]) Cfr. CLARIZIA, Comentário *cit.*, p. 76; COLIN e CAPITANT, *Cours Élémentaire de Droit Civil Français*, II, p. 538; LÓPEZ VILAS, *op. cit.*, pp. 296 e 297.
([52]) Cfr. RESCIGNO, *Manuale del Diritto Privato Italiano*, p. 711.
PIRES DE LIMA e ANTUNES VARELA, *Código Civil Anotado*, II, anotação n.º 4 ao art. 1078.º, p. 881, admitem expressamente a possibilidade de uma cessão parcial do arrendamento; e, dos mesmos autores, *op. cit.*, anotação n.º 2 *in fine* ao art. 36.º da Lei n.º 76/77, p. 499, infere-se igualmente a possibilidade de cedência parcial do arrendamento rural.

sendo as convenções formais, e dispensando-se a celebração de novos contratos, tal objecção não colhe.

Quanto à sublocação, para além das distinções já referidas, há a salientar que também se diferencia da cessão do arrendamento por aquela ser realizada a título oneroso e esta poder sê-lo a título gratuito. E, mesmo quando o é a título oneroso, não se trata de uma renda, mas sim de um preço[53].

Também o submandato se distingue da cessão do mandato, pelas razões anteriormente indicadas. Todavia, a doutrina italiana[54], ao criar um *tertium genus* denominado «substituição», veio introduzir alguma dificuldade na destrinça das duas figuras.

Autores como CARRESI[55] consideram que a substituição é uma cessão de contrato, e a jurisprudência italiana[56] não tem distinguido o subcontrato da substituição, por considerar que em ambos há acção directa contra o terceiro.

Mas outros autores italianos[57], com base no art. 1717.º do Código Civil transalpino, admitem que a substituição não é uma cessão do contrato, porque o mandatário continua vinculado em face do mandante, e porque não se verifica uma substituição na titularidade. Esses autores[58] justificam esta posição, entendendo que há uma diferença entre a substituição na execução da prestação e a substituição na relação contratual.

Segundo a mesma corrente de opinião[59], a substituição distingue-se do submandato, porque naquela o terceiro age por

---

[53] Cfr. CUNHA GONÇALVES, op. cit., VIII, p. 747; LÓPEZ VILAS, op. cit., p. 104.

[54] Cfr. BENATTI, «Appunti in Tema di Azioni Diretta», *RTDPC*, XVIII, 1964, p. 629; BUONOCORE, «Sull'art. 1856 CC: Sostituzione nel Mandato o Submandato», *BBTC*, 1960, II, p. 490; CLARIZIA, Comentário cit., pp. 68 e segs.; GRAZIADEI, «Mandato», *RDC*, XXXI, 1985, 4, p. 473; MINERVINI, «Sostituzione nell'esecuzione del Mandato e Submandato», *BBTC*, XIV, 1951, pp. 374 e 375, «Mandato, ...» cit., p. 481.

[55] «Sostituzione e Submandato», *FI*, LIII, 1938, I, p. 1089.

[56] Cfr. Arestos do Tribunal de Cassação Italiano, de 30 de Julho de 1960, *BBTC*, XXIII, 1960, II, p. 488 e do Tribunal de Apelação de Milão, de 16 de Setembro de 1980, citado por GRAZIADEI, op. cit., p. 473.

[57] Cfr. BENATTI, op. cit., p. 629; CLARIZIA, Comentário cit., pp. 67 e 68; MINERVINI, «Sostituzione ...» cit., p. 376.
A mesma opinião é perfilhada por ANA PRATA, op. cit., p. 719.

[58] Vd., em especial, GRASSO, op. cit., pp. 87, 105, 107 e 119.

[59] Vd. BUONOCORE, op. cit., p. 490; CLARIZIA, Comentário cit., pp. 67 e 68; GRASSO, op. cit., p. 115; MINERVINI, «Sostituzione ...» cit., pp. 376 e 380, «Mandato, Submandato ...» cit., p. 481.

conta do *dominus,* ao passo que neste o submandatário age por conta do mandatário. Na prática, a diferença entre estas duas últimas figuras consubstanciar-se-ia, por um lado, na possibilidade de exoneração de responsabilidade por parte do substituído, o que não seria admissível em relação ao submandante([60]); e, por outro, em não ser necessário, por parte do submandatário, comunicar ao mandante originário a execução do encargo, exigível ao substituto.

Não parece, porém, de aceitar a existência de um *tertium genus*. De facto, o mandatário ou se desvincula e há substituição na relação contratual (cessão do contrato) ou, continuando vinculado ao mandante, há substituição na execução (submandato).

A substituição na relação contratual pode efectivar-se por dois meios: através de uma cessão do contrato em que o mandatário (cedente) transmite, total ou parcialmente, a terceiro (cessionário), com o consentimento do mandante (cedido), o encargo que lhe foi incumbido; ou, se o primitivo contrato de mandato o admitir, o mandatário, em representação do mandante, celebra um novo mandato com terceiro, pelo qual este passa a ser mandatário directo do *dominus* ([61]). Neste último caso, se a substituição é parcial, subsistem dois contratos de mandato com conteúdo diverso ([62]).

De forma algo diferente, NICOLÒ e RICHTER, *Rassegna di Giurisprudenza sul Codice Civile,* comentário n.º 1 ao art. 1717.º, p. 1019, consideram que a substituição é uma hipótese particular de submandato, caracterizada pelo facto de o submandatário agir por conta do mandante originário.

([60]) Cfr. BUONOCORE, *op. cit.,* p. 491; CLARIZIA, *Comentário cit.,* pp. 67 e 68; MINERVINI, «Mandato, Submandato ...» *cit.,* pp. 474 e 475.

([61]) Cfr. VAZ SERRA, «Responsabilidade do Devedor pelos Factos dos Auxiliares, dos Representantes Legais ou dos Substitutos», *BMJ,* 72, nota 56, pp. 297 e 298; BARROS MONTEIRO, *Curso de Direito Civil,* V, 2, p. 260; LARENZ, *op. cit.,* II, 1, p. 415. Neste caso, segundo o último autor citado, trata-se de uma transferência do mandato, na medida em que finda a actividade do primeiro mandatário, extinguindo-se o respectivo mandato.

Diferentemente, AA.VV. (STEFFEN), comentário n.º 3 ao § 664 do *BGB, op. cit.,* II, 4, p. 19, consideram que, se o mandatário tinha como encargo transmitir o mandato, não há uma verdadeira transmissão, mas a execução do próprio mandato. Vd. também destes autores, comentários n.os 2 e 5 ao § 664, *op. cit.,* p. 19.

([62]) Também subsistem dois contratos de mandato de conteúdo diverso, no caso de cessão parcial do mandato. Quanto à cessão parcial da posição contratual, vd. *supra* neste número.

A substituição na actividade de execução concretiza-se mediante a conclusão de um submandato. Só neste caso é que o primitivo mandatário permanece obrigado para com o mandante pela totalidade do encargo, ao mesmo tempo que um terceiro se obriga para com o procurador a realizar, parte ou a totalidade, desse mesmo encargo.

Por conseguinte, só são possíveis três hipóteses.

Uma cessão do mandato em que o terceiro (cessionário) substitui o mandatário na relação contratual existente.

A conclusão de outro contrato de mandato por intermédio do mandatário, mas em que são partes o mandante e o terceiro, passando, então, a subsistir dois contratos de mandato com conteúdo diverso.

Celebração de um submandato em que o terceiro, tornando-se (sub)mandatário do mandatário, não entra na relação jurídica pré-existente.

Na prática será bastante difícil diferenciar a segunda da terceira hipóteses. A distinção entre estas figuras poderá ter repercussões a nível de responsabilidade do mandatário perante o mandante e das relações entre este e o terceiro.

No submandato, há responsabilidade objectiva do mandatário; ao passo que na substituição lícita, o substituído não responde pelos actos do substituto, na medida em que já não está vinculado àquela relação jurídica [63].

Por outro lado, no submandato, o mandatário é responsável por culpa *in vigilando;* enquanto que na substituição lícita, o primeiro mandatário poderá, eventualmente, ser responsável por culpa na escolha ou na transmissão de instruções ao substituto, mas não tem obrigação de o supervisionar.

Diferentemente, AYNÈS [64] considera que o mandato não pode originar um subcontrato de mandato, dado que, ou o mandatário, em execução da missão que lhe foi incumbida, conclui um contrato de mandato com terceiro que fica directamente ligado ao mandante (é a segunda hipótese referida nos parágrafos anteriores), ou o mandatário não quer executar a missão e cede o mandato.

Não se vê razão alguma para, tanto de um ponto de vista teórico como prático, se excluir a admissibilidade da terceira

---

[63] Cfr. VAZ SERRA, «Responsabilidade do Devedor...», *cit.*, p. 298.
[64] *La Cession de Contrat,* nota 17, p. 109.

hipótese; isto é, o autor referido[65] não apresenta nenhum argumento que leve à não aceitação do submandato.

c) *Dificuldades de distinção prática; indícios diferenciadores*

Na prática, a diferenciação apresenta múltiplas dificuldades, até porque, para um leigo, as figuras podem parecer idênticas[66].

Como refere a este propósito MESSINEO[67], o problema jurídico transforma-se numa *quæstio facti* que é, por último, remetida para a vontade das partes, mas em que o *nomen iuris* que estas lhe atribuem não vincula o intérprete.

Para fazer face a este obstáculo é conveniente encontrar indícios, ou presunções, que facilitem a qualificação. Assim, constituem indícios da cessão da posição contratual o pagamento de um preço global (mesmo que seja a prestações)[68], a transferência de todos os direitos e obrigações ou o contacto directo do terceiro com a parte com a qual não negociou[69].

Nos casos duvidosos dever-se-á ter em conta as regras do art. 237.º. Daí que, subsistindo a dúvida, deve presumir-se que as partes quiseram um subcontrato, e não uma cessão do contrato. Este juízo pode alicerçar-se em duas razões: primeiro, porque o subcontrato pode, em regra, estabelecer-se livremente, enquanto que a cessão necessita do consentimento do cedido; e segundo, porque, sendo os negócios jurídicos onerosos, o subcontrato, ao manter a primeira relação inalterada, conduz a um maior equilíbrio das prestações.

Com respeito à sublocação, serão indícios deste contrato o facto de o locatário continuar a usar a coisa, e de o sublocatário

---

[65] *Ibidem.*
[66] Cfr. ESTELITA DE MENDONÇA, «Sublocação e Cessão», *SI*, 1951, I, p. 161; ORLANDO GOMES, *op. cit.*, p. 158; COLIN e CAPITANT, *op. cit.*, II, p. 537; ESMEIN, *op. cit.*, p. 261; LÓPEZ VILAS, *op. cit.*, p. 92; MASNATTA, *op. cit.*, p. 157.
[67] *Il Contratto in Genere*, 2, p. 45.
[68] Cfr. ESTELITA DE MENDONÇA, «Sublocação e Cessão», *cit.*, pp. 161 e 162, *Da Sublocação*, pp. 29 e 30; BAUDRY-LACANTINERIE, *Précis de Droit Civil*, II, p. 601; COLIN e CAPITANT, *op. cit.*, II, p. 537.
[69] Cfr. RUBINO, *op. cit.*, p. 88.

pagar a renda ao sublocador([70]). No direito inglês, considera-se que há sublocação sempre que a cedência do gozo da coisa se reporta a parte do prazo da locação([71]).

ESTELITA DE MENDONÇA([72]) considera que, no caso de arrendamento, havendo dúvidas se presumirá tratar-se de uma sublocação porque é mais antiga do que a cessão, a qual era, até há pouco tempo, desconhecida; e porque, normalmente, só se quer associar um terceiro ao gozo da coisa para reduzir as despesas. Estes argumentos não são muito convincentes, mas para justificar a posição deste autor, e tendo em conta a segunda parte do art. 237.º, poder-se-á dizer ainda que, em princípio, a sublocação conduz a um maior equilíbrio das prestações, porque, mantendo em vigor as duas relações jurídicas, o locador fica melhor garantido quanto ao direito ao pagamento da renda, e o sublocatário só responde subsidiariamente perante o locador, ao mesmo tempo que pode extinguir a sua dívida em face do sublocador se pagar directamente ao locador.

No que concerne à empreitada, RUBINO([73]) entende que, na dúvida, será subempreitada, porque esta traz consequêcias menos graves. Na realidade, é de presumir que também a subempreitada conduza a um maior equilíbrio das prestações, por motivos idênticos aos anteriormente referidos quanto à sublocação.

Feita a distinção das figuras afins do subcontrato, torna-se necessário indicar as características principais do contrato base e do contrato derivado.

([70]) Cfr. ESTELITA DE MENDONÇA, «Sublocação e Albergaria», *SI*, 1952, II, p. 45; ESMEIN, *op. cit.*, p. 263; LÓPEZ VILAS *op. cit.*, p. 105.
([71]) Vd. ESMEIN, *op. cit.*, pp. 264 e 265.
([72]) «Sublocação e Cessão», *cit.*, p. 162.
([73]) *Op. cit.*, p. 88.

§ 8 Características do contrato base

29. Contrato duradouro

A existência de uma relação duradoura é *conditio sine qua non* para o parecimento de um direito derivado; tal direito derivado só poderá subsistir enquanto perdure o contrato base do qual depende([74]). Os contratos base terão de ser *contractus qui habent tractus successivus et dependentiam de futuro*. Como refere LÓPEZ VILAS([75]), o contrato base reveste um daqueles tipos negociais cuja formação se distingue, nitidamente, da execução; e é na fase da execução que se admite a entrada do terceiro (subcontraente).

De facto, em negócios de execução instantânea a transferência de utilidades só se pode operar por meio de contratos sucessivos que, como a designação indica, não são coexistentes. E, sendo a coexistência com o contrato base um dos pressupostos do subcontrato([76]), terá aquele, necessariamente, de comportar uma prestação permanente ou duradoura cuja execução se prolongue no tempo.

Só num contrato com prestações duradouras é possível que uma das partes, sem se desvincular, transfira para terceiro as utlidades que dele aufere.

([74]) Cfr. CASTRO MENDES, *Direito Civil Teoria Geral*, II, p. 63; MOTA PINTO, *Cessão cit.*, nota 2, p. 112; GRASSO, *op. cit.*, p. 12; MESSINEO, *Il Contratto in Genere*, 1, p. 734; LÓPEZ VILAS, *op. cit.*, p. 198; MALAURIE e AYNÈS, *Les Obligations*, pp. 593 e 596.

([75]) *Op. cit.*, p. 202.

([76]) Vd. *infra* n.º 38.

30. Contrato *sine intuitu personæ*

O contrato base não pode ter sido celebrado tendo em conta as especiais aptidões da contraparte, nem com base numa particular relação de confiança. Pois, se assim for não se poderá tolerar que um terceiro se imiscua na relação jurídica existente [77].

Para que se possa subcontratar é necessário que as prestações do contrato principal possam ser executadas por terceiro; ou que o intermediário possa transferir para outrem as utilidades que lhe advêm da relação base, sem prejuízo para a contraparte.

Assim, se para o proprietário do bem locado é indiferente a pessoa do locatário, poderia este sublocar livremente caso a lei não exigisse a autorização ou o reconhecimento daquele. Do mesmo modo, tanto no mandato como na empreitada podem as prestações do mandatário e do empreiteiro ser fungíveis, o que permite a realização de subcontratos. Em muitas das prestações de resultado (por ex., celebrar um contrato de seguro ou construir uma casa), o interesse do credor fica satisfeito desde que se obtenha o fim pretendido, independentemente de quem o tenha realizado.

O contrato base terá de ser celebrado sem *intuitu personæ* para permitir, por via do subcontrato, a intromissão de terceiros no aproveitamento ou na execução das prestações daquela relação contratual.

---

[77] Vd. *supra* n.º 16.

§ 9 Características do subcontrato em relação ao contrato base

31. Identidade de tipo negocial

O subcontrato tem o mesmo conteúdo do contrato base[78]. Há, todavia, autores que, à afirmação anterior, acrescentam um advérbio, dizendo, então, que o subcontrato tem, substancialmente, ou normalmente, o mesmo conteúdo, ou que dificilmente não terá o mesmo conteúdo[79].

Na realidade, tem-se admitido que o subcontrato seja de tipo diferente do contrato principal[80]. Os autores que tal afirmam

---

[78] Cfr. MOTA PINTO, *Cessão cit.*, nota 2, p. 112; ORLANDO GOMES, *op. cit.*, p. 157; MESSINEO, «Contratto Derivato...» *cit.*, p. 80, *Il Contratto in Genere*, 1, p. 733, *Manuale cit.*, IV, p. 208; CRISTOBAL-MONTES, *op. cit.*, p. 82; MASNATTA, *op. cit.*, p. 154. No mesmo sentido, PEREIRA COELHO, *Arrendamento*, p. 208, referindo-se à sublocação, afirma que, em princípio, tem o mesmo conteúdo do contrato base.
Outros autores, para transmitirem a mesma ideia, falam em identidade de natureza. Cfr. ESTELITA DE MENDONÇA, *Da Sublocação*, p. 19; GALVÃO TELLES, *Manual cit.*, p. 371; ANTUNES VARELA, *Das Obrigações em Geral*, II, p. 355; BACCIGALUPI, *op. cit.*, p. 191; GASPERONI, *op. cit.*, p. 379; CATALA, in Prefácio ao «Sous-contrat» de NÉRET, p. XVII; MALAURIE e AYNÈS, *Les Obligations*, p. 596; NÉRET, *op. cit.*, pp. 66, 129 e segs.; TEYSSIÉ, *Les Groupes de Contrats*, p. 70; LÓPEZ VILAS, *op. cit.*, pp. 18 e 195; SKOPALIK, *op. cit.*, pp. 15 e 16.
Há ainda quem traduza a mesma ideia considerando que os dois contratos são da mesma espécie, cfr. ALMEIDA COSTA, *op. cit.*, p. 572, ou do mesmo tipo, cfr. CARRESI, *Il Contratto*, 2, pp. 856 e 857; GRASSO, *Il Subcontratto*, p. 15.

[79] Vd., respectivamente, BACCIGALUPI, *op. cit.*, p. 191; ALMEIDA COSTA, *op. cit.*, p. 572; TEYSSIÉ, *op. cit.*, p. 70. Vd. também GALVÃO TELLES, *Manual cit.*, p. 372.

[80] Vd. ALMEIDA COSTA, *op. cit.*, nota 1, p. 573; GALVÃO TELLES, *Manual cit.*, p. 372; BACCIGALUPI, *op. cit.*, p. 191; LÓPEZ VILAS, *op. cit.*,

costumam apresentar dois exemplos: o locatário que dá em comodato a coisa locada; e o depositário que, em tempo de guerra, arrenda ou dá em comodato a coisa depositada. A estes exemplos poder-se-á acrescentar o caso da cedência de trabalhadores [81].

Nos exemplos referidos há uma dualidade negocial com contratos de conteúdo diverso; o segundo contrato pertence a um tipo contratual distinto. No primeiro exemplo (locação/comodato), há uma diferença, principalmente, quanto ao carácter oneroso e gratuito dos contratos e no segundo exemplo (depósito//locação e depósito/comodato), a principal divergência reside na impossibilidade ou possibilidade de uso da coisa por parte do seu detentor. Na cedência de trabalhadores, a um contrato de trabalho (contrato base) segue-se um contrato atípico de cessão de trabalhadores (subcontrato).

Estes exemplos, e outros que se poderiam encontrar, não são elucidativos, nem suficientes para concluir no sentido de que o subcontrato, quanto ao conteúdo, possa ser distinto do contrato base.

É o contrato principal que qualifica e que determina o tipo negocial do subcontrato [82]. E se, porventura, os dois contratos não tiverem a mesma natureza — como nos exemplos apontados —, não há um verdadeiro subcontrato. Poder-se-á então falar de subcontrato impróprio [83]. Apesar de, a este, se aplicar, em larga medida, as regras do subcontrato em sentido próprio.

O subcontrato propriamente dito é aquele cujo conteúdo, senão totalmente idêntico, coincide com o do contrato base quanto aos elementos normativos injuntivos e voluntários necessários [84]. Em relação aos elementos voluntários necessários a

---

p. 204; WOLF, op. cit., 2, p. 101.

Quanto à jurisprudência, vd. Acórdão do Supremo Tribunal de Justiça, de 18 de Março de 1966 (e anotação de PIRES DE LIMA), RLJ, 99, pp. 266 e segs.

[81] Vd. supra n.os 8 e 11.

[82] Vd. NÉRET, op. cit., p. 67.

[83] Neste sentido, cfr. BACCIGALUPI, op. cit., p. 191; LÓPEZ VILAS, op. cit., p. 204.

[84] Reconhece-se um certo ilogismo em falar de algo que é «voluntário necessário». Pretende-se, porém, dizer que são elementos voluntários, tidos por requisitos indispensáveis.

Neste ponto segue-se MENEZES CORDEIRO, Teoria Geral do Direito Civil, II, pp. 277 e 278, que distingue, no conteúdo do negócio, os elementos norma-

coincidência pode não ser total, como acontece no caso da sub-renda ser superior ou inferior à renda [85], mas em ambos os negócios terão de ser fixados esses elementos; isto é, eles podem não coincidir mas não podem faltar. Assim, no caso do arrendamento, se no segundo contrato não for estabelecida uma renda, este não será um subcontrato em sentido próprio.

Pode, pois, concluir-se que o subcontrato corresponde ao mesmo tipo negocial do contrato base.

A diferente finalidade ou função económica que os dois negócios prosseguem não é motivo para qualificar o subcontrato como impróprio. Assim, o facto de o contrato derivado não ter um conteúdo idêntico ao do contrato originário, no que respeita aos elementos voluntários eventuais, não acarreta a sua adjectivação de impróprio. Por exemplo, se o mandato é oneroso, pode o submandato ser gratuito, e vice-versa.

Da mesma forma, a diferente natureza, civil ou comercial, não obsta à existência de um verdadeiro subcontrato. Por exemplo, arrendamento comercial e subarrendamento habitacional.

Por último, também a diferente natureza, pública ou privada, não impede que o subcontrato se qualifique como próprio. Por exemplo, empreitada de obras públicas e subempreitada de direito privado.

Nas relações jurídicas complexas pode alguma prestação acessória do subcontrato ter natureza jurídica distinta das do contrato base. Assim, o subempreiteiro poderá ter um dever acessório de informar o empreiteiro de qualquer especialidade técnica que deva ter em conta ao incorporar a coisa, realizada em subempreitada, na obra geral. Mas a existência de prestações acessórias de natureza diferente também não implica que se esteja perante um subcontrato impróprio.

---

tivos dos voluntários, subdistinguindo os primeiros, em injuntivos e supletivos, e os segundos, em necessários e eventuais.

Sobre esta questão, mas com perspectivas diversas, vd. PAULO CUNHA (segundo lições de), *Direito Civil*, pp. 90 e 91; CASTRO Y BRAVO, *El Negocio Juridico*, pp. 54 a 56.

[85] MICCIO, *La Locazione*, p. 283, baseando-se na jurisprudência italiana, considera que, se a sub-renda é proporcionalmente inferior à renda, não há sublocação.

32. Identidade de objecto

O objecto do subcontrato será aquilo sobre que recaem os poderes conferidos às partes, o *quid* sobre que incidem tais poderes e ao qual se aplica a regulação negocial em causa [86].

A sublocação tem como objecto a coisa locada (objecto do primeiro contrato) e a sub-renda; o objecto do submandato é a prática de actos jurídicos de que o mandatário foi encarregue no contrato base e, tendo sido estipulada, a remuneração; a subempreitada tem por objecto a obra encomendada ao empreiteiro no contrato principal e o preço. O mesmo se passa com as restantes hipóteses subcontratuais.

Há, na realidade, uma identidade de objecto entre os contratos, derivado e principal [87].

O objecto do subcontrato não pode ser mais vasto do que o do contrato base; e, normalmente, é mais reduzido. É frequente que o intermediário, ao subcontratar, só conceda ao terceiro parte dos seus direitos (v.g. sublocação parcial) ou só o encarregue de parte dos seus deveres (v.g. submandato e subempreitada parciais). Nestes casos, o objecto do subcontrato só em parte coincide com o objecto do contrato principal [88].

Tendo o subcontrato uma pluralidade de objectos, nem todos terão de coincidir com os do contrato principal. Quanto ao montante da renda, da remuneração ou do preço, respectivamente, no subarrendamento, no submandato e na subempreitada, pode não haver identidade com os correlativos contratos base.

---

[86] Vd. MANUEL DE ANDRADE, *Teoria Geral da Relação Jurídica*, I, p. 189; MENEZES CORDEIRO, *Teoria Geral do Direito Civil*, II, pp. 275 e 276; MOTA PINTO, *Teoria Geral cit.*, p. 329.

[87] Cfr. JANUÁRIO GOMES, *Constituição da Relação de Arrendamento Urbano*, p. 218; ORLANDO GOMES, *Contratos*, p. 160; LACRUZ BERDEJO, *Elementos de Derecho Civil*, II, p. 267; LÓPEZ VILAS, *op. cit.*, pp. 246 e 304; MASNATTA, *op. cit.*, p. 166; BACCIGALUPI, *op. cit.*, p. 191; GRASSO, *op. cit.*, p. 15; MICCIO, *La Locazione*, p. 273; TABET, «Sublocazione», *cit.*, p. 588; AYNÈS, *op. cit.*, p. 105; MALAURIE e AYNÈS, *Les Obligations*, p. 596; TEYSSIÉ, *op. cit.*, p. 73.

[88] Cfr. JANUÁRIO GOMES, *op. cit.*, p. 218; ESTELITA DE MENDONÇA, *Da Sublocação*, p. 87; ORLANDO GOMES, *op. cit.*, p. 160; AYNÈS, *op. cit.*, nota 8, p. 106; DRAETTA, «Il Subcontratto Internazionale», *RDIPP*, 1984, 4, pp. 641 e 642; MASNATTA, *op. cit.*, p. 166.

Na sublocação há identidade de objecto com respeito ao contrato principal, no que concerne à coisa locada; no submandato a identidade reporta-se aos actos jurídicos de que o mandatário foi encarregado; e, na subempreitada, à obra encomendada ao empreiteiro. Chega-se à mesma conclusão tomando como exemplo outras hipóteses subcontratuais: no subdepósito há identidade de objecto relativamente à coisa depositada; no subcomodato em relação à coisa comodatada, etc.

A identidade de objecto não supõe a identidade de todas as prestações a que as partes se vincularam nos dois contratos.

33. Posterioridade lógica

Em princípio, o subcontrato é celebrado durante a vigência do contrato base, pelo que este o deverá anteceder. E, de facto, é isto que acontece na prática e que está de acordo com as noções legais de sublocação (art. 1060.º) e de subempreitada (art. 1213.º). Especialmente no primeiro caso, o legislador foi peremptório ao afirmar que o direito do locatário lhe advém de um precedente contrato locativo.

Há autores que consideram o contrato base como um *prius* lógico e cronológico e a existência de um contrato prévio como causa do subcontrato [89].

Para sustentar tal tese têm sido referidos diversos exemplos [90]. Se um construtor de automóveis encarrega uma empresa de produzir peças para os mesmos, não há subcontrato quando o primeiro vende os automóveis ao consumidor; se um cirurgião tem um anestesista permanentemente contratado, não há subcontrato quando celebra o contrato com o paciente que vai ser operado; se uma agência de viagens freta um navio e reserva hóteis à espera de clientes, não celebra subcontratos com aqueles que estiverem interessados em fazer tal viagem.

---

[89] Vd. LÓPEZ VILAS, *op. cit.*, pp. 18 e 196; GASPERONI, *op. cit.*, p. 379; AYNÈS, *op. cit.*, p. 105; NÉRET, *op. cit.*, pp. 3, 11, 12 e segs.
Quanto à sublocação, vd. GONÇALVES SALVADOR, «Sublocação de Casas Mobiladas», *RT*, 80, p. 291; SKOPALIK, *op. cit.*, pp. 15 e 22.
[90] Vd. NÉRET, *op. cit.*, pp. 20 e segs.; TEYSSIÉ, *op. cit.*, p. 71.

De entre os exemplos referidos, o primeiro e o terceiro só poderiam ser, quando muito, subcontratos impróprios [91]. Quanto ao caso do cirurgião, o afastamento da qualificação de subcontrato é, pelo menos, discutível.

No plano lógico, o subcontrato tem de ser necessariamente posterior; se é um contrato derivado, tem de proceder de outro pré-existente. Há uma posterioridade jurídica. Mas, na prática, nada obsta a que o negócio jurídico que, mais tarde, se chamará subcontrato, tenha sido celebrado antes do contrato base [92].

É perfeitamente admissível que um sujeito, na perspectiva de celebrar certo negócio jurídico, realize um contrato, sob condição suspensiva, com a finalidade de proporcionar à contraparte o gozo de direitos que adquirirá, ou para que esta execute as obrigações a que aquele ficará adstrito, caso celebre o negócio que tem em vista. Por exemplo, quem está a negociar o arrendamento de uma casa que, em tamanho, excede as suas necessidades, pode, desde logo, celebrar um subarrendamento sob condição suspensiva; também um mestre de obras pode ajustar um contrato com um electricista segundo o qual, nas construções que aquele venha a realizar, a instalação eléctrica é feita por este. Algo de semelhante se passa no referido caso do cirurgião que tem um anestesista permanentemente contratado.

Nestes casos, o contrato primeiramente celebrado só se qualifica de subcontrato, se se preencher a condição suspensiva que lhe foi aposta. Não se verificando a condição não há subcontrato.

Pode, então, concluir-se que o subcontrato é, normalmente, celebrado durante a vigência do contrato principal e, apesar de aquele poder ser celebrado antes deste, no plano lógico o contrato derivado só pode surgir após a realização do contrato base.

---

[91] Vd. *supra* n.º 31.
No exemplo do construtor de automóveis também não haveria subcontrato, porque se enquadra numa situação de negócios sucessivos e não coexistentes, e porque não há qualquer relação de dependência entre a fabricação das peças e a venda do produto final. Já se enquadra numa hipótese subcontratual a situação em que alguém encomenda um automóvel especial ao construtor e este, por sua vez, encarrega um empresa de fabricar peças para o mesmo.

[92] BACCIGALUPI, *op. cit.*, p. 192, afirma que o contrato base nem sempre é um *prius* cronológico. Também RODRIGUEZ-PIÑERO, *El Auxiliar Asociado*, p. 145, diz que, na prática, a relação subcontratual pode preceder o contrato base.

34. Subordinação

O subcontrato é um negócio jurídico derivado e dependente de outro anterior[93]. O prefixo «sub» pressupõe uma situação de inferioridade, uma relação hierárquica em que o contrato derivado fica subordinado ao negócio principal[94].
Alguns autores sustentam que a acessoriedade é a característica essencial do subcontrato[95]. Como acessório é o que depende do principal, considerar a acessoriedade característica do subcontrato, é admitir a subordinação deste ao contrato base.
O subcontrato encontra-se, pois, numa relação de estrita dependência em relação ao contrato principal, não só na fase genética, como também na fase funcional.
Por força desta subordinação, o contrato base exerce uma influência determinante no subcontrato. As regras e as vicissitudes do primeiro negócio repercutem-se no segundo[96]. Daqui se poderão extrair algumas conclusões.
Em primeiro lugar, o contrato derivado tem de observar e não colidir com o fim e as restrições do contrato base. Por

---

[93] Cfr. MENEZES CORDEIRO, *Direito das Obrigações*, II, p. 126; GALVÃO TELLES, *Manual cit.*, pp. 373 e 374; ORLANDO GOMES, *op. cit.*, p. 157; BACCIGALUPI, *op. cit.*, pp. 191 e 192; CARRESI, *Il Contratto*, 2, p. 855; GASPERONI, *op. cit.*, p. 379; LACRUZ BERDEJO, *Elementos de Derecho Civil*, II, p. 267; LÓPEZ VILAS, *op. cit.*, pp. 196, 244 e 245.
Quanto à sublocação, submandato e subempreitada, vd., respectivamente, PEREIRA COELHO, *op. cit.*, p. 220; CARRESI, *Il Contratto cit.*, p. 1088; VAZ SERRA, «Empreitada», *BMJ*, 145, p. 68.

[94] Vd. NÉRET, *op. cit.*, p. 3.
Há, todavia, quem sustente que, apesar das influências, os dois contratos não são dependentes, pelo contrário, apresentam-se diferenciados e independentes. Vd. TABET, «Sublocazione», *cit.*, p. 589, *La Locazione-conduzione*, pp. 612 e segs.; NICKLISCH, «Rechtsfragen des Subunternehmervertrags bei Bau — und Anlagenprojekten im In — und Auslandsgeschäft», *NJW*, 1985, 40, p. 2361; VETTER, «Subunternehmerverträge im Internationalen Industrieanlagengeschäft», *RIW*, 1986, 2, p. 88.

[95] Vd. GALVÃO TELLES, *Manual cit.*, p. 374; DRAETTA, *op. cit.*, p. 651; GASPERONI, *op. cit.*, pp. 378 e 379; MESSINEO, «Contratto Derivato — Sub--contratto», *cit.*, p. 81, *Il Contratto in Genere*, 1, pp. 733 e 734.
Quanto à sublocação, vd. ESTELITA DE MENDONÇA, *Da Sublocação*, p. 65.

[96] Cfr. GALVÃO TELLES, *Manual cit.*, p. 374; CARRESI, *Il Contratto*, 2, p. 857; MESSINEO, *operæ cit.*, respectivamente, pp. 81, 733 e 734; GASPERONI, *op. cit.*, p. 379; SABATO, «Unità e Pluralità di Negozi», *RDC*, V, 1959, I, p. 437; MASNATTA, *op. cit.*, p. 175.

exemplo, a subempreitada tem de respeitar o primeiro contrato, quanto à obra geral neste acordada, bem como quanto à qualidade dos materiais utilizados, prazo de execução, etc. E, nos termos do art. 1226.º, o empreiteiro deverá comunicar ao subempreiteiro os vícios que lhe foram denunciados no prazo de trinta dias, sob pena de caducar o direito de regresso quanto a este último. Ainda no que respeita a esta questão, o empreiteiro, demandado pelo comitente por defeito da obra, terá de exigir ao subempreiteiro o mesmo que lhe foi exigido pelo dono da obra. Assim, se este exigir a eliminação dos defeitos, nos termos do art. 1221.º, o empreiteiro apenas poderá reclamar do subempreiteiro a eliminação dos vícios advenientes da subempreitada e não, por exemplo, a redução do preço. Estas conclusões advêm do facto de o empreiteiro ter contra o subempreiteiro um «direito de regresso» que fica subordinado ao direito do dono da obra contra o empreiteiro. Todavia, não tendo sido demandado pelo dono da obra, o empreiteiro, por defeitos da obra executada em subempreitada, pode exigir ao subempreiteiro qualquer dos direitos constantes dos arts. 1221.º e segs.

Também na sublocação, salvo cláusula em contrário, não pode ser estabelecida renda ou aluguer proporcionalmente superiores ao que é devido pelo contrato de locação, aumentado de 20% (art. 1062.º)); e, por outro lado, ter-se-á de tomar em atenção as cláusulas do contrato base, a fim de averiguar em que medida é admitido o gozo da coisa, pois o gozo do direito por parte do sublocatário depende igualmente das cláusulas contratuais da locação[97].

Em segundo lugar, os direitos e deveres conferidos ao subcontraente não podem ultrapassar, em extensão e duração, aqueles de que o intermediário é titular por força do contrato principal (p. ex., não se pode subarrendar a parte da casa de que se não é locatário, nem sublocar por período superior ao da locação[98]). Estas duas consequências sintetizam-se nos seguintes

---

Quanto à subempreitada, vd. GIANNATTASIO, *L'Appalto*, p. 69; RUBINO, *op. cit.*, p. 87.

TEYSSIÉ, *op. cit.*, p. 153, resume sugestivamente esta ideia, dizendo que o subcontrato é como um fruto, que deve cair com a árvore que o leva.

[97] Vd. ESTELITA DE MENDONÇA, *Da Sublocação*, p. 146.

[98] Vd. CASTELO BRANCO, *Problemas de Inquilinato*, p. 68; ISIDRO DE MATOS, *Arrendamento e Aluguer*, p. 155; ESTELITA DE MENDONÇA, *op. cit.*,

brocardos: *accessorium sequitur principale* e *nemo plus iuris ad alium transferre potest quam ipse habet.*

Por último, certas vicissitudes do contrato principal repercutem-se no contrato derivado. Assim, os vícios do primeiro, na medida em que acarretam a nulidade ou anulabilidade deste, implicam a impossibilidade superveniente de execução do contrato derivado; também a resolução ou o distrate do contrato principal dão azo a idêntica impossibilidade, relativamente à execução do subcontrato.

Certos autores, com base no aforismo *resoluto iure concedente resolvitur ius accipientis,* entendem que a resolução do contrato base acarreta a resolução do subcontrato ([99]).

---

p. 70; ALBALADEJO, *Compendio de Derecho Civil*, p. 261; MESSINEO, *Il Contratto in Genere*, I, p. 734.

TABET, «Sublocazione», *cit.*, p. 593, levanta algumas dúvidas quanto à formulação de tal regra geral.

([99]) Cfr. BACCIGALUPI, *op. cit.*, p. 195; MESSINEO, «Contratto Derivato — Sub-contratto», *cit.*, pp. 82 e 85; AYNÈS, *op. cit.*, nota 8, p. 106; NÉRET, *op. cit.*, pp. 97 e segs.

Quanto à sublocação, partilham da mesma ideia, PONTES DE MIRANDA, *Tratado de Direito Privado*, XL, pp. 297, 301 e 302; BARROS MONTEIRO, *op. cit.*, V, 2, pp. 151 e 175; CAIO SILVA PEREIRA, *Instituições de Direito Civil*, III, p. 273; ARNOLDO WALD, *Obrigações e Contratos*, p. 267. De facto, nos termos do art. 1203.º do Código Civil Brasileiro e do art. 28.º da Lei n.º 6649, de 16 de Maio de 1979, a sublocação resolve-se se a locação for rescindida ou findar.

A maior parte dos autores limita-se a afirmar que a extinção do contrato base acarreta a extinção do subcontrato. Vd. RUI DE ALARCÃO, *A Sublocação de Prédios Urbanos*, p. 155; PEREIRA DE ALMEIDA, *Direito Privado*, II, p. 21; VAZ SERRA, «Empreitada», *BMJ*, 145, p. 66; PONTES DE MIRANDA, *op. cit.*, p. 296; ALBALADEJO, *op. cit.*, p. 261; COSSIO y CORRAL, *Instituciones de Derecho Civil*, I, p. 500; LATOUR BROTONS, *op. cit.*, p. 719; LÓPEZ VILAS, *op. cit.*, p. 319; MESSINEO, *Manuale cit.*, IV, p. 187; NICOLÒ e RICHTER, *op. cit.*, comentários n.os 4 e 28 ao art. 1594.º, respectivamente, pp. 599 e 605; CREZELIUS, «Untermiete und Mieterschutz», *JZ*, 1984, p. 70; SKOPALIK, *op. cit.*, p. 155.

Vd. também Aresto do Supremo Tribunal Federal Alemão, de 21 de Abril de 1982, *JZ*, 1982, p. 50.

O subarrendamento não se extingue pelo facto de o subarrendatário ter adquirido o prédio, tornando-se locador do seu senhorio. Acórdão da Relação do Porto, de 25 de Novembro de 1980, *CJ*, VI, pp. 299 e segs.

A sublocação também não se extingue no caso de o sublocador ter adquirido o prédio. Cfr. Arestos do Supremo Tribunal Espanhol, de 15 de Fevereiro de 1957 e de 12 de Novembro de 1959, cit. por LÓPEZ VILAS, *op.*

Outros autores, quanto ao subarrendamento, advogam a solução da caducidade([100]), porque o art. 1102.º dispõe que «o subarrendamento caduca com a extinção ... do contrato de arrendamento...». O termo «caducidade» não foi usado, neste preceito, em sentido rigoroso, pois, nos termos do art. 298.º n.º 2, o contrato caduca quando sobrevenha o prazo, acordado pelas partes ou imposto pela lei, para a sua extinção ([101]). Mas, tanto o Código Civil (por ex., arts. 1051.º, 1141.º e 1174.º) como a doutrina ([102]) usam frequentes vezes o termo «caducidade» num sentido amplo. Neste sentido amplo, haverá caducidade numa multiplicidade de hipóteses em que se poderá, designadamente, referir a consecução do fim visado e a impossibilidade casual e definitiva de uma das prestações.

É neste sentido amplo que se pode admitir a caducidade do subcontrato, com base na extinção da relação principal.

As invalidades e os factos que levam à extinção da relação jurídica principal acarretam a consequente impossibilidade superveniente de execução do subcontrato. Se a invalidade, a resolução, a revogação ou a denúncia do contrato base não são imputáveis ao intermediário, os direitos e as obrigações emergentes do subcontrato extinguem-se (art. 790.º n.º 1 e 795.º n.º 1).

Nos casos de impossibilidade superveniente, a extinção da relação jurídica derivada tem eficácia *ex nunc*. Isto é claro quanto à subempreitada, por força do disposto no art. 1227.º,

---

cit., nota 35, p. 319; Sentença, de 22 de Fevereiro de 1972, *ADC*, XXVI, p. 379. Vd. igualmente, BARROS MONTEIRO, *op. cit.*, V, 2, p. 151; MICCIO, *La Locazione*, p. 285; AA.VV. (GELHAAR), comentário n.º 14 ao § 549 do *BGB*, *op. cit.*, II, 2, p. 192. Contudo, neste último caso, é de entender que o subarrendamento se extingue, transformando-se num arrendamento, pois não é lógico que aquele subsista sem a existência do contrato base.

([100]) Vd. PEREIRA COELHO, *op. cit.*, p. 226; ISIDRO DE MATOS, *op. cit.*, p. 271; ESTELITA DE MENDONÇA, *Da Sublocação*, p. 184; ANTUNES VARELA, Anotação ao Acórdão do Supremo Tribunal de Justiça, de 27 de Outubro de 1967, *RLJ*, 101, p. 205; NICOLÒ e RICHTER, *op. cit.*, comentário n.º 18 ao art. 1595.º, p. 618.

Vd., igualmente, Acórdão da Relação de Coimbra, de 20 de Abril de 1977, *CJ*, II, pp. 303 e 305.

([101]) Neste sentido, vd. MENEZES CORDEIRO, *Direito das Obrigações*, II, p. 166.

([102]) Vd. PESSOA JORGE, *Direito das Obrigações*, I, pp. 98 e 99; MOTA PINTO, *Teoria Geral cit.*, pp. 621 e 622; GALVÃO TELLES, *Manual cit.*, pp. 351 e 352, *Direito das Obrigações*, pp. 467 e 468.

que além de remeter, em caso de impossibilidade não imputável às partes, para o art. 790.º, impõe a obrigação de indemnizar o subempreiteiro pelo trabalho executado e despesas realizadas, no caso de ter havido começo de execução. Mas nada obsta a que, às restantes figuras subcontratuais, na falta de disposição expressa, se aplique solução idêntica que corresponde às regras gerais das obrigações. Pois, sendo o subcontrato um negócio de execução continuada, a extinção do vínculo não afecta, por via de regra, as prestações já executadas.

Se a impossibilidade superveniente é imputável ao intermediário, o subcontraente tem direito a ser indemnizado nos termos gerais, pelos prejuízos sofridos. Há quem considere que, neste caso, o contrato derivado não se extingue e que, subsistindo a relação subcontratual, dá-se o incumprimento do subcontrato por parte do intermediário [103]. Esta solução não parece correcta pois, extinta a relação base, sobrevém a impossibilidade superveniente de execução do subcontrato, com a sua consequente extinção. Mas, mesmo depois de extinta a relação subcontratual, ainda podem subsistir certas obrigações, em especial o dever de indemnizar pelos prejuízos causados.

Tem-se levantado a dúvida quanto a saber se a repercussão das vicissitudes é recíproca ou unilateral. A estrutura da relação subcontratual leva a admitir que só as vicissitudes do contrato principal é que se repercutem no subcontrato, e não vice-versa [104]. Mesmo quando a realização do subcontrato é fundamento de resolução do contrato base [105], só há uma repercussão indirecta do segundo contrato no primeiro. Todavia,

---

[103] Vd. TABET *La Locazione-conduzione*, pp. 612 e segs.; SKOPALIK, *op. cit.*, p. 155. O mesmo se poderá deduzir das palavras de LARENZ, *op. cit.*, II, 1, p. 232, quando afirma que se o locador nega ao locatário a autorização de subarrendar, isso não altera os deveres do arrendatário, na sua qualidade de sublocador, em relação ao inquilino. Ele terá, em relação a este, um dever de indemnização, quando não pode conceder o uso. No mesmo sentido, vd. AA.VV. (GELHAAR), comentário n.º 14 ao § 549 do *BGB*, *op. cit.*, II, 2, p. 192.

A questão prende-se, em última análise, com o problema da natureza jurídica da obrigação.

[104] Vd. MESSINEO, «Contratto Derivato — Sub-contratto», *cit.*, p. 81, *Il Contratto in Genere*, 1, pp. 733 e 734; MASNATTA, *op. cit.*, p. 167.

[105] Por exemplo, a sublocação pode ser causa de resolução do contrato principal (art. 1093.º n.º 1 alíneas *f)* e *g)*). Sobre esta questão, vd. CASTELO BRANCO, *op. cit.*, pp. 66 e 67; PEREIRA COELHO, *op. cit.*, p. 226.

CARRESI([106]) admite que as vicissitudes do subcontrato se repercutam no contrato principal, na medida em que, por lei, é atribuído ao primeiro contraente o poder de agir directamente contra o subcontraente, para obter deste o cumprimento da obrigação da contraparte. Trata-se, porém, de duas questões distintas; o facto de se admitir a acção directa (e talvez tivesse mais interesse em referir a acção directa do subcontraente contra o primeiro contraente), não quer dizer que as vicissitudes de um contrato se repercutam no outro.

Apesar de subordinado, o subcontrato pode apresentar-se com uma relativa autonomia. Do contrato derivado podem constar cláusulas específicas que o diferenciem do contrato base. Por exemplo, a contrapartida monetária pode ser, mesmo proporcionalmente, diferente da estabelecida no primeiro contrato; e se o subcontrato é parcial, dele constarão disposições específicas, distintas das do contrato principal, para adaptação ao caso concreto ([107]).

([106]) *Il Contratto*, 2, p. 857. Também GASPERONI, *op. cit.*, p. 380, admite que, excepcionalmente, as vicissitudes do contrato derivado se repercutem no contrato base.

([107]) Quanto ao subarrendamento, vd. CUNHA GONÇALVES, *op. cit.*, VIII, pp. 749 e 774; ESTELITA DE MENDONÇA, *Da Sublocação*, p. 145; CASTAN TOBEÑAS, *op. cit.*, IV, p. 415; COLIN e CAPITANT, *op. cit.*, II, p. 538; ESMEIN, *op. cit.*, p. 254; MALAURIE e AYNÈS, *Les Obligations*, p. 599, *Les Contrats Spéciaux*, p. 301; PLANIOL e RIPERT, *Traité Pratique de Droit Civil Français*, X, p. 783.

Quanto à subempreitada, vd. VETTER, *op. cit.*, p. 87; GIANNATTASIO, *op. cit.*, pp. 70 e 71.

CAPÍTULO III

FORMAÇÃO E EFEITOS DO SUBCONTRATO

SECÇÃO I

FORMAÇÃO DO SUBCONTRATO

§ 10 Elementos específicos

35. Ideia geral

O subcontrato está sujeito às regras gerais da formação de negócios jurídicos. A perfeição negocial deste contrato depende do encontro de declarações de vontade do intermediário e do subcontraente, e vigora, quanto a ele, o princípio do consensualismo. No que respeita à sua formação, o subcontrato não apresenta, em termos gerais, qualquer especificidade; deverá, pois, remeter-se para a teoria geral do direito civil[1].

As particularidades que o fenómeno subcontratual apresenta na sua formação podem reconduzir-se ao chamado poder de subcontratar, ou, mais propriamente, à possibilidade de o intermediário utilizar as potencialidades que lhe advêm de uma relação jurídica anterior, por uma lado; e à eventual necessidade de autorização para celebrar um subcontrato, por outro. Estas questões prendem-se, ainda que indirectamente, com o princípio da autonomia da vontade.

---

[1] Vd., designadamente MENEZES CORDEIRO, *Teoria Geral do Direito Civil* II, pp. 101 a 176; PESSOA JORGE *Direito das Obrigações*, I, pp. 167 a 179; MOTA PINTO, *Teoria Geral do Direito Civil*, pp. 415 a 444; CHESHIRE, FIFOOT e FURMSTON, *Law of Contract*, pp. 26 a 66.

36. Poder de subcontratar; a questão da autonomia da vontade

O princípio da liberdade contratual, como corolário da autonomia da vontade, permite que certos contraentes (locatário, mandatário, empreiteiro, etc.), à sombra dos poderes que lhes foram conferidos, isto é, aproveitando a posição jurídica que lhes advém dum contrato realizado [2], partilhem com terceiro o gozo dos direitos concedidos (sublocação, subcomodato, etc.) ou a execução das prestações a que ficaram adstritos (submandato, subempreitada, etc.).

Prima facie, qualquer benefício de uma obrigação pode ser transferido para terceiro [3], e a autonomia privada permite que se proceda a uma limitação voluntária da posição jurídica do intermediário emergente do primitivo contrato. Se o contrato base consente na criação de direitos derivados, ele contém em si, potencialmente, um subcontrato. Logo, uma das partes no primeiro contrato (o que virá a assumir a posição de intermediário) pode voluntariamente limitar o exercício dos direitos resultantes da sua posição contratual originária [4].

O intermediário tem, assim, por um lado, a alternativa entre gozar os bens na sua plenitude, ou privar-se do gozo dos mesmos a favor de terceiro (sublocação, subcomodato, etc.); e, por outro lado, em cumprir as prestações por si — cumprimento em que se inclui o uso de auxiliares — ou através de terceiro (submandato, subempreitada, etc.).

Ninguém duvida que, com a celebração de um contrato de locação, nasce, em regra, para o locatário, o direito de proporcionar o gozo da coisa a terceiro. Este direito é normalmente designado por «poder de subcontratar» [5]. Questiona-se, todavia,

---

[2] Cfr. GALVÃO TELLES, *Manual dos Contratos em Geral,* p. 371; ANTUNES VARELA, *Das Obrigações em Geral,* II, p. 355; LACRUZ BERDEJO, *Elementos de Derecho Civil,* II, 2, p. 266; LÓPEZ VILAS, *El Subcontrato,* pp. 19 e 193.

[3] Cfr. TETTENBORN, *An Introduction to the Law of Obligations,* p. 199.

[4] Crf. LÓPEZ VILAS *op. cit.,* pp. 193 e 249; MASNATTA, «La Subcontratación», *RJBA,* 1964 I-IV, p. 166; MESSINEO, «Contratto Derivato — Sub contratto», *ED,* X, p. 81.

[5] Cfr. GRASSO, *Il Subcontratto,* pp. 15 e 123; MICCIO, *La Locazione,* p. 294.

se o chamado «poder de subcontratar» existe em relação a outras hipóteses subcontratuais ([6]).

A existência do «poder de subcontratar» é defendível noutras situações em que, ao intermediário, foi concedido o gozo de bens do primeiro contraente (ex. subcomodato, subafretamento), mas já pode suscitar dúvidas nos casos em que, mediante um subcontrato, se pretendem cumprir prestações próprias.

De facto, o empreiteiro, ao subcontratar, não está dispondo de um direito próprio de que é titular por força de um contrato anterior, como acontece na sublocação. Mas ele tem o poder de dispôr de uma faculdade própria; pois é com base na situação jurídica que lhe advém do contrato principal, que pode concluir um novo contrato, visando a realização do encargo que lhe foi confiado. Por exemplo, se o empreiteiro der a obra de subempreitada, está a dispôr da faculdade de realizar essa obra. E o mandatário, quando subcontrata, transfere para o submandatário poderes que lhe haviam sido conferidos pelo contrato principal.

Conclui-se que, em relação a todas as hipóteses subcontratuais, se poderá sempre falar de um «poder de subcontratar», no sentido de a autonomia privada, quando o contrato base potencia um subcontrato, permitir ao intermediário o aproveitamento da posição jurídica emergente do contrato principal. Ou, como refere BACCIGALUPI([7]), a faculdade de subcontratar consiste no poder constitutivo de criação de uma nova posição contratual.

Pode acontecer que o exercício do aludido «poder de subcontratar», por parte do intermediário, esteja condicionado pela necessidade de obter uma autorização do primeiro contraente.

37. A necessidade de autorização

Em certos casos é indispensável o consentimento do primeiro contraente para que o subcontrato produza efeitos em relação a ele([8]). Trata-se de uma limitação à liberdade contratual que pode ter uma origem legal ou convencional.

([6]) Cfr. GRASSO, op. cit., pp. 87, 89, 90, 94 e 123.

([7]) «Appunti per una Teoria del Subcontratto», RDComm, 41, 1943, p. 193.

([8]) É um caso de ineficácia em sentido estrito, que leva à não produção de efeitos do negócio só em relação a certa pessoa. Cfr. MOTA PINTO, Teoria Geral cit., pp. 606 e 607.

Nesses casos, a falta de autorização não implica necessariamente a invalidade do subcontrato([9]), mas só a ineficácia deste em relação ao primeiro contraente. Quando o subcontrato carece de autorização e esta não foi concedida, ele produz efeitos entre as partes (intermediário e subcontraente), mas é inoponível ao primeiro contraente. É, pelo menos, o que se pode deduzir do art. 1061.º, quanto à sublocação.

Poderia questionar-se se não se trataria antes de uma situação de nulidade, à qual se aplicaria analogicamente o art. 891.º, relativo à compra e venda de bens alheios. Haveria, então, a obrigação do intermediário convalidar o negócio diligenciando no sentido de obter a autorização do primeiro contraente. No caso de este último recusar o consentimento, o subcontrato seria nulo e o intermediário poderia ser obrigado a indemnizar o subcontraente com base na *culpa in contrahendo*.

Não parece que esta solução seja correcta, porque a falta de autorização não se pode equiparar à falta de legitimidade. Se não houver consentimento aplicar-se-á o art. 795.º ou o art. 801.º, consoante haja ou não culpa do intermediário.

A mera celebração de um subcontrato sem autorização, sendo esta necessária, não implica, automaticamente, o inadimplemento de uma obrigação negativa emergente do contrato principal e a correspondente responsabilidade do intermediário. O incumprimento dessa obrigação de *non facere* só se verificará no caso em que o subcontrato, além de ter sido concluído, venha a ser cumprido.

A autorização é mais do que uma mera concordância, é uma declaração de vontade([10]) do primeiro contraente no sentido de permitir a intervenção de terceiro, ainda que indirecta, na relação contratual existente. Esta declaração de vontade é recipienda,

---

([9]) Em sentido contrário, NÉRET, *Le Sous-contrat*, pp. 101 e 102, considera que a autorização é indispensável para a validade do subcontrato. Também GIANNATTASIO, *L'Appalto*, p. 75, é de opinião que, por falta de autorização, a subempreitada é anulável.
Mas, de acordo com o sentido do texto, cfr. TABET, *La Locazione-conduzione*, pp. 612 e segs., para quem a falta de legitimidade para sublocar não é motivo de invalidade da sublocação.
([10]) Cfr. AA.VV. (GELHAAR), comentário n.º 6 ao § 549, do *BGB in Das Bürgerliche Gesetzbuch, Kommentar*, II, 2, p. 189.

pode ser expressa ou tácita e, em princípio, não carece de forma especial([11]).

Dúvidas se levantam quanto ao valor do silêncio; isto é, se a autorização se pode depreender da falta de declaração. O silêncio só vale como autorização quando esse valor lhe seja atribuído por lei, uso ou convenção (art. 218.º).

Quanto à lei, poder-se-ia indicar, como exemplo, o caso do reconhecimento do sublocatário por parte do locador (arts. 1049.º, 1061.º e 1101.º n.º 2). Parece, todavia, que não se trata de um caso em que a lei atribua ao silêncio o valor de autorização, mas sim de uma substituição do consentimento. O mesmo se diga no que respeita à caducidade da acção de resolução, com base na alínea f) do n.º 1 do art. 1093.º por decurso do prazo (art. 1094.º).

No que respeita aos usos, sempre se poderão descortinar certas práticas constantes, em alguns ramos de actividade económica, mas que dificilmente terão aplicação neste campo.

Por último, da convenção, que neste caso será, em princípio, o contrato base, pode constar uma cláusula que permita ao intermediário subcontratar na ausência de qualquer declaração do primeiro contraente. Tal cláusula não está a atribuir ao silêncio o valor de uma autorização, pois é ela própria uma cláusula de autorização genérica. Mas já se atribuiria valor ao silêncio num contrato, segundo o qual o intermediário deveria pedir autorização ao primeiro contraente para subcontratar e, caso este nada dissesse dentro de certo prazo, considerar-se-ia autorizado o subcontrato.

Em suma, só excepcionalmente — em hipóteses dificilmente imagináveis — se poderá atribuir ao silêncio o valor de uma autorização para subcontratar.

A autorização pode ser genérica, ou dirigida a uma situação singular([12]). Se o intermediário foi autorizado a subcontratar quando, como e com quem entender, estar-se-á face a uma autorização genérica; pelo contrário, se o primeiro contraente se limita a permitir determinado subcontrato com certa pessoa, a

---

([11]) Por exemplo, a autorização para subarrendar deve ser dada em escritura pública nos casos de arrendamento para comércio, indústria ou exercício de profissão liberal (art. 1101.º n.º 1) e por escrito particular em situação de arrendamento rural (art. 13.º do Dec.-Lei n.º 385/88, de 25 de Outubro).

([12]) Cfr. AA.VV. (GELHAAR), comentário n.º 7 ao § 549, do *BGB op. cit.*, II, 2, p. 190; TABET, *La Locazione-conduzione*, p. 618.

autorização é singular. É evidente que se poderão criar situações intermédias: autorização para subcontratar quando e como quiser, mas só com determinada pessoa; autorização de subcontratar dentro de certos limites com quem entender, etc.

Diferente é a autorização genérica de subcontratar que depende da aprovação *in concreto* do primeiro contraente em face de cada subcontrato. Esta cláusula é frequentemente incluída em contratos de locação, empreitada, etc., pois permite ao primeiro contraente (locador, dono da obra, etc.) «vetar» a pessoa do subcontraente.

A autorização de subcontratar é um negócio jurídico unilateral[13], sendo vinculativa para quem a concede, e irrevogável[14]. Se o primeiro contraente autorizou o intermediário a subcontratar não pode, mais tarde, sem justa causa, impedir a celebração do subcontrato.

Tem sido discutida a questão de saber se é lícito ao primeiro contraente recusar a autorização de subcontratar sem fundamento[15]. Especialmente, no caso de ter sido concedida uma autorização genérica dependendo da aprovação *in concreto,* se pode recusar o subcontrato sem invocar quaisquer razões.

O problema tem sido fundamentalmente debatido a propósito da sublocação, mas nada impede que as ideias aí aduzidas sejam extensíveis às restantes formas subcontratuais[16].

Em França, com base no abuso de direito, tem-se admitido a possibilidade de apreciar judicialmente a recusa de autorização de sublocar[17].

Na Alemanha, por força do § 549 do Código Civil, em sido igualmente admitida a possibilidade de apreciação judicial de

---

[13] Normalmente consta de uma cláusula do contrato principal.

[14] Quanto à sublocação, cfr. PONTES DE MIRANDA, *Tratado de Direito Privado,* tomo XL, pp. 293 e 294.

[15] Cfr. CUNHA GONÇALVES, *Tratado de Direito Civil,* VIII, p. 762; AA.VV. (GELHAAR), comentário n.º 7 a 12 ao § 549, do *BGB op. cit.,* II, 2, pp. 190 e 191; LARENZ, *Lehrbuch des Schuldrecht,* II, 1, p. 230; ESSER e WEYERS, *Schuldrecht,* II, p. 164.

[16] Há, contudo, a ter em conta que as regras especiais de protecção do inquilino (e do subinquilino) se prendem com a defesa da habitação própria.

[17] Cfr. SAVATIER, «L'interdiction de Sous-louer ou de Céder le Bail; ses Degrés Divers; ses Effets», *Recueil Dalloz Hebdomadaire,* 1928, pp. 29 e segs.; PLANIOL e RIPERT, *Traité Pratique de Droit Civil Français,* X, pp. 769 e 770.

recusa de autorização de sublocar[18], porque a mesma deve ser justificada e, caso o não seja, pode o arrendatário denunciar o contrato ou, em arrendamentos habitacionais, forçar o locador ao consentimento[19], ou pedir-lhe uma indemnização[20].

Também na Itália, a jurisprudência tem considerado que o exercício do direito de conceder autorização para sublocar, por parte do locador, é susceptível de apreciação pelo tribunal, a fim de que a recusa não seja inspirada pelo puro arbítrio[21].

Em Portugal, CUNHA GONÇALVES[22] não admitia que a recusa de autorização fosse reconduzível à figura do abuso de direito, porque podia haver razões que não se devessem revelar. Porém, se tal recusa integrar a *exceptio doli* ou o *venire contra factum proprium*[23][24] poderá ser subsumível ao art. 334.º. É sempre possível o recurso ao abuso de direito nos casos flagrantes.

No mesmo sentido, mas sem recorrer ao abuso de direito, vd. TEYSSIÉ, *Les Groupes de Contrats*, p. 87.

NÉRET, *op. cit.*, pp. 83 e segs., põe algumas dúvidas quanto à opinião dominante em França e AYNÈS, *La Cession de Contrat*, p. 107, nota 11, mostra-se abertamente contra o suprimento judicial da proibição convencional de subcontratar.

[18] Cfr. AA.VV. (GELHAAR), comentários n.os 9 a 13 ao § 549, do *BGB op. cit.*, II, 2, pp. 190 e 191; ENNECCERUS e LEHMANN, *Derecho de Obligaciones*, II, 1, p. 281; ESSER e WEYERS, *op. cit.*, II, p. 164; LARENZ, *op. cit.*, II, 1, p. 230; SKOPALIK, *Die Rechte der Untermieter*, p. 64.

[19] Cfr. ESSER e WEYERS, *op. cit.*, II, p. 164; LARENZ, *op. cit.*, II, p. 230. Tendo o locatário um interesse justificado na sublocação, o locador pode fazer depender a autorização de um adequado aumento de renda. Cfr. LARENZ, *op. cit.*, II, pp. 230, 231 e 232.

[20] Cfr. AA.VV. (GELHAAR), comentário n.º 8 ao § 549, do *BGB op. cit.*, II, 2, p. 190; SKOPALIK, *op. cit.*, p. 61.

[21] Cfr. MESSINEO, *Manuale di Diritto Civile e Commerciale*, IV, p. 187. Todavia, o Autor *(ibidem)* duvida do fundamento desta opinião jurisprudencial.

[22] *Op. cit.*, VIII, p. 762.

[23] Vd. MENEZES CORDEIRO, *Da Boa Fé no Direito Civil*, II, pp. 719 a 770 e *Teoria Geral cit.*, I, pp. 359 e 360.

[24] Sobre esta questão, vd. também BAPTISTA MACHADO, «Cláusula do Razoável», *Revista de Legislação e de Jurisprudência*, 120 e segs.

Quanto à jurisprudência vd. Acórdão da Relação de Lisboa, de 30 de Junho de 1951, *apud*, MENEZES CORDEIRO, *Da Boa Fé cit.*, I, p. 281, nota 381, no qual se decidia um caso em que os senhorios pediram ao arrendatário para sublocar parte da casa e depois moveram-lhe uma acção de despejo. Foi decidido que tal actuação era contrária à boa fé e à lealdade contratual.

A autorização concedida pelo primeiro contraente vai permitir que terceiros se venham a intrometer, ainda que indirectamente, numa relação jurídica existente. E no momento em que o primeiro contraente concorda com a realização de um subcontrato, está a admitir a eventualidade de uma relação com terceiro ([25]).

O primeiro contraente, para além da autorização que concede para subcontratar, não se imiscui na relação subcontratual. Ele não tem poder para se intrometer no arranjo de interesses acordado entre o intermediário e o subcontraente.

([25]) Vd. *infra*, §§ 17 e 19.

SECÇÃO II

EFEITOS DO SUBCONTRATO

§ 11 Subsistência de dois vínculos contratuais

38. Coexistência do contrato base com o subcontrato

Com o subcontrato cria-se uma nova relação obrigacional que está condicionada à existência contemporânea do contrato base; pressupõe-se a coexistência de dois negócios estruturalmente individualizados ([26]).

Os dois contratos têm existência contemporânea, mas mantêm uma autonomia estrutural; isto é, o subcontrato, apesar de subordinado à convenção principal, é um negócio jurídico distinto.

Como elementos indiciadores do carácter individualizado do subcontrato pode, nomeadamente, referir-se que, com ele, se estabelece um novo vínculo entre duas partes, uma das quais (o subcontraente) é estranha à relação contratual base, e que o objecto do segundo contrato pode não coincidir totalmente com o do contrato donde deriva. Por exemplo, a sublocação parcial é

([26]) Cfr. BACCIGALUPI, *op. cit.*, p. 195; MESSINEO, «Contratto Derivato — Sub-contratto», *cit.*, p. 81 e *Il Contratto in Genere*, 1, p. 734; GASPERONI, «Collegamento e Connessione tra Negozi», *RDCDGO*, LIII, 1955, 1, pp. 368 e 372; ORLANDO GOMES, *Contratos*, p. 157; LÓPEZ VILAS, *op. cit.*, p. 198; MASNATTA, *op. cit.*, p. 153.

Quanto à sublocação, cfr. ESTELITA DE MENDONÇA, *Da Sublocação*, pp. 18 e 86; ISIDRO DE MATOS, *Arrendamento e Aluguer*, p. 155.

Quanto ao submandato, cfr. GRASSO, *op. cit.*, p. 119.

E, quanto à subempreitada, cfr. VETTER, «Subunternehmerverträge im Internationalen Industrieanlagengeschäft», *RIW*, 2, 1986, p. 88.

um negócio jurídico que está perfeitamente individualizado do contrato donde deriva, a locação. Uma das partes no segundo contrato (o sublocatário) não é parte no contrato de locação, e o objecto do contrato derivado é mais restrito do que o da convenção principal[27]. O mesmo se diga quanto às restantes hipóteses subcontratuais.

Por sua vez, o contrato base mantém igualmente a sua individualidade, e não é alterado pela conclusão de um subcontrato[28]. Os direitos e as obrigações recíprocos das partes (primeiro contraente e intermediário) não são afectados pela celebração do segundo contrato. Todavia, apesar de o direito do intermediário permanecer intacto, ele é limitado no seu exercício.

Assim, a locação primitiva não é modificada pelo surgimento de uma sublocação[29], mas o locatário que, nas relações com o locador, continua a ser titular do direito de gozo sobre a coisa, limitou o exercício desse direito, na medida em que o partilha com o sublocatário. Da mesma forma, o mandatário, ao submandatar, apesar de permanecer vinculado nos mesmos moldes ao mandante, limita os poderes que lhe foram conferidos. Também a subempreitada não prejudica os direitos do dono da obra em relação ao empreiteiro[30], mas este limita o exercício dos direitos e das faculdades emergentes da sua posição jurídica, no momento em que se vincula ao subempreiteiro. O mesmo se diga quanto às restantes hipóteses subcontratuais.

A individualidade estrutural dos dois contratos não impede que as vicissitudes do contrato base se repercutam no subcontrato[31]. Entre o contrato principal e o subcontrato estabelece-se uma relação hierárquica que, para além de condicionar especialmente a vida do segundo contrato, leva à criação de certos vínculos entre os três contraentes.

---

[27] Cfr. notas 88 e 98 do Capítulo II.
[28] Cfr. ALMEIDA COSTA, *Direito das Obrigações*, p. 573; ORLANDO GOMES, *op. cit.*, p. 157; MESSINEO, «Contratto Derivato—Sub-contratto», *cit.*, p. 81.
[29] Cfr. GALVÃO TELLES, «Contratos Civis», *BMJ*, 83, p. 155; GONÇALVES SALVADOR, «Sublocação de Casas Mobiladas», *RT*, 80, p. 291; CASTAN TOBEÑAS, *Derecho Civil Español Comun y Foral*, IV, p. 415; LACRUZ BERDEJO *op. cit.*, II, 2, p. 267; SIMONCELLI, «La Sublocazione e la Cessione dell'Affito» in *Scritti Giuridici*, I, p. 506.
[30] Cfr. VETTER, *op. cit.*, p. 86.
[31] Vd. *supra* n.º 34.

39. Surgimento de uma relação trilateral

No subcontrato há uma sobreposição de negócios jurídicos, porque a subcontratação pressupõe uma dualidade de contratos em linha descendente [32]. Daí que MESSINEO [33] os apelide de «contrato pai» e «contrato filho».

Desta sobreposição conclui-se que, entre os dois negócios jurídicos, se estabelece uma relação vertical, no sentido de o contrato base estar colocado numa posição superior à do subcontrato. A esta relação vertical também se lhe poderia chamar relação de subordinação, de sobreposição ou hierárquica.

A relação vertical implica a, já referida [34], subordinação do vínculo subcontratual à convenção principal, e torna inevitável a dependência da posição jurídica do subcontraente com respeito ao contrato base. Por outro lado, o primeiro contraente, apesar de não estar directamente vinculado, por um negócio jurídico, ao subcontraente, mantém com este certas relações jurídicas (v.g. o locador pode cobrar rendas ao sublocatário (art. 1063.º)).

Daqui se infere que, com a conclusão de um subcontrato, estabelece-se uma relação trilateral [35] entre as partes nos dois contratos. Por conseguinte, além do vínculo próprio de cada contrato (primeiro contraente/intermediário e intermediário/ /subcontraente), criam-se relações entre o primeiro contraente e o subcontraente.

Numa perspectiva diversa, poder-se-á dizer que, com a celebração de um subcontrato, surgem três relações bilaterais. Contudo, entre o primeiro contraente e o subcontraente não se esta-

---

[32] Cfr. BACCIGALUPI, op. cit., p. 195; MASNATTA, op. cit., p. 166.
Quanto à sublocação, vd. ESTELITA DE MENDONÇA, Da Sublocação, p. 18 e, quanto à subempreitada, vd. NICKLISCH, «Rechtsfragen des Subunternehmervertrags bei Bau — und Anlagenprojekten im In — und Auslandsgeschäft», NJW, 40, 1985, p. 2365.

[33] «Contratto Derivato — Sub-contratto», cit, p. 80 e Il Contratto in Genere, 1, p. 735.

[34] Vd. supra n.º 34.

[35] Cfr. MICCIO, La Locazione, p. 273; Aresto do Tribunal de Apelação de Milão, de 16 de Setembro de 1980, BBTC, XLIV, p. 307.
TABET, «Sublocazione», NssDI, XVIII, p. 589, considera que tal estrutura só existe nas relações externas.

belece uma verdadeira relação jurídica, mas tão só vínculos que emergem principalmente da dependência do segundo contrato em relação ao primeiro ([36]).

Desta trilateralidade nasce uma correspondente complexidade das relações entre os três intervenientes.

([36]) Vd. *infra* § 17.

§ 12 Constituição de uma nova situação jurídica

40. Noção geral

O subcontrato é frequentemente designado por «contrato derivado», porque provém dum vínculo jurídico pré-existente; tem a sua origem num contrato prévio. Deste contrato prévio, o contrato base, «deriva» um direito ou uma obrigação que vem a ser o «alicerce» do subcontrato.

É assim que, com base numa relação jurídica existente (o contrato principal), se vai criar *ex novo* outra situação jurídica dependente da primeira. A criação de uma nova posição contratual, pressuposto do subcontrato, implica o aparecimento de novos direitos e novas obrigações.

41. Criação de direitos e deveres derivados

Com o aparecimento de um novo vínculo contratual, proveniente da celebração de um subcontrato, dá-se existência a um direito, o chamado «direito derivado» [37]. O novo direito não se autonomiza totalmente, na medida em que se mantém dependente do vínculo que lhe serve de base.

Mas este novo direito, apesar de eventualmente se apresentar com contornos algo semelhantes, não se identifica com o direito emergente do contrato principal.

Assim, numa sublocação total, o direito de gozo do sublocatário sobre a coisa é similar ao do locatário, pois incide sobre

---

[37] Cfr. GALVÃO TELLES, *Manual cit.*, p. 375; ORLANDO GOMES, *op. cit.*, pp. 160 e 161; BACCIGALUPI, *op. cit.*, p. 194; MESSINEO, *Il Contratto cit.*, 1, p. 734 e «Contratto Derivato — Sub-contratto», *cit.*, p. 82; LÓPEZ VILAS, *op. cit.*, p. 19; MASNATTA, *op. cit.*, pp. 153 e 171.

o mesmo objecto, mas distingue-se, porque os titulares dos direitos não só são pessoas distintas, como exercem esses direitos com diferentes prerrogativas (sublocatário e locatário).

Na hipótese de subcontrato parcial, há quem afirme que o direito derivado é de maior intensidade, porque incide sobre uma parcela do direito originário[38]. Mas a eventual «maior intensidade» é puramente fáctica, não tendo, em princípio, qualquer relevância jurídica[39].

A criação de um direito derivado, atribuído ao subcontraente, acarreta a limitação no exercício do equivalente direito do intermediário.

É frequente falar-se só da autonomização do direito derivado[40]. Todavia, a realização de um subcontrato implica, não só a autonomização de direitos, como igualmente de deveres derivados.

Também o dever derivado não se identifica com os deveres que emergem para o intermediário do contrato base.

Mas o dever derivado assemelha-se àquele que está na sua base sendo, em regra, mais restrito. Por exemplo, numa subempreitada parcial, o subempreiteiro só terá de executar prestações que correspondem a parte das obrigações que impendem sobre o empreiteiro. Mesmo não sendo mais restrito, o dever derivado não se confunde com aquele que está na sua base, porque se constitui *ex novo* numa esfera jurídica distinta.

Numa hipótese de subcontrato total, passam a coexistir dois deveres com idêntica finalidade, mas que mantêm a sua individualidade.

42. Correlativa limitação da posição jurídica do intermediário

As relações entre o intermediário e o primeiro contraente mantêm-se inalteradas, pelo que não há qualquer limitação na essência dos direitos e obrigações emergentes do contrato

---

[38] Vd. MASNATTA, *op. cit.*, p. 170.
[39] MASNATTA, *op. cit.*, p. 170, admite que a maior intensidade implicará uma prioridade. Não se vê, contudo, qual a base jurídica para tal afirmação.
[40] Vd. autores *supra* citados em nota 37.

base([41]). O intermediário, na sua relação com o primeiro contraente, continua titular dos mesmos direitos e adstrito aos mesmos deveres.

Contudo, com o subcontrato autonomizam-se ou, mais propriamente, dá-se existência a novos direitos e obrigações. Esta autonomização tem naturalmente como consequência a limitação no exercício dos direitos do intermediário que lhe advêm do contrato principal([42]).

Assim, numa sublocação, ou num subcomodato, o intermediário (locatário, comodatário) continua titular do direito de gozo sobre a coisa, mas limita o seu exercício, na medida em que partilha (sublocação e subcomodato parciais), ou põe totalmente à disposição de outrem, a coisa que lhe foi locada ou comodatada. Apesar de ter limitado o exercício do seu direito, o intermediário continua adstrito aos mesmos deveres para com o primeiro contraente e nestes casos não há, em regra, qualquer substituição no cumprimento das obrigações([43]).

Para além da limitação no exercício dos direitos, a constituição duma nova situação jurídica pode trazer como consequência uma substituição *de facto* no cumprimento, ou seja, na execução da prestação.

([41]) Parece ser esta a opinião de BACCIGALUPI, *op. cit.*, p. 193, ao considerar que a posição do terceiro não representa uma diminuição da situação jurídica do intermediário. Como há, indiscutivelmente, uma limitação no exercício do direito do intermediário, dizer-se que não representa uma diminuição significará que se tem em vista a essência do direito.
Também das palavras de MESSINEO, *Il Contratto cit.*, 1, p. 734, ao afirmar que o aparecimento do direito derivado determina uma limitação do conteúdo ou do poder de exercício, pode-se depreender que não há limitação na essência do direito principal.
Porém, GALVÃO TELLES, *Manual cit.*, pp. 375 e 376, dá um exemplo em que, pela celebração de um subcontrato, o direito principal é afectado na sua essência: seria o caso da subenfiteuse. Crê-se, todavia, que também nesta situação admitida no pretérito, havia somente uma limitação no exercício do direito do enfiteuta; este, nas relações com o senhorio, continuava a ser foreiro da totalidade do prédio e obrigado a pagar o cânon por inteiro.

([42]) Cfr. GALVÃO TELLES, *Manual cit.*, p. 375; MESSINEO, *Il Contratto cit.*, p. 734.

([43]) Havendo substituição no cumprimento da obrigação, isto é, passando o sublocatário a pagar a renda do locatário directamente ao locador, estar-se-ia, em princípio, em face de uma cessão da posição contratual (vd. *supra* n.º 28).

Assim, num submandato ou numa subempreitada, o intermediário (mandatário, empreiteiro) continua vinculado às obrigações emergentes do contrato base, mas é substituído, total ou parcialmente, no cumprimento das mesmas. Apesar de substituído no cumprimento das suas obrigações, o intermediário continua a ser titular dos mesmos direitos em relação ao primeiro contraente (mandante, dono da obra), designadamente quanto ao pagamento da remuneração ou do preço.

Em suma, pela celebração de um subcontrato, o intermediário não se desvincula das suas obrigações para com o primeiro contraente e continua titular dos mesmos direitos em relação a este último, mas limita o exercício dos seus direitos, ou é substituído no cumprimento das suas obrigações.

43. Constituição de novos deveres acessórios

Os deveres acessórios do contrato principal mantêm-se inalterados, e constituem-se, na relação subcontratual, novos deveres acessórios. Tais deveres acessórios, contrariamente ao que se passa quanto aos direitos e deveres principais, podem divergir dos do contrato base em número e conteúdo. Por conseguinte, os deveres acessórios que emergem do subcontrato não têm necessariamente por base os correspondentes deveres do contrato principal.

Mas mais importante, e específica do subcontrato, é a criação de deveres acessórios trilaterais. Para além dos deveres acessórios que vinculam as partes em cada um dos contratos, podem constituir-se outros entre os sujeitos que não estão ligados entre si pela via negocial.

Por exemplo, o sublocatário deve avisar imediatamente o locador principal, sempre que tenha conhecimento de vícios da coisa, ou saiba que a ameaça algum perigo ou que terceiros se arrogam direitos em relação a ela, porque o mesmo dever acessório impendia sobre o primeiro locatário (art. 1038.º h)). E no caso de um subempreitada, os deveres de colaboração impostos ao dono da obra (v.g. fornecer atempadamente planos correctos, esclarecimento sobre a sua execução, etc.) são extensíveis ao subempreiteiro.

É certo que estes deveres são cumpridos, a maioria das vezes, por via indirecta. O sublocatário informa o locatário e este transmite as informações ao locador; o dono da obra fornece os planos ao empreiteiro, e este, por sua vez, fica com idêntico dever em relação ao subempreiteiro [44], etc.

Por outro lado, do subcontrato podem emergir deveres acessórios diferentes dos que existiam na relação principal. Desde logo, sobre o intermediário impendem certos deveres de informação relativamente ao subcontraente [45], que não existiam na relação base com respeito ao primeiro contraente.

Além disso, quando, por exemplo, o mandatário transmite ao submandatário as instruções que recebeu do mandante, deverá actualizá-las e modificá-las em função de novos condicionalismos e de dificuldades entretanto surgidas [46]. E, na subempreitada, são frequentes os deveres acessórios que se constituem sem qualquer correspondência no contrato base, pois o empreiteiro, contrariamente ao dono da obra, é normalmente uma pessoa conhecedora das funções que se obrigou a desempenhar e terá acrescidos deveres de esclarecimento, protecção e lealdade em relação ao subempreiteiro.

---

[44] Vd. NICKLISCH, *op. cit.*, pp. 2363 e 2367; GIANNATTASIO, *op. cit.*, p. 72.

[45] Vd. *infra* n.º 51 b).

[46] Vd. MINERVINI, «Mandato, Submandato e Sostituzione del Mandatario nella Prassi Bancaria e nella Giurisprudenza», *RDC*, XXII, p. 477.

§ 13 Outros efeitos

44. O subcontrato como modo de aproveitamento das vantagens do contrato base

Em certos casos, o intermediário, ao subcontratar, transfere para terceiro os direitos de gozo que adquirira por força da convenção principal[47]. O terceiro substitui-se, então, ao intermediário no exercício dos direitos de gozo sobre a coisa.

Estas situações podem exemplificar-se com a sublocação, o subcomodato ou o subafretamento. O intermediário (locatário, comodatário, afretador), que adquiriu determinados direitos de gozo sobre uma coisa, permite que o subcontraente (sublocatário, subcomodatário, subafretador) se lhe substitua, total ou parcialmente, no gozo da coisa.

Esta utilização indirecta de uma situação de gozo é normalmente referida pela doutrina como característica do subcontrato[48].

Daí poder dizer-se que, nestes casos, o contrato originário é um modo de realização do subcontrato[49]. De facto, o primeiro contraente (locador, comodante, fretador), ao cumprir a sua prestação principal, está, indirectamente, a permitir a execução do subcontrato. O primeiro contraente é o prestador do serviço e o subcontraente o beneficiário ou destinatário desse serviço.

Visto sob outro prisma, o subcontrato é um modo de aproveitamento das vantagens do contrato principal[50]. O interme-

---

[47] Cfr. NÉRET, *op. cit.*, p. 235; CARRESI, *Il Contratto*, 2, p. 856; MICCIO, *La Locazione*, p. 277.
[48] Vd. GRASSO, *op. cit.*, pp. 13 e 14.
[49] Vd. NÉRET, *op. cit.*, pp. 179 e segs. e 235 e segs.
[50] Vd. DRAETTA, *Il Subcontratto Internazionale»*, *RDIPP*, 1984, 4, p. 647.

diário é titular de certos direitos que lhe advêm do contrato originário e permite que terceiros gozem de idênticas vantagens com base no subcontrato.

45. O subcontrato como modo de execução do contrato base

O subcontrato pode ser usado para se executarem as obrigações do contrato principal[51]. Sendo o subcontrato usado com esta finalidade, haverá um terceiro que se substitui a uma das partes, na execução da actividade a que esta se obrigara. Por exemplo, o subempreiteiro tem por função realizar prestações a que o empreiteiro se vinculou pelo contrato de empreitada; a subempreitada serve para a realização do contrato de empreitada[52]. O mesmo se diga em relação ao submandato, subtransporte, subagência, etc.

---

[51] Cfr. NÉRET, *op. cit.*, pp. 159 e segs. e 235 e segs.; TEYSSIÉ, *op. cit.*, p. 122; LÓPEZ VILAS, *op. cit.*, p. 247; CARRESI, *Il Contratto*, 2, p. 856: DRAETTA, *op. cit.*, pp. 641, 642 e 647.
[52] Cfr. VALENTIN, *Les Contrats de Sous-traitance*, pp. 162 e 163; NICKLISCH, *op. cit.*, p. 2370.

CAPÍTULO IV

ESPECIFICIDADES DA SUBCONTRATAÇÃO NO QUE RESPEITA ÀS RELAÇÕES ENTRE SUJEITOS PARTES EM NEGÓCIOS JURÍDICOS DISTINTOS

SECÇÃO I

RELAÇÕES ENTRE OS TRÊS CONTRAENTES

§ 14 Posição relativa das partes

46. Manutenção inalterada da posição jurídica das partes no contrato base

Foi já anteriormente referido([1]) que a posição relativa das partes no contrato principal não fica alterada pelo facto de se vir a celebrar um contrato derivado. O intermediário não se liberta dos direitos e obrigações que emergem do primeiro contrato; pelo contrário, continua vinculado à relação jurídica base. E, por sua vez, o primeiro contraente mantém a sua posição jurídica inalterada no contrato principal que celebrou com o intermediário.

Abstraindo de eventuais repercussões do subcontrato no contrato do qual deriva([2]), pode afirmar-se que as partes, neste último contrato, mantêm inalterada a sua posição jurídica, no sentido de continuarem a ser titulares dos mesmos direitos e estarem adstritas às mesmas obrigações.

Em termos exemplificativos, dir-se-á que o locador ou o fretador continuam titulares do direito ao pagamento da renda, ou do frete, e adstritos ao dever de facultar o uso da coisa locada ou fretada. Por sua vez, o locatário e o afretador, que tenham celebrado um subcontrato, mantêm, em relação à contraparte no contrato base, o direito ao uso da coisa e o correspectivo dever de pagar o preço locativo ou o frete.

([1]) Vd. *supra* n.º 38.
([2]) Vd. *supra* n.º 34 *in fine*.

O mesmo se passa numa empreitada ou num mandato, na base dos quais o empreiteiro ou o mandatário tenham concluído contratos derivados. O dono da obra e o mandante continuam titulares do direito à prestação a que a contraparte se obrigou, e adstritos ao dever de pagar o preço e, eventualmente, a remuneração; o empreiteiro e o mandatário continuam sujeitos à realização da prestação, e credores do preço ou da remuneração, se esta foi acordada.

Todavia, carecendo o intermediário de autorização do primeiro contraente para subcontratar (por ex. na sublocação), pode esse consentimento ser negociado ([3]). O primeiro contraente pode, então, exigir alterações no contrato base a fim de assentir na celebração do subcontrato. Noutros ordenamentos jurídicos ([4]), prevê-se mesmo que o locador, ao aquiescer na sublocação, exija participar na sub-renda. Esta previsão legislativa torna-se, talvez, desnecessária, na medida em que a autonomia da vontade sempre permitiria ao locador, para autorizar a sublocação, exigir participar na sub-renda.

Se efectivamente for negociada qualquer prestação do contrato principal, a fim de ser concedida a autorização para subcontratar, a posição jurídica das partes no contrato base é alterada, não directamente por força do subcontrato, mas em razão da autonomia privada.

47. Reprodução, quanto ao intermediário no subcontrato, da posição do primeiro contraente no contrato base

O intermediário assume posições jurídicas diferentes nos dois contratos em que é parte ([5]); ele é simultaneamente parte em dois negócios jurídicos nos quais ocupa uma posição jurídica diversa.

([3]) Cfr. ESSER e WEYERS, *Schuldrecht*, II, p. 164.
([4]) Cfr. ESSER e WEYERS, *op. cit.*, p. 163; LARENZ, *Lehrbuch des Schuldrechts*, II, 1, pp. 230, 231 e 232; CASTAN TOBEÑAS, *Derecho Civil Español Comum y Foral*, IV, p. 419; ALBALADEJO, *Compendio de Derecho Civil*, p. 261.
([5]) Cfr. BACCIGALUPI, «Appunti per una Teoria del Subcontratto», *RDComm*, 41, 1943, p. 192; LACRUZ BERDEJO, *Elementos de Derecho Civil*, II, p. 267; LÓPEZ VILAS, *El Subcontrato*, pp. 197 e 198; MASNATTA, «La Subcontratación», *RJBA*, 1964, I-IV, p. 165.

AYNÈS ([6]) explica esta ideia afirmando que o intermediário é credor e devedor de uma soma monetária relativamente a pessoas distintas. Trata-se de um juízo nem sempre certo e assente numa visão unilateral da posição jurídica do intermediário. Na mesma sequência, MESSINEO e GASPERONI ([7]) consideram que o sujeito passivo na relação jurídica base se torna sujeito activo na relação jurídica derivada. De facto, o locatário é devedor do pagamento do preço locativo e, nas vestes de sublocador, passa a ser credor da sub-renda. Mas esta é igualmente uma visão parcelar do fenómeno subcontratual, no que respeita à posição do intermediário.

O juízo destes autores não se coaduna com a noção de relação obrigacional sinalagmática e complexa, em que o intermediário é simultaneamente devedor e credor de várias prestações à mesma contraparte.

Sendo parte em dois negócios jurídicos distintos, o intermediário, com base na posição jurídica que lhe advém do contrato principal, celebra um segundo contrato no qual vai ocupar a posição da contraparte no primeiro contrato ([8]).

Numa sublocação, o locatário no contrato principal passará a ser sublocador com os direitos e as obrigações de um normal locador; isto é, ficará com direitos e obrigações face ao sublocatário idênticos aos que o locador tem em relação a ele ([9]).

Também num contrato de subempreitada, o empreiteiro torna-se dono da obra em relação ao subempreiteiro ([10]).

O intermediário ocupa, assim, nos dois contratos em que é parte, posições jurídicas diversas. Os seus direitos relativamente ao primeiro contraente correspondem a deveres para com o subcontraente; e os deveres a que está adstrito para com o primeiro contraente convertem-se em direitos que poderá exigir ao subcontraente.

([6]) *La Cession de Contrat*, p. 114.
([7]) Respectivamente, «Contrato Derivato—Sub-contratto», *ED*, X, p. 81 e «Collegamento e Connessione tra Negozi», *RDCDGO*, LIII, 1955, 1, p. 380.
([8]) Cfr. MESSINEO, *Manuale di Diritto Civile e Commerciale*, III, p. 186.
([9]) Cfr. BERNARDINO DE SOUSA, *Sublocação*, p. 69; MICCIO, *La Locazione*, p. 272; NÉRET, *Le Sous-contrat*, p. 129.
([10]) Cfr. VETTER, «Subunternehmerverträge im Internationalen Industrieanlagengeschäft», *RIW*, 1982, 2, p. 82.

§ 15 Relações entre o primeiro contraente e o intermediário

48. Relações contratuais derivadas do contrato base

São sujeitos do contrato principal, o primeiro contraente e aquele que vai ser o intermediário. E do negócio jurídico base, sendo ele um contrato sinalagmático, emergem, com carácter de reciprocidade, direitos e obrigações para ambas as partes([11]).

O incumprimento de deveres do contrato base por qualquer das partes faz incorrer o inadimplente em responsabilidade contratual, nos termos gerais([12]).

No domínio da responsabilidade contratual, a especificidade da subcontratação reporta-se essencialmente a dois aspectos que implicam a violação do contrato base: celebração e respectiva execução de um subcontrato quando ele está proibido por lei ou convenção das partes; actuação do subcontraente lesiva dos interesses do primeiro contraente.

Estando proibido o subcontrato, há uma infracção contratual do negócio base, caso o intermediário conclua e dê cumprimento a um contrato derivado([13]). Esta infracção, para além do

---

([11]) Só excepcionalmente é que o negócio jurídico base não é sinalagmático. Por exemplo, o comodato.

([12]) Quanto à locação, cfr. KRAUSE, «Untermieter und Mieter im Schutzbereich eines Vertrag», *JZ*, 1982, pp. 16 e 19; LÓPEZ VILAS, *op. cit.*, p. 85.

E, quanto à subempreitada, cfr. VAZ SERRA, «Empreitada», *BMJ*, 145, p. 71; CAIO SILVA PEREIRA, *Instituições de Direito Civil*, III, p. 227; ARNOLDO WALD, *Obrigações e Contratos*, p. 289.

([13]) Cfr. NÉRET, *op. cit.*, p. 97; TEYSSIÉ, *Les Groupes de Contrats*, p. 82.

Quanto à sublocação, cfr. ESSER e WEYERS, *op. cit.*, II, pp. 141 e 164; SCHLECHTRIEM, *Schuldrecht, Besonderer Teil*, p. 81.

E, quanto ao submandato, cfr. CAIO SILVA PEREIRA, *op. cit.*, p. 282.

direito à indemnização pelos prejuízos sofridos, pode levar à resolução do contrato principal (art. 801.º) ([14]).

Por outro lado, mesmo que o subcontrato seja lícito, o intermediário pode ser responsável pela actuação do subcontraente que venha a lesar a contraparte no contrato principal. A celebração e a posterior execução de um subcontrato, bem como a consequente intervenção de um terceiro, ainda que indirecta, no primeiro negócio jurídico, acarretam um agravamento da responsabilidade do intermediário.

49. Agravamento da responsabilidade do intermediário por facto de outrem

O intermediário é responsáével pelo incumprimento do contrato base, nos termos gerais da responsabilidade contratual.

Importa, porém, determinar a medida em que o intermediário é responsável por actos do subcontraente lesivos dos interesses do primeiro contraente.

Parece não haver dúvida de que a responsabilidade do intermediário é agravada ([15]), porque ele torna-se igualmente responsável por facto de outrem ([16]). Este agravamento pode encontrar o seu fundamento na culpa *in eligendo, in instruendo,* ou *in vigilando,* ou, simplesmente, na responsabilidade objectiva do devedor pelo incumprimento imputável a terceiro a quem ele encarregou de executar a prestação a que estava adstrito ([17]).

Estes fundamentos são suficientes para justificar a responsabilidade subjectiva e objectiva do mandatário, do empreiteiro, do depositário, etc., por actos dos seus substitutos. Mas, com excepção da culpa *in eligendo,* não servem para alicerçar a res-

---

([14]) Cfr. NÉRET, *op. cit.,* pp. 197 e segs., TEYSSIÉ, *op. cit.,* p. 88.
Quanto à sublocação, cfr. BRANDÃO PROENÇA, «A Sublocação como Fundamento de Despejo», *ROA,* 1983, 1.º, pp. 183 e 184; WOLF, *Lehrbuch des Schuldrechts,* II, p. 102.

([15]) Cfr. TEYSSIÉ, *op. cit.,* p. 80.

([16]) Cfr. NÉRET, *op. cit.,* pp. 209 e segs.; LÓPEZ VILAS, *op. cit.,* pp. 309 e 310.

([17]) Cfr. BACCIGALUPI, *op. cit.,* p. 198; MAZEAUD, *Traité Théorique et Pratique de la Responsabilité Civile,* I, pp. 876 e segs.; TEYSSIÉ, *op. cit.,* pp. 201 e segs.

ponsabilidade do locatário, do comodatário, etc., por facto de outrem.

Contudo, LARENZ([18]), ao admitir que o sublocatário é considerado um ajudante no cumprimento, torna também o locatário responsável por facto de outrem, nos mesmos termos do empreiteiro ou do mandatário.

Mesmo na sublocação autorizada, é frequente considerar-se o locatário responsável, perante o locador, por actos culposos do sublocatário, tais como danificações no objecto locado ([19]). E até se tem admitido a responsabilidade do locatário por factos fortuitos, quando não estava autorizado a sublocar ([20]).

Mas, no ordenamento jurídico português, não é de admitir um tal extensão no que respeita à responsabilidade do locatário, porquanto considerar o sublocatário como um ajudante no cumprimento é uma ficção sem apoio legal. Por exemplo, a sub--renda paga pelo subinquilino pode «ajudar» o arrendatário a angariar a quantia monetária suficiente para o cumprimento da prestação que este tem de efectuar junto do senhorio, mas isto não se pode considerar uma ajuda no cumprimento; o sublocatário não é utilizado pelo locatário para o cumprimento da obrigação deste último de pagar a renda ([21]).

Não se considerando o sublocatário como ajudante no cumprimento, a responsabilidade do locatário não se pode subsumir à regra do art. 800.º n.º 1. Poder-se-ia, então, fundamentar a responsabilidade objectiva do locatário na contrapartida da possibilidade de que terceiros usem a coisa. Tal como o locatário é responsável pelas depredações, no objecto locado, realizadas pelos seus familiares e hóspedes (art. 1044.º), também o seria

---

([18]) *Op. cit.,* II, 1, p. 231.
([19]) Cfr. LARENZ, *op. cit.,* II, 1, p. 231; ENNECCERUS e LEHMANN, *Derecho de Obligaciones,* II, 1, p. 279; ESSER e WEYERS, *op. cit.,* II, p. 141; AA.VV (GELHAAR), comentário n.º 16 ao § 549 do *BGB, op. cit.,* II, 2, p. 192; CUNHA GONÇALVES, *Tratado de Direito Civil,* VIII, p. 766; CASTAN TOBEÑAS, *op. cit.,* IV, p. 415; PLANIOL e RIPERT, *Traité Pratique de Droit Civil Français,* X, p. 775; SIMONCELLI, «La Sublocazione e la Cessione dell' Affito», *Scritti Giuridici,* p. 506.
Cfr. igualmente, Sentença do 2.º Juízo Cível do Porto, de 29 de Janeiro de 1969, *RT,* 1960, p. 80.
([20]) Cfr. AA.VV. (GELHAAR), comentário n.º 16 ao § 549, do *BGB, op. cit.,* II, 2, p. 192.
([21]) Diferentemente, no caso em que o locatário encarrega o sublocatário de ir pagar a renda ao locador, já o segundo é considerado auxiliar do primeiro no cumprimento dessa prestação de *dare.*

pelos prejuízos causados pelo sublocatário. Esta solução não parece igualmente correcta, porquanto o locador, na medida em que autorizou a sublocação, aceita os riscos emergentes deste segundo contrato; e o locatário, que pediu autorização para sublocar, não fica garante, perante o locador, dos actos do sublocatário. Além disso, o locador pode beneficiar dum aumento de renda.

Há também uma razão histórica a invocar no sentido de que o art. 1044.º não é extensível aos sublocatários. O art. 1608.º n.º 2 do Código Civil de 1867 e o art. 22.º n.º 2 do Dec. n.º 5411 dispunham expressamente que o locatário era responsável por danos imputáveis a familiares e sublocados. Tal solução era perfeitamente justificável, na medida em que naqueles diplomas se consagrava a regra da liberdade de subarrendar. No domínio do actual Código Civil, como se estabeleceu a regra da proibição de sublocar, salvo acordo em contrário, não deverá o locatário ser responsabilizado por actos do sublocatário nos mesmos termos.

Isto não afasta, contudo, o dever, que continua a impender sobre o locatário, de manutenção e de restituição da coisa (art. 1043.º).

Assim sendo, o locatário só é responsável nas hipóteses de sublocação não consentida; e, tendo esta sido autorizada, por culpa *in eligendo* quanto à pessoa do sublocatário.

O que foi referido quanto à responsabilidade do locatário é extensível ao comodatário[22], ao afretador e a situações análogas.

Diferentemente se passa em outras situações subcontratuais, designadamente no submandato e na subempreitada.

Começando pela responsabilidade subjectiva, verifica-se que, no submandato, importa distinguir duas hipóteses. Primeiro, se a substituição não estava autorizada e não era necessária, o mandatário responde pelos actos do submandatário[23]. É idên-

---

[22] MICCIO, *Dei Singoli Contratti*, p. 81, considera que, caso o subcomodato tenha sido autorizado, o subcomodante não responde por actos do subcomodatário, porque não recebe qualquer compensação e não há, então, *vis attractiva*. Mas o mesmo autor tem em conta que esta opinião não está de acordo com os princípios do subcontrato.

[23] Vd. art. 1300.º do Código Civil Brasileiro, art. 1721.º, 1 do Código Civil Espanhol, art. 1994.º, 1 do Código Civil Francês, art. 1717.º, 1 do Código Civil Italiano e §§ 664 e 278 do Código Civil Alemão.

Cfr. também CUNHA GONÇALVES, *op. cit.*, VII, p. 457; RODRIGUES BASTOS, *Dos Contratos em Especial*, III, p. 165; CAIO SILVA PEREIRA, *op. cit.*, III,

tica a solução no caso em que o mandatário, carecendo de autorização, submandatou sem consentimento sendo a substituição necessária para a execução do mandato ([24]). A solução ainda será a mesma no caso em que estava autorizado o submandato sem indicação da pessoa do substituto, pois o mandatário responde por culpa na escolha da pessoa do submandatário ([25]), bem como por culpa *in vigilando* e *in instruendo*. Diferentemente, tendo sido autorizado o submandato e indicada ou aceite a pessoa do submandatário, o mandatário responde por negligência na

---

p. 282; BARROS MONTEIRO, *Curso de Direito Civil*, V, 2, p. 260; SILVIO RODRIGUES, *Direito Civil*, 3, pp. 300 e 301; DAIBERT, *Dos Contratos*, p. 416; PLANIOL e RIPERT, *op. cit.*, XI, p. 905; MALAURIE e AYNÈS, *Les Contrats Spéciaux*, p. 235; COZIAN, *L'Action Directe*, pp. 46 e 47; MINERVINI, «Sostituzione nell' esecuzione del Mandato e Submandato», *BBTC*, XIV, 1951, p. 374 e «Mandato Submandato e Sostituzione del Mandatario nella Prassi Bancaria e nella Giurisprudenza», *RDC*, XXII, 1976-I, p. 474; CARRESI, «Sostituzione e Submandato», *FI*, LXIII, pp. 1091 e 1092; RESCIGNO, *Manuale del Diritto Privato Italiano*, p. 820; ENNECCERUS e LEHMANN, *op. cit.*, II, 1, pp. 596 e 597; LARENZ, *op. cit.*, II, 1, p. 414; MEDICUS, *Schuldrecht*, II, p. 185; BROX, *Besonderes Schuldrecht*, p. 216.

Segundo AA.VV. (STEFFEN), comentário n.º 9 ao § 664, do *BGB op. cit.*, II, 4, p. 20, a indemnização será pelo interesse positivo, mas poderá ser afastada pela relevância negativa da causa virtual. Trata-se de uma consideração não adaptável ao ordenamento jurídico português.

([24]) Cfr. CASTAN TOBEÑAS, *op. cit.*, IV, pp. 522 e 523.

Há quem considere, CAIO SILVA PEREIRA, *op. cit.*, p. 282; BARROS MONTEIRO, *op. cit.*, p. 260 que, estando proibido o submandato, o mandatário responde, *inclusive*, por caso fortuito, salvo a relevância negativa da causa virtual. Estes autores baseiam-se no art. 1300.º § 1 do Código Civil Brasileiro.

([25]) Vd. art. 1300.º § 2 do Código Civil Brasileiro, art. 1721.º 2 do Código Civil Espanhol, art. 1994.º 2 do Código Civil Francês e art. 1717.º do Código Civil Italiano.

Cfr. CUNHA GONÇALVES, *op. cit.*, 458; RODRIGUES BASTOS, *op. cit.*, III, p. 165; CASTAN TOBEÑAS, *op. cit.*, p. 522; COSSIO Y CORRAL, *Instituciones de Derecho Civil*, I, p. 550; MAZEAUD, *op. cit.*, p. 900; PLANIOL e RIPERT, *op. cit.*, p. 906; MALAURIE e AYNÈS, *Les Contrats Spéciaux*, p. 235; MINERVINI, «Mandato, Submandato» *cit.*, p. 474; BUONOCORE, «Sull' art.º 1856.º CC: Sostituzione del mandato o Sub-mandato?, *BBTC*, XXIII, 1960, II, p. 490; NICOLÒ e RICHTER, *Rassegna di Giurisprudenza sul Codice Civile*, comentário n.º 10 ao art. 1717.º, p. 1021; AA.VV. (STEFFEN), comentário n.º 6 ao § 664, do *BGB*, II, 4, pp. 19 e 20; ENNECCERUS e LEHMANN, *op. cit.*, II, pp. 596 e 597; LARENZ, *op. cit.*, II, 1, pp. 414 e 415; ESSER e WEYERS, *op. cit.*, II, p. 280; BROX, *op. cit.*, pp. 216 e 217; WOLF, *op. cit.*, II, p. 231; SCHLECHTRIEM, *op. cit.*, p. 159; POWELL-SMITH, *Contract*, pp. 49 e 50 a propósito do caso «Garnham, Harris & Elton Ltd. V. Alfred W. Ellis (Transport) Ltd., 1967».

transmissão das instruções([26]), e se descurar o dever de fiscalizar a actuação do substituto([27]). Em suma, no que respeita à responsabilidade por facto de outrem, o mandatário, só na hipótese de ter sido indicada ou aceite a pessoa do submandatário é que vê a sua responsabilidade reduzida.

Também o empreiteiro é responsável pela actuação de quem empregue na obra, tanto trabalhadores como subempreiteiros([28]). Em face do incumprimento, ou do cumprimento defeituoso imputável ao subempreiteiro, a responsabilidade, perante o dono da obra, é do empreiteiro([29]).

No que respeita à responsabilidade objectiva pode questionar-se se, tendo o empreiteiro agido com diligência, tanto na escolha, como nas instruções e fiscalização, é responsável pela

---

([26]) Cfr. Aresto do Tribunal de Cassação Italiano de 30 de Julho de 1960, *BBTC*, XXIII, 1960, pp. 496 e 497.

Cfr. também RODRIGUES BASTOS, *op. cit.*, p. 165; MINERVINI, «Mandato, Submandato...» *cit.*, p. 474; ENNECCERUS e LEHMANN, *op. cit.*, pp. 596 e 597; LARENZ, *op. cit.*, pp. 414 e 415; ESSER e WEYERS, *op. cit.*, p. 280; BROX, *op. cit.*, pp. 216 e 217.

Há, todavia, quem considere que, sendo autorizado o submandato e indicada a pessoa do substituto, o mandatário fica isento de toda a responsabilidade, cfr. CASTAN TOBEÑAS, *op. cit.*, IV, p. 522; COSSIO Y CORRAL, *op. cit.*, I, p. 551. Parece sustentarem idêntica opinião PIRES DE LIMA e ANTUNES VARELA, *Código Civil Anotado*, II, p. 58.

([27]) Cfr. CUNHA GONÇALVES, *op. cit.*, VII, p. 459; LARENZ, *op. cit.*, II, 1, pp. 414 e 415; PLANIOL e RIPERT, *op. cit.*, XI, p. 906; MALAURIE e AYNÈS, *Les Contrats Spéciaux*, p. 235.

AA.VV. (STEFFEN), comentário n.º 7 ao § 664 do *BGB*, *op. cit.*, II, 4, p. 20, consideram que a fiscalização do substituto contraria a natureza da substituição; o que, em princípio, é verdade na substituição propriamente dita, mas não no submandato.

([28]) Cfr. LÓPEZ VILAS, *op. cit.*, p. 129; PLANIOL e RIPERT, *op. cit.*, p. 169; MALAURIE e AYNÈS, *Les Contrats Spéciaux*, p. 321; CAIO SILVA PEREIRA, *op. cit.*, III, p. 227; TETTENBORN, *An Introduction to the Law of Obligations*, p. 157 a propósito dos casos «Francis V. Cockrell, 1870» e «Riverstone Meat Co. Pty Ltd. V. Lancashire Shipping Co. Ltd., 1961»; TREITEL, *An Outline of the Law of Contract*, pp. 237 e 238 a propósito do caso «Stewart V. Reavell's Garage, 1952».

Vd., ainda neste sentido, o art. 1596.º do Código Civil Espanhol.

([29]) Cfr. PEREIRA DE ALMEIDA, *Direito Privado*, II, *Contrato de Empreitada*, p. 20; RUBINO, *Dell'Appalto*, p. 89; PLANIOL e RIPERT, *op. cit.*, XI, p. 169.

A responsabilidade do empreiteiro por actos do subempreiteiro subsiste mesmo que este tenha escondido a falta, vd. AA.VV. (ALFF), comentário n.º 38 ao § 278 do *BGB*, *op. cit.*, II, 1, p. 88.

actuação do subempreiteiro. Mesmo que o empreiteiro tenha agido diligentemente, ele é, ainda assim, responsável([30]).

Em apoio deste juízo podem apresentar-se três argumentos. Como o empreiteiro tira benefícios da actuação dos subempreiteiros, deve suportar os prejuízos inerentes; *ubi commoda ibi incommoda*. Por outro lado, o dono da obra não deverá sofrer as consequências da actuação do subempreiteiro, isto é, deverá ficar em situação idêntica à que estaria se a prestação tivesse sido cumprida na totalidade pelo empreiteiro. De facto, o dono da obra tem direito a exigir um cumprimento diligente, quer este seja realizado pelo empreiteiro, ou por quem este utilize na execução das suas obrigações. Por último, a responsabilidade sem culpa do empreiteiro é sociologicamente vantajosa, porque reduz a frequência das falhas dos subempreiteiros([31]).

O empreiteiro é, pois, responsável objectivamente, nos termos do art. 800.º, porque o subempreiteiro é uma pessoa utilizada para o cumprimento da sua obrigação.

Para haver responsabilidade objectiva do empreiteiro, é necessário que sobre o subempreiteiro também recaia a obrigação de indemnizar pelos mesmos danos. Esta responsabilidade do subempreiteiro, tanto pode ter fundamento na culpa, como no risco, como em intervenções lícitas danosas.

Soluções idênticas são defensáveis quanto ao submandato, subdepósito([32]), subtransporte, subcomissão, etc.

Do que vem sendo exposto, poder-se-á concluir e estabelecer os princípios básicos que norteiam a responsabilidade do intermediário por facto de outrem.

Sendo o subcontrato proibido por lei ou convenção, o intermediário, que celebrar um contrato derivado, é responsável, não só pela consequente violação do contrato base, como tam-

---

([30]) Em sentido contrário, TEYSSIÉ, *op. cit.*, p. 83, considera que o intermediârio, no caso de ter agido com toda a diligência, não é responsável.

([31]) Vd. VAZ SERRA, «Responsabilidade do Devedor pelos Factos dos Auxiliares, Representantes Legais e dos Substitutos», *BMJ*, 72, pp. 267 e 271 e nota 13, p. 269; CUNHA e SÁ, «Direito ao Cumprimento e Direito a Cumprir», *RDES*, XX, 2, 3 e 4, nota 10, p. 160; NÉRET, *op. cit.*, pp. 213 e 215.

Cfr. também Acórdão do Supremo Tribunal de Justiça de 17 de Junho de 1982, *BMJ*, 318, p. 437.

([32]) Só quanto à responsabilidade subjectiva do subdepositante, cfr. LARENZ, *op. cit.*, II, 1, p. 457; AA.VV. (KROHN), comentário n.º 3 ao § 691 do *BGB*, *op. cit.*, II, 4, p. 13.

bém pela actuação do subcontraente lesiva dos interesses do primeiro contraente.

Carecendo a conclusão do subcontrato de autorização do primeiro contraente, e não tendo esta sido concedida, o intermediário é responsável pela violação do negócio jurídico base e ainda por toda a actuação danosa do subcontraente.

Tendo sido concedida autorização para subcontratar, ou não sendo esta necessária, e cabendo a escolha do subcontraente ao intermediário, este poderá ser responsável por culpa *in eligendo* (art. 264.º n.º 3 e art. 1197.º), e eventualmente, *in vigilando* e *in instruendo*, ou com base na responsabilidade objectiva.

Se a conclusão de um subcontrato foi autorizada e indicada ou aceita a pessoa do subcontraente, não é o intermediário responsável por actos deste. Todavia, e no que respeita ao submandato, subempreitada, etc., o intermediário é ainda responsável por culpa *in instruendo* (art. 264.º n.º 3) e *in vigilando,* se for caso disso, e com base na responsabilidade objectiva.

Na subempreitada, o empreiteiro tem o dever de verificar o trabalho executado pelo subempreiteiro[33]. Esta verificação não se confunde com a subordinação, própria do contrato de trabalho, pois o subempreiteiro continua a ser um trabalhador autónomo.

Com o assentimento do primeiro contraente pode conseguir-se uma atenuação ou, inclusivamente, a exclusão da responsabilidade do intermediário por facto de outrem[34].

A responsabilidade do intermediário ficará igualmente excluída, sempre que os danos tenham sido causados pelo subcontraente fora do exercício das funções que lhe foram incumbidas[35], ou para além dos direitos que lhe foram atribuídos pelo subcontrato. A apreciação de tais circunstâncias, porém, não deixará de suscitar dificuldades.

É de admitir que tais dificuldades possam ser resolvidas com o recurso à teoria da causalidade adequada[36]. De facto, a teoria

---

[33] Cfr. VALENTIN, *Les Contrats de Sous-traitance,* pp. 59 e segs.; VETTER *op. cit.,* pp. 85 e 86.

[34] Contra, BACCIGALUPI, *op. cit.,* p. 198.

[35] Vd. PIRES DE LIMA e ANTUNES VARELA, *Código Civil Anotado,* II, p. 57; AA.VV. (ALFF), comentário n.º 41 ao § 278 do *BGB, op. cit.,* II, 1, p. 89.

[36] Vd. PIRES DE LIMA e ANTUNES VARELA, *op. cit.,* I, pp. 508 e 509, que tecem tais considerações a propósito do art. 500.º relativo à responsabilidade do comitente.

da causalidade adequada serve para delimitar e não para imputar danos, mas pode proceder-se a uma operação lógica similar àquela a que se recorre na determinação da causalidade adequada.

Assim, quando o subcontraente, em razão do encargo confiado ou do direito atribuído, ficou colocado numa posição especialmente adequada para a prática do facto ilícito lesivo dos interesses do primeiro contraente, é o intermediário responsável pelos danos causados. Mas o problema só ficará completamente resolvido perante situações concretas ([37]).

Por último, cabe indagar da base legal em que se fundamenta a responsabilidade do intermediário em relação ao primeiro contraente; isto é, se a responsabilidade do intermediário se baseia nas regras gerais da responsabilidade civil subjectiva (art. 483.º e art. 798.º), ou nos preceitos que admitem a responsabilidade civil objectiva por facto de outrem (art. 500.º e art. 800.º).

Na primeira hipótese, em que o subcontrato estava proibido por lei ou convenção, o intermediário é responsável pela actuação do subcontraente, lesiva dos interesses do primeiro contraente, com base nos arts. 483.º e 798.º.

Na segunda hipótese, em que a celebração de um subcontrato não fora autorizada, sendo ela necessária, o intermediário também responde pela actuação do subcontraente nos termos da responsabilidade subjectiva.

Na terceira hipótese, em que o subcontrato fora autorizado, ou não era necessária a autorização, cabendo a escolha do subcontraente ao intermediário, este será responsável pela actuação daquele, em caso de culpa *in eligendo* e, eventualmente, por culpa *in instruendo* e *in vigilando,* nos termos gerais da responsabilidade civil subjectiva. Porém, nos casos de submandato, subempreitada, subcomissão, etc., o intermediário é ainda responsável objectivamente, nos termos do art. 800.º n.º 1, porque o subcontraente é considerado como uma pessoa utilizada para o cumprimento da obrigação. Esta responsabilidade objectiva pode, nos termos do n.º 2 do art. 800.º, ser convencionalmente limitada ou excluída.

Na quarta hipótese, em que o subcontraente fora indicado ou aceite pelo primeiro contraente, a responsabilidade já não se

---

([37]) Vd. Críticas à causalidade adequada em MENEZES CORDEIRO, *Direito das Obrigações,* II, pp. 336 e segs.

poderá basear na culpa na escolha, e só nos casos de submandato, subempreitada, etc. é que a responsabilidade do intermediário poderá ter por fundamento a culpa na comunicação de instruções ou na fiscalização. Além desta responsabilidade subjectiva, nestes casos poderá ainda haver responsabilidade objectiva, nos mesmos termos em que foi referido na hipótese anterior.

50. Não agravamento da responsabilidade do primeiro contraente

Tal como foi anteriormente referido[38], a posição jurídica das partes no contrato base, não obstante o agravamento da responsabilidade do intermediário por facto de outrem, não é alterada pela simples razão de se vir a celebrar um subcontrato.

Não pode, assim, a posição jurídica do primeiro contraente ser agravada pela existência de um subcontrato[39]. O primeiro contraente não poderá ver a sua responsabilidade agravada, pelo facto de a contraparte ter celebrado um subconrato.

As razões invocadas para que a responsabilidade do intermediário seja agravada por facto de outrem, caso venha a concluir um subcontrato[40], não são extensíveis ao primeiro contraente.

Todavia, se o subcontrato foi autorizado e, especialmente, se a pessoa do subcontraente foi indicada pelo primeiro contraente, há uma limitação da responsabilidade do intermediário e poder-se-á discutir se, a este, não caberá o direito de demandar o primeiro contraente, por danos que lhe tenham sido causados pelo subcontraente.

Se, por exemplo, o dono da obra aconselhar o empreiteiro a celebrar um contrato de subempreitada com determinado sujeito, e este, em razão da sua imperícia, vier a ocasionar atrasos na conclusão de todos os trabalhos, poderá o empreiteiro demandar o dono da obra?

---

[38] Vd. *supra* n.º 38, 47 e 49.
[39] Cfr. BACCIGALUPI, *op. cit.*, p. 196.
Quanto à sublocação, cfr. ISIDRO DE MATOS, *Arrendamento e Aluguer*, pp. 155 e 271; ESMEIN, «Cession de Bail et Sous-location», *RTDC*, 23, 1924, p. 263.
[40] Vd. *supra* n.º 49.

O primeiro contraente poderá ser responsabilizado por conselhos, recomendações ou informações que preste ao intermediário, se a sua actuação se subsumir ao estatuído no n.º 2 do art. 485.º. Por conseguinte, dever-se-á verificar se o primeiro contraente, ao indicar a pessoa do subcontraente, assumiu a responsabilidade pelos danos; ou se tinha o dever de indicar uma pessoa que satisfizesse os interesses do intermediário e agiu com dolo ou negligência; ou se a indicação do subcontraente constitui um facto punível.

Da mesma forma, o primeiro contraente que tenha omitido uma actuação — por exemplo, informar o intermediário da falta de capacidade do subcontraente — poderá ser obrigado a reparar os danos causados ao intermediário se, por força da lei ou de negócio jurídico, havia o dever de praticar o acto omitido (art. 486.º).

Na medida em que do contrato base, como de qualquer negócio jurídico, emerge uma relação de confiança entre as partes, o primeiro contraente, a quem foi concedida a possibilidade de ser consultado quanto à escolha do subcontraente, tem o dever jurídico de dar um conselho ou uma recomendação diligente. Desta forma, se o primeiro contraente, ao indicar o subcontraente, tiver procedido com negligência ou intenção de prejudicar o intermediário, será responsável pelos danos causados por aquele a este último (art. 485.º n.º 2)([41]). Também por força do contrato base e da relação de confiança que dele resulta, o primeiro contraente tem a obrigação de informar o intermediário de qualquer falta de aptidão do subcontraente; a omissão deste dever dá lugar à obrigação de reparar os danos que daí advenham, (art. 486.º).

Vistas as relações decorrentes do contrato base, caberá fazer idêntico estudo quanto às relações subcontratuais.

([41]) Mesmo a admitir-se que o primeiro contraente não tem o dever jurídico de dar um conselho ou uma informação, ele é responsável pelos danos causados no caso de actuação dolosa nos termos do art. 485.º n.º 1. Vd. MENEZES CORDEIRO, *Direito das Obrigações*, II, pp. 350 e 351.

§ 16 Relações entre o intermediário e o subcontraente

51. Relações contratuais derivadas do subcontrato

a) Regras gerais

Do subcontrato derivam necessariamente relações contratuais entre o intermediário e o subcontraente. Estas relações são análogas às que se estabelecem no contrato principal.

Assim, a relação entre o sublocador e o sublocatário é, em quase tudo, idêntica à que previamente se estabeleceu entre o locador e o locatário[42], apesar de daquela poderem constar cláusulas diferentes das do contrato base[43]. A sublocação é, pois, uma verdadeira locação, sujeita às mesmas disposições jurídicas.

Também a relação entre o empreiteiro e o subempreiteiro é, em quase tudo, idêntica à que se estabeleceu no contrato de empreitada. O subempreiteiro, no subcontrato, tem direitos e deveres idênticos áqueles que o empreiteiro tem na relação com o dono da obra. Há, todavia, diferenças. O empreiteiro tem uma obrigação de «controle» relativamente à actividade desenvolvida pelo subempreiteiro, e tal dever não impende sobre o dono da obra.

O que foi referido quanto à sublocação e à subempreitada é extensível, *mutatis mutandis,* às demais figuras subcontratuais.

Sendo o subcontrato um negócio jurídico bilateral, as partes — intermediário e subcontraente — são responsáveis nos termos gerais por violações da convenção.

---

[42] Cfr. AA.VV. (GELHAAR), comentário n.º 14 ao § 549 do *BGB, op. cit.,* II, 2, p. 192.
[43] Vd. *supra* n.º 34 e autores citados na nota 107 do cap. II.

O intermediário não é responsável por danos causados a terceiros — em que não se inclui o primeiro contraente — pelo subcontraente, salvo se for instigador ou auxiliar do acto ilícito praticado por este último (art. 490.º). E, em regra, o intermediário também não responde como comitente (art. 500.º) por actos praticados pelo subcontraente, pois este actua autonomamente(44), e não se verifica a existência, entre eles, de uma relação de comissão.

De facto, não se pode considerar que exista uma relação de subordinação entre o sublocador e o sublocatário, nem mesmo entre o empreiteiro e o subempreiteiro. Mas já é de admitir a existência de tal relação de comissão entre o mandatário e o submandatário, ou entre o comissionista e o subcomissionista que justifique a aplicação da regra da responsabilidade do comitente (art. 500.º).

No domínio da responsabilidade contratual, as especificidades do subcontrato reportam-se aos casos em que o intermediário celebra um contrato derivado mas, por falta de esclarecimento, se apresenta aos olhos da contraparte como primeiro contraente, e quando dá azo à resolução do contrato base.

b) Responsabilidade do intermediário

Conforme foi referido(45), no subcontrato, como em qualquer outro negócio jurídico, as partes são responsáveis por violações ao clausulado, nos termos gerais da responsabilidade civil contratual. Mas no contrato derivado há, para o intermediário, uma responsabilidade contratual agravada. Sobre o intermediário impendem acrescidos deveres, cuja violação faz incorrer o infractor em responsabilidade.

Sobre o intermediário impende, desde logo, o dever de informar o subcontraente da sua posição jurídica(46). Ele tem de esclarecer a contraparte de que não é o contraente principal e de que estão celebrando um contrato que ficará dependente de outro negócio jurídico. Impõe-se tal dever de informação, na medida

---

(44) Quanto à subempreitada, cfr. VAZ SERRA, «Empreitada», *BMJ*, 145, p. 67; RUBINO, *op. cit.*, p. 88.

(45) Vd. *supra* n.º 51 *a)*.

(46) Cfr. Aresto do Supremo Tribunal Federal Alemão de 21 de Abril de 1982, *JZ*, 1982, p. 508.

em que o eventual subcontraente pode não estar interessado em vincular-se a um negócio jurídico que ficará, sob vários aspectos, designadamente quanto à sua extinção, dependente de outro contrato. A falta deste dever de informação pode levar a que os dois contratos não estejam funcionalizados, não existindo, portanto, um subcontrato.

No esclarecimento da sua situação jurídica, inclui-se o dever de informar o subcontraente dos direitos e obrigações que emergem para o intermediário da relação principal.

O intermediário deve, da mesma forma, informar o subcontraente da admissibilidade da relação subcontratual; isto é, se no contrato base não está proibida a celebração de um subcontrato, ou se tal celebração não está dependente de prévio consentimento do primeiro contraente. Assim, se o sublocatário, julgando que o senhorio dera autorização para sublocar, e não tendo esta sido concedida, for despejado por força dessa violação do contrato base, deverá ser indemnizado pelo sublocador[47]. Se o intermediário não informar o subcontraente da falta de autorização, quando ela era necessária, haverá uma impossibilidade culposa de cumprimento do subcontrato, nos termos do art. 801.º.

Poder-se-á considerar que o facto gerador da responsabilidade civil é a celebração de um contrato ineficaz; porém, se o locatário esclareceu o sublocatário da falta de autorização do locador, e aquele, mesmo assim, se prontificou a concluir o contrato de sublocação, o intermediário não é responsável pelo despejo do subinquilino, requerido pelo locador. Tendo o intermediário informado o subcontraente da falta de autorização, haverá uma impossibilidade de cumprimento do subcontrato não culposa, nos termos do art. 795.º.

O intermediário é ainda obrigado a elucidar o subcontraente quanto à identidade do primeiro contraente[48]. O subcontraente poderá ter todo o interesse em saber quem é o beneficiário da prestação que vai efectuar, ou quem é o proprietário da coisa de que ele passa a ter o gozo. E, por exemplo, num submandato, só muito dificilmente se conceberá que o submandatário possa actuar desconhecendo a identidade do mandante.

---

[47] Cfr. CUNHA GONÇALVES, *op. cit.*, VIII, pp. 764 e 765; SKOPALIK, *Die Rechte der Untermieter*, p. 61.

[48] O n.º 2 do Dec. de 30 de Setembro de 1892 obrigava a que, do contrato de subenfiteuse, constasse o nome do senhorio directo.

Mas, mesmo que a identidade do primeiro contraente não tenha sido dada a conhecer ao subcontraente, o subcontrato é válido([49]), e daí não advém responsabilidade para o intermediário. O dever em causa é, necessariamente, imperfeito, uma vez que não admite sanção.

Não tendo o intermediário cumprido com o seu dever de informação, é responsável por todos os danos que, dessa falta de esclarecimento, tenham advindo para o subcontraente.

Mesmo que o intermediário tenha elucidado cabalmente o subcontraente, pode ser responsabilizado pela impossibilidade superveniente de execução do subcontrato resultante da extinção do contrato base([50]). A responsabilidade do intermediário existirá, então, em três situações: por resolução do contrato base, a requerimento do primeiro contraente, em face do incumprimento do intermediário; pela revogação bilateral do contrato base; e pela denúncia do contrato principal por parte do intermediário.

No que respeita ao subarrendamento, a lei (art. 1102.º) é categórica no sentido de responsabilizar o sublocador, quando o motivo da extinção do contrato de arrendamento lhe é imputável. A imputabilidade deve aqui ser entendida em sentido amplo, de forma a abranger as três situações referidas no parágrafo anterior.

Apesar de este preceito (art. 1102.º) estar incluído numa secção sob a epígrafe «Subarrendamento», nada obsta a que a responsabilidade do sublocador, que dá azo à extinção do contrato principal, se concretize nos outros tipos de sublocação. Tem sido aceite a responsabilidade do locatário perante o sublocatário, em caso de extinção da locação imputável ao primeiro, para evitar conluios entre o locador e o locatário e por uma razão de justiça([51])

([49]) Cfr. Aresto do Tribunal de Apelação de Milão, de 16 de Setembro de 1980, *BBTC,* XLIV, 1981-II, p. 307.

([50]) Cfr. BACCIGALUPI, *op. cit.,* p. 195; MASNATTA, *op. cit.,* p. 175.

([51]) Cfr. ANTUNES VARELA, «Anotação ao Acórdão do Supremo Tribunal de Justiça, de 27 de Outubro de 1967», *RLJ,* 101, p. 207; RUI DE ALARCÃO, *A Sublocação de Prédios Urbanos,* p. 177 e nota 1, p. 158; PEREIRA COELHO, *Arrendamento,* 1980, p. 199 (a passagem a que se faz referência não consta da edição de 1987); SOBRAL DE CARVALHO, *A Sublocação e a Concessão de Exploração,* p. 29; PINTO COELHO, «O art. 61.º da Lei n.º 2030», *ROA,* 1961, 3.º e 4.º, p. 51; ISIDRO DE MATOS, *op. cit.,* p. 272; JANUÁRIO GOMES, *Consti-*

Em caso de responsabilidade do sublocador, a obrigação de indemnizar, daí decorrente, não poderá levar à reconstituição natural, mas tão só a uma indemnização por sucedâneo pecuniário[52]. De facto, tal reconstituição natural não é possível, porque o locatário já não é titular do direito ao arrendamento.

No que respeita ao submandato, ao subdepósito e a outras situações subcontratuais há, da mesma forma, responsabilidade do intermediário perante o subcontraente, sempre que a extinção do contrato principal seja imputável ao primeiro.

Também quanto à subempreitada, é o empreiteiro responsável, se a extinção do contrato principal lhe for imputável[53]. Mas não se pode considerar imputável ao empreiteiro a denúncia do contrato de empreitada, por ele realizada, em consequência de alterações necessárias que impliquem uma elevação do preço em mais de vinte por cento (art. 1215.º n.º 2).

Na subempreitada há, ainda, que referir uma especificidade. Se, por força de alterações necessárias (art. 1215.º) ou exigidas pelo comitente (art. 1216.º), já não for necessária a obra que seria realizada pelo subempreiteiro, o empreiteiro pode pôr termo ao contrato derivado, desde que indemnize a contraparte neste contrato pelo trabalho executado e despesas realizadas (art. 1227.º). O art. 1227.º consagra, pois, uma regra de repartição do risco[54], em que, independentemente de qualquer utilidade retirada pelo empreiteiro, este terá de pagar o trabalho e as despesas que o subempreiteiro tenha dispendido naquela obra[55]. Noutros

---

tuição da Relação de Arrendamento Urbano, p. 221; BARROS MONTEIRO, op. cit., V, 2, p. 175; ARNOLDO WALD, op. cit., p. 267; MICCIO, La Locazione, p. 323; LARENZ, op. cit., II, 1, pp. 270 e 271.

Vd. também o caso apreciado no Acórdão da Relação de Coimbra, de 20 de Abril de 1977, CJ, II, 1977, I, pp. 303 e segs.

[52] RUI DE ALARCÃO, op. cit., p. 158, nota 1.

[53] Cfr. VAZ SERRA, «Empreitada», BMJ, 145, p. 67; PEREIRA DE ALMEIDA, op. cit., pp. 21 e 22; RUBINO op. cit., p. 87.

[54] Risco é aqui entendido em sentido amplo, como acontece, em regra, no direito civil em que não se distingue o risco propriamente dito da incerteza. A incerteza, contrariamente ao que acontece com o risco, não é determinável pelo cálculo de probabilidade (ex. descoberta de novas técnicas de construção).

[55] Em sentido idêntico, mas só na hipótese de o empreiteiro retirar utilidades da obra executada pelo subempreiteiro, vd. VAZ SERRA, «Empreitada», BMJ, 145, pp. 66 e 67.

Diferentemente, RUBINO, op. cit., p. 87, com base no art. 1672.º do Código Civil Italiano, considera que existe uma responsabilidade objectiva.

ordenamentos jurídicos, e por falta de disposição idêntica ao art. 1227.º, em caso de alterações necessárias ou exigidas pelo dono da obra, ou mesmo em caso de desistência deste último, há uma certa tendência para denunciar os contratos de subempreitada, sem indemnizar os subempreiteiros ([56]).

Problema diferente é o que se levanta no caso de extinção do contrato base imputável ao primeiro contraente.

Se o primeiro contraente, por causa que lhe é imputável, põe termo ao contrato base, deverá indemnizar o intermediário pelos danos causados, nos termos gerais da responsabilidade contratual. Mas a indemnização paga pelo primeiro contraente deverá ser repartida, na proporção dos respectivos danos, entre o intermediário e o subcontraente ([57]). Esta asserção não merece reparos, mas origina uma dúvida. Será que o primeiro contraente deverá pagar a totalidade da indemnização ao intermediário e este, por sua vez, indemniza o subcontraente? Ou, pelo contrário, a indemnização que cabe ao subcontraente deverá ser-lhe paga directamente pelo primeiro contraente? É uma questão que se prende com a admissibilidade da acção directa, a examinar na secção seguinte.

52. Divisão de responsabilidades e direito de regresso

Pelos danos causados ao primeiro contraente é, desde logo, responsável o intermediário. O primeiro contraente poderá exigir do intermediário o ressarcimento dos danos, mesmo que tais prejuízos lhe tenham sido causados pelo subcontraente.

Em face de tal situação, torna-se necessário apurar em que medida o intermediário e o subcontraente contribuiram para a produção dos danos. Importa, pois, determinar a medida da culpa de cada um. Por exemplo, o subempreiteiro pode ter actuado negligentemente na execução da obra, enquanto que o

---

([56]) Cfr. NICKLISCH, «Rechtsfragen des Subunternehmervertrags bei Bau — und Anlagenprojekten im In — und Auslandsgeschäft», *NJW*, 40, 1985, p. 2367.
VETTER, *op. cit.*, p. 82, afirma que a repartição do risco costuma constar de cláusulas contratuais.
([57]) Cfr. NÉRET, *op. cit.*, p. 218.
Quanto à sublocação, cfr. ESTELITA DE MENDONÇA, *Da Sublocação*, p. 148.

empreiteiro teve culpa na escolha do subcontraente que, por hipótese, era incapaz de realizar aquela obra nos termos acordados.

Na hipótese de concurso de culpas, a responsabilidade deverá ser repartida, na proporção em que as culpas de cada um contribuiram para o dano.

Porém, havendo culpa do intermediário, que se presume (art. 799.º n.º 1), ele é responsável por todos os danos causados ao primeiro contraente em razão do incumprimento do contrato principal. Considera-se que há culpa do intermediário, sempre que ele tenha subcontratado, quando tal lhe era vedado, ou quando tenha actuado culposamente, quer na escolha do subcontraente, quer na transmissão das instruções recebidas, quer ainda na fiscalização efectuada.

Nestas situações, o intermediário que pague, ao primeiro contraente, a totalidade da indemnização, goza de direito de regresso contra o subcontraente ([58]), se a este também é imputável o incumprimento do contrato base. Não se trata, contudo, de um direito de regresso em sentido próprio, como existe em situações de solidariedade, pois a obrigação de indemnizar, do subcontraente em relação ao intermediário, é autónoma relativamente à obrigação que este tem de indemnizar o primeiro contraente. Eles são devedores por via de relações jurídicas distintas; há uma diferença qualitativa entre os devedores, porque não há identidade de fontes.

Havendo concurso de culpas, o direito de regresso será parcial, podendo ir somente até ao montante dos danos imputáveis ao subcontraente. Todavia, a acção de regresso do intermediário poderá abranger a totalidade do montante em que foi condenado, sempre que, apesar de haver culpa dele, o dano seja totalmente imputado ao subcontraente. Por exemplo, o locatário que subloca sem autorização é responsável pelas depredações efectuadas pelo subinquilino, mas terá direito de regresso, na totalidade, contra este.

Por último, mesmo que o intermediário consiga ilidir a sua presunção de culpa, em certos casos ([59]) responde objectivamente,

---

([58]) Vd. VAZ SERRA, «Responsabilidade do Devedor...» cit., p. 285; BACCIGALUPI, op. cit., p. 199; NÉRET, op. cit., pp. 218 e 219.
Quanto ao submandato, cfr. CUNHA GONÇALVES, op. cit., VII, p. 465; e, quanto à subempreitada, cfr. RUBINO, op. cit., p. 93.
([59]) Designadamente no caso de submandato e subempreitada. Vd. supra n.º 50.

nos termos do art. 800.º n.º 1, e tem também direito de regresso, na totalidade, contra o subcontraente.

Quanto à subempreitada, o art. 1226.º dispõe que o direito de regresso contra o subempreiteiro caduca, se o empreiteiro não lhe comunicou a denúncia, nos trinta dias subsequentes à sua recepção. A exigência de um prazo curto destina-se a, por um lado, combater a inércia do empreiteiro e, por outro, permitir ao subempreiteiro provar que os vícios da obra não dependem de culpa sua. Esta norma visa também proteger o subempreiteiro que se considera responsável por tais defeitos e pretenderia proceder à sua eliminação (art. 1221.º), mas que, ao fim de um longo período de tempo, já não está em condições de reparar a obra, porque, por exemplo, já não tem materiais adequados, ou está a trabalhar num local distante.

§ 17 Relações entre o primeiro contraente e o subcontraente

53. Excepção à relatividade dos contratos

Um dos problemas mais complexos que o subcontrato levanta é o da admissibilidade de um relacionamento entre sujeitos que são partes em negócios jurídicos distintos.

É frequente afirmar-se que o primeiro contraente é terceiro em relação ao subcontraente[60], que não há relações jurídicas entre o senhorio e o subinquilino[61], que não há relação directa entre o mandante e o submandatário[62], nem entre o dono da obra e o subempreiteiro[63], etc. Mas não se duvida que o locador possa exigir ao sublocatário o pagamento da sub-renda (art.

---

[60] Cfr. DIAS MARQUES, *Teoria Geral do Direito Civil*, II, p. 350, nota 1; ORLANDO GOMES, *Contratos*, p. 161; MESSINEO, «Contratto Derivato — Sub-contratto», *cit.*, p. 81; GASPERONI, *op. cit.*, p. 380; MALAURIE e AYNÈS, *Les Obligations*, pp. 598 e 599; MASNATTA, *op. cit.*, pp. 153 e 154.

[61] Cfr. PEREIRA COELHO, *op. cit.*, p. 230; ISIDRO DE MATOS, *op. cit.*, pp. 155 e 272; JANUÁRIO GOMES, *op. cit.*, p. 222; BARROS MONTEIRO, *op. cit.*, V, 2, p. 151; COSSIO Y CORRAL, *Instituciones de Derecho Civil*, I, p. 500; COLIN e CAPITANT, *Cours Élémentaire de Droit Civil Français*, II, p. 537; RUGGIERO, *Istituzioni di Diritto Civile*, III, p. 131; TABET, «Sublocazione», *NssDI*, XVIII, p. 589; WOLF, *Lehrbuch des Schuldrechts*, II, p. 101; BROX, *op. cit.*, p. 107; AA.VV. (GELHAAR), comentário n.º 19 ao § 549 do *BGB*, *op. cit.*, II, 2, p. 193.
Vd. também Aresto do Supremo Tribunal Federal Alemão, de 21 de Abril de 1982, *JZ*, 1982, p. 507.

[62] Cfr. IANNUZZI, «Trasporto Cumulativo Occasionale o Subtrasporto?», *RDCDGO*, L, 1952, II, p. 368.

[63] Cfr. CUNHA GONÇALVES, *op. cit.*, VII, p. 650; VAZ SERRA, «Empreitada», *BMJ*, 145, pp. 66 e 70; PEREIRA DE ALMEIDA, *op. cit.*, p. 20; PONTES DE MIRANDA, *Tratado de Direito Civil*, XLIV, p. 379; COSSIO Y CORRAL, *op. cit.*, I, p. 527.

1063.º)[64]. E é admissível que o sublocatário se possa substituir ao locatário, pagando a renda directamente ao locador. Também a sentença proferida contra o locatário obriga o sublocatário[65], salvo os direitos que a este último são conferidos no art. 986.º n.º 2 b) do Código de Processo Civil[66].

Em virtude da ligação existente entre o locador e o sublocatário[67], poder-se-á dizer que a sublocação tem, simultaneamente, uma eficácia interna e uma eficácia externa[68]. A eficácia interna corresponde à relação entre o sublocador e o sublocatário e a eficácia externa à relação deste último com o locador.

No submandato e na subempreitada tem-se admitido que o subcontraente possa exigir do primeiro contraente importâncias que lhe são devidas pelo intermediário, mas que este ainda não cobrou daquele[69].

As relações entre os extremos da cadeia contratual têm vindo a sofrer um incremento nas hipóteses de subcontrato. Na realidade, como o subcontraente usufrui de uma situação jurídica que lhe advém de um anterior contrato, ele entra, assim, na esfera de influência do contrato base. Nesta interligação entre os dois contratos dá-se como que uma expansão dos direitos e deveres do primeiro contraente e dos correspondentes direitos e deveres do subcontraente[70]. Esta expansão leva ao estabelecimento de certas relações entre os contraentes mediatos.

A admissibilidade de tais relações contraria a tradicional doutrina da relatividade dos contratos. O brocardo latino *res*

---

[64] Cfr. ISIDRO DE MATOS, *op. cit.*, pp. 158 e 272; CASTAN TOBEÑAS, *op. cit.*, IV, pp. 416 e 419; LÓPEZ VILAS, *op. cit.*, p. 86; MICCIO, *La Locazione*, p. 309; SAVATIER, «Le Prétendu Principe de L'Effet Relatif des Contrats», *RTDC*, XXXIII, 1934, p. 326.

[65] Cfr. CUNHA GONÇALVES, *op. cit.*, VIII, p. 767.

[66] PEREIRA COELHO *op. cit.*, p. 230, apresenta também como excepção à inexistência de relações jurídicas entre o senhorio e o inquilino, o caso previsto no art. 1103.º (Vd. *supra* n.º 9). Não se trata, porém, de uma excepção, porque a relação principal de arrendamento extingue-se e passa a existir, em seu lugar, uma nova relação locatícia em que é arrendatário o primitivo sublocatário.

[67] Cfr. ESTELITA DE MENDONÇA, *Da Sublocação*, p. 159; MICCIO, *La Locazione*, pp. 278, 308 e 309; KRAUSE, *op. cit.*, p. 16.

[68] Vd. GRASSO, *Il Subcontratto*, pp. 47 e segs.

[69] Vd. autores referidos *infra* na nota 131, quanto ao submandato, e nas notas 134 e 137, quanto à subempreitada.

[70] Vd. BACCIGALUPI, *op. cit.*, pp. 191 e 196.

inter alios acta, aliis nec nocere, nec prodesse potest, não se coaduna totalmente com uma situação subcontratual.

Perante esta incompatibilidade, podem alvitrar-se três soluções.

Em primeiro lugar, e mais de acordo com a doutrina da relatividade, poderá admitir-se que sempre aparecem excepções ao princípio básico. As excepções à relatividade dos contratos já tinham surgido no direito romano[71] e, nos dias de hoje, cada vez mais, irrompem situações que se afastam da regra geral. Nestas situações excepcionais se enquadraria o subcontrato.

Partindo dum polo radicalmente oposto, condena-se a relatividade dos contratos, admitindo que as convenções podem produzir efeitos em relação a terceiros. A admissibilidade da revisão do cânon da intangibilidade da esfera do terceiro tem vindo, tanto por parte da doutrina, como da jurisprudência, a receber sucessivas adesões[72]. De facto, a relatividade dos contratos baseia-se numa concepção individualista segundo a qual a sociedade não tem de se ocupar das relações entre os indivíduos, nem estas lhe são oponíveis[73]. A aceitação de um esquema menos rígido do vínculo contratual coaduna-se melhor com a complexidade dos factos e com a prossecução de uma justiça material. E nas relações subcontratuais terá de haver uma maior flexibilidade da doutrina tradicional.

---

[71] Vd. CHESHIRE, FIFOOT e FURMSTON, *Law of Contract*, p. 440. Vd. também neste autor, *op. cit.*, pp. 437 e segs., a condenação da doutrina da «Privity of Contract» e a análise de vários casos decididos pelos tribunais ingleses. Com indicação de excepções ao princípio da relatividade, vd. TREITEL, *op. cit.*, pp. 208 e segs.

[72] Vd., por exemplo, PESSOA JORGE, *Direito das Obrigações*, I, p. 580 e segs.; PESSOA VAZ, *Do Efeito Externo das Obrigações*, pp. 5 e segs.; MENEZES CORDEIRO, *Direito das Obrigações*, I, pp. 251 e segs.; ARNOLDO WALD, *op. cit.*, pp. 183 e segs.; DEMOGUE, *Traité des Obligations en Général*, VII, 2, pp. 110 e segs. e 580 e segs.; SAVATIER, «Le Prétendu Principe ...» *cit.*, pp. 525 e segs.; AYNÈS, *La Cession de Contrat*, pp. 101 e segs.; MESTRE, «Le Principe de L'Effet Relatif à L'Épreuve des Groupes de Contrats», *RTDC*, 1986, 3, pp. 594 e segs. e «Une Nouvelle Entorse au Principe de L'Effet Relatif à Travers la Reconnaissance d'une Action Directe à L' Emprunter-locataire», *RTDC*, 1987, 1, pp. 100 e segs.; TRIMARCHI, «Sulla Responsabilità del Terzo per Pregiudizio al Diritto di Credito», *RDC*, XXIX, 1983, 3, pp. 217 e segs.; VERDE, «Note in Tema di Responsabilità del Terzo per Induzione all'Inadempimento», *Rassegna di Diritto Civile*, 1985, 2, pp. 421 e segs.; CHESHIRE, FIFOOT e FURMSTON, *op. cit.*, pp. 437 e segs.

[73] Vd. SAVATIER, «Le Prétendu Principe ...» *cit.*, p. 545.

Por último, poder-se-á admitir que há várias categorias de terceiros([74]) e que os contraentes mediatos (primeiro contraente e subcontraente) não são terceiros *plenitus extranei,* ou seja, completamente estranhos à relação em que não são partes. De facto, o primeiro contraente e o subcontraente são ambos sujeitos em dois contratos entre os quais existe uma certa interligação.

Assim, o locador que autoriza uma sublocação está a admitir a existência de um vínculo com o sublocatário; da mesma forma, aquele que se prontifica a celebrar um contrato de sublocação com quem é locatário da coisa, aceita relacionar-se também com o locador. O mesmo se diga relativamente ao submandatário, subempreiteiro, etc. Este juízo já poderá ser posto em causa, com respeito ao primeiro contraente, quando não é necessário o seu consentimento para a celebração do subcontrato. Mas, mesmo nestes casos, poder-se-á admitir que, se o primeiro contraente, ao celebrar o contrato base, não proibiu a conclusão de um subcontrato, aceitou tacitamente o eventual estabelecimento de um vínculo com um subcontraente.

Não sendo o primeiro contraente e o subcontraente verdadeiros terceiros, a doutrina da relatividade dos contratos não se lhes poderia aplicar em toda a sua extensão.

Tem sido, pois, admitido o estabelecimento de relações entre sujeitos que não são partes no mesmo negócio jurídico, mediante a chamada acção directa. Mas a acção directa, apesar de estabelecer uma ligação entre os extremos, não lhes confere a qualidade de parte([75]). É neste aspecto que o subcontrato se pode apresentar como uma excepção à relatividade dos contratos.

54. Acção directa entre os extremos da cadeia negocial

A lei e, por vezes, a jurisprudência, têm admitido acções directas entre os extremos da cadeia negocial, principalmente, com o intuito de salvaguardar os interesses de um dos contraentes. O desenvolvimento legal desta nova brecha no princípio da relatividade dos contratos é, portanto, uma consequência do crescente intervencionismo estadual.

([74]) Cfr. BETTI, *Teoria Geral do Negócio Jurídico,* II, pp. 106 e segs.; MESSINEO, *Il Contratto in Genere,* 2, pp. 115 e segs.
([75]) Cfr. AYNÈS, *op. cit.,* p. 122; CARRESI, *Il Contratto,* I, p. 318.

A acção directa entre os extremos da cadeia subcontratual justifica-se, essencialmente, por duas ordens de razões. Por um lado, a posição jurídica do primeiro contraente é indispensável à subsistência do subcontrato[76] e as disposições do primeiro contrato aplicam-se ao contrato derivado[77]. Por outro lado, é justo por quem presta um serviço seja remunerado, dentro de certos limites, pelo beneficiário desse serviço, mesmo que entre eles não exista qualquer relação contratual.

É a estrutura trilateral e vertical do subcontrato, bem como a íntima relação entre os dois contratos, que favorece a existência de acções directas entre os extremos da cadeia negocial[78]. Neste domínio, são, pois, frequentes as pretensões do primeiro contraente contra o titular do direito derivado (ex. locador contra sublocatário para cobrança da sub-renda), e vice-versa (ex. subempreiteiro contra o dono da obra para pagamento do preço).

---

[76] Vd. MASNATTA, *op. cit.*, pp. 165 e 166.
[77] Cfr. TEYSSIÉ, *op. cit.*, p. 288.
[78] Cfr. MICCIO, *La Locazione*, pp. 277 e 278.

SECÇÃO II

ACÇÃO DIRECTA

§ 18 Individualização da figura

55. Noção geral

Acção directa é um vocábulo com conotação processual, pois data de um época em que se confundia direito e acção[79]. É, todavia, uma terminologia consagrada nos usos que não poderá ser facilmente substituída.

A acção directa, como forma de agir contra o devedor do devedor, deverá distinguir-se da acção directa prevista no art. 336.º. Nesta última, permite-se o recurso à força com o fim de realizar ou assegurar o próprio direito, na impossibilidade de recorrer em tempo útil aos meios coercivos normais.

Perante a variedade de acções directas, torna-se difícil determinar com precisão os contornos desta figura[80]. De facto, aparecem acções directas de origem legal[81], esparsas pelos diplomas de direito civil e, por vezes, em leis avulsas, sem uma identidade de tratamento; por outro lado, têm também surgido

---

[79] Cfr. COZIAN, *L'Action Directe*, p. 15. Quanto à origem pós-clássica da figura, vd. DEMOGUE, *op. cit.*, VII, 2, p. 300.

[80] Até porque a acção directa não se encontra prevista em todos os ordenamentos jurídicos. Por exemplo, o Código Civil Alemão não admitiu a chamada «*Versionsklage*», mas a jurisprudência tem-na aceite nalgumas situações. Vd. SCHLECHTRIEM, *op. cit.*, pp. 249 e 250. Todavia, o § 281 do Código Civil Alemão permite que, em determinadas circunstâncias, o credor exija do devedor a cessão da pretensão contra terceiro.

[81] Cfr. FLATTET, *Les Contrats pour le compte d'Autrui*, pp. 178, 181 e segs.; TEYSSIÉ, *op. cit.*, p. 280.

acções directas de criação jurisprudencial, em que, não raras vezes, a justificação é frágil e artificial([82]). Tudo isto dificulta o estudo geral da figura.

O fundamento, tanto legal como jurisprudencial, da acção directa tem sido procurado no contrato a favor de terceiro, na representação, na gestão de negócios, no grupo contratual, em razões sócio-políticas, numa ideia de equidade, etc. ([83]).

No subcontrato, o fundamento da acção directa encontra-se, por um lado, na íntima conexão existente entre os dois contratos e, por outro, numa regra de justiça material. É justo que, por vezes, o credor possa demandar o devedor do seu devedor para não ver frustado o seu crédito. Porém, a acção directa só é aceite em certos casos, não se podendo extrair, da consagração de algumas acções directas, a existência de um princípio geral([84]).

A acção directa é um benefício concedido a determinados credores, pelo qual se permite que estes demandem directamente os devedores dos seus devedores imediatos. Pois, *debitor debitoris mei, debitor meus est.*

O credor munido de uma acção directa exerce, contra o subdevedor, um direito em nome próprio e não de outrem([85]). Daqui advêm duas vantagens para o credor. Em primeiro lugar,

---

([82]) Cfr. FLATTET, *op. cit.*, p. 177; TEYSSIÉ, *op. cit.*, pp. 265 e segs.; COZIAN, *op. cit.*, pp. 12 e 95; MASNATTA, *op. cit.*, p. 162.

([83]) Cfr. CUNHA GONÇALVES, *op. cit.*, VII, p. 650; FLATTET, *op. cit.*, pp. 186 e segs.; TEYSSIÉ, *op. cit.*, p. 274; DEMOGUE, *op. cit.*, VII, 2, pp. 392 e 393; SAVATIER, «Le Prétendu Principe ...» *cit.*, p. 533; NÉRET, *op. cit.*, pp. 229, 308 e segs.; BENATTI, «Appunti in Tema di Azione Diretta», *RTDPC*, XVIII, 1964, pp. 640 e segs.; GRASSO, *op. cit.*, pp. 24, 25 e 39; MICCIO, *La Locazione*, pp. 275, 307 e segs.; SIMONCELLI, *op. cit.*, pp. 511 e 512; TABET, «Sublocazione», *NssDI*, XVIII, p. 592, *La Locazione-conduzione*, p. 620.

([84]) Cfr. VAZ SERRA, «Responsabilidade Patrimonial», *BMJ*, 75, pp. 174 e 175; FLATTET, *op. cit.*, p. 175; BENATTI, *op. cit.*, p. 638.

([85]) Cfr. VAZ SERRA, «Responsabilidade Patrimonial», *cit.*, p. 189; COZIAN, *op. cit.*, pp. 32 e segs.; COSSIO Y CORRAL, *op. cit.*, I, p. 527.

Quanto à subempreitada, cfr. VAZ SERRA, «Empreitada», *BMJ*, 146, p. 189.

Vd. também MESSINEO, apesar de este autor considerar que a acção directa é autónoma e não sub-rogatória (*Il Contratto cit.*, 1, p. 741), admite que ela não é exercida como direito próprio, mas sim de outrem, ainda que no seu próprio interesse («Contratto Derivato — Sub-contratto» *cit.*, p. 85). Daí que, para este autor (lug. cit.), o subcontraente possa opor ao primeiro contraente as mesmas excepções oponíveis ao intermediário.

Sobre esta questão, vd. também MICCIO, *La Locazione*, p. 308.

ele é titular de um direito de acção contra terceiro([86]); em segundo lugar, evita o concurso com os restantes credores do seu devedor imediato([87]). Há que explicar estas duas vantagens.

Além da acção de cumprimento contra o seu devedor imediato, o credor é igualmente titular de idêntica acção contra terceiro (subdevedor). Em caso de acção directa há uma espécie de solidariedade passiva([88]); o devedor intermédio e o subdevedor são ambos responsáveis, embora a títulos diversos, perante o credor. Esta suposta solidariedade pode exemplificar-se em situações subcontratuais. O locatário e o sublocatário são ambos devedores do preço locativo em relação ao locador.

Não é, todavia, uma verdadeira solidariedade, pois os débitos exigíveis ao devedor directo e ao subdevedor, podem ser de montante diferente; o subdevedor não é responsável por quantia superior ao seu débito. Por outro lado, não há direito de regresso do subdevedor que efectua a prestação em relação ao seu credor mediato e é necessária a mora do devedor directo para se poder demandar o subdevedor; há um escalonamento sucessivo da responsabilidade. Por último, as dívidas do devedor directo e do subdevedor têm por fundamento negócios jurídicos distintos; há uma diferença qualitativa. Trata-se, pois, de uma complexidade subjectiva imperfeita([89]).

Em segundo lugar, a acção directa evita o concurso com os demais credores do devedor directo, porque a quantia exigida ao

---

([86]) Cfr. MICCIO, *op. cit.*, pp. 307 e 308; BENATTI, *op. cit.*, p. 645.

([87]) Cfr. VAZ SERRA, «Responsabilidade Patrimonial», *cit.*, p. 189; BACCIGALUPI, *op. cit.*, p. 197; DEMOGUE, *op. cit.*, VII, 2, p. 363; FLATTET, *op. cit.*, p. 176; COZIAN, *op. cit.*, p. 13; NÉRET, *op. cit.*, p. 279.
Quanto à subempreitada, vd. VAZ SERRA, «Empreitada», *BMJ,* 146, p. 190.

([88]) Cfr. CUNHA GONÇALVES, *op. cit.*, VIII, p. 771; BACCIGALUPI, *op. cit.*, pp. 197 e 198; NÉRET, *op. cit.*, pp. 216 e segs. e 279; LÓPEZ VILAS, *op. cit.*, pp. 313 e 314.
Também LARENZ, *op. cit.*, II, 1, p. 270, considera que o sublocatário e o locatário são devedores solidários quanto à devolução da coisa locada.
Contra, COSSIO Y CORRAL, *op. cit.*, I, p. 529.

([89]) Para ESSER e SCHMIDT, *Schuldrecht,* I, pp. 599 e 628 e segs.; LARENZ, *op. cit.*, II, pp. 632 e segs. e ANTUNES VARELA, *Das Obrigações, cit.,* I, pp. 727 e segs., a obrigação solidária pode nascer em momentos sucessivos e de fontes diferentes (ex. assunção de dívida). Para estes autores não é necessário haver identidade de causa nem de fonte. Porém, nas situações subcontratuais, para além da falta de identidade de causa e de fonte, há um escalonamento sucessivo da responsabilidade; e o escalonamento sucessivo da responsabilidade

subdevedor entra directamente no património do credor reclamante. De facto, como o credor exerce o direito em nome próprio, a quantia reclamada não entra no património do devedor intermédio e não pode aproveitar aos restantes credores deste. A acção directa funciona, assim, como um privilégio concedido a certos credores ([90]), pois concede-lhes um reforço da garantia.

Para o exercício da acção directa é necessário o preenchimento de dois requisitos: o vencimento de ambas as prestações; o inadimplemento por parte de ambos os devedores. Contrariamente à acção sub-rogatória, em que é admitido o seu exercício por um credor com um crédito vincendo (art. 607.º), na acção directa exige-se o vencimento, não só da prestação que o subdevedor tem para com o seu credor, como também do crédito sobre o devedor imediato. Doutra forma, possibilitar-se-ia que um credor, sem o consentimento do seu devedor, recebesse a prestação antes do vencimento. Como segundo requisito para o exercício da acção directa basta o não cumprimento de ambas as prestações, não se exigindo a insolvência ou a falência do devedor imediato, nem a excussão prévia dos seus bens, nem a sua demanda judicial antecipada ([91]).

O exercício da acção directa está sujeito a um duplo limite. Por um lado, o limite do crédito do credor sobre o seu devedor imediato; por outro, o limite do débito do subdevedor em relação ao seu credor directo ([92]). Assim, o credor que vem reclamar uma quantia, no exercício da acção directa que lhe foi conferida, não poderá exigir montante superior ao seu crédito, nem superior ao débito do subdevedor.

O cumprimento da prestação ao credor do seu credor deveria extinguir o débito do subdevedor na medida da prestação

---

afasta, em regra, a solidariedade. Vd. ANTUNES VARELA, *Das Obrigações, cit.*, I, p. 733 e nota 1 da mesma página). Além disso, nas situações subcontratuais depara-se com uma diferença qualitativa entre as posições dos devedores que afasta a solidariedade. Vd. MENEZES CORDEIRO, *Direito de Obrigações*, I, pp. 386 e 387.

([90]) Cfr. VAZ SERRA, «Responsabilidade Patrimonial» *cit.*, p. 189; FLATTET, *op. cit.*, p. 176; MALAURIE e AYNÈS, *Les Obligations*, pp. 599 e 600.
Quanto à subempreitada, vd. VAZ SERRA, «Empreitada», *BMJ*, 146, p. 190.
([91]) Cfr. VAZ SERRA, «Empreitada», *cit.*, pp. 194 e 196; RUBINO, *op. cit.*, anotação art. 1676.º; DEMOGUE, *op. cit.*, VII, 2, p. 385.
([92]) Cfr. DEMOGUE, *op. cit.*, p. 381; MALAURIE e AYNÈS, *Les Obligations*, p. 599; NÉRET, *op. cit.*, p. 281; BENATTI, *op. cit.*, p. 646.

efectuada. Trata-se, contudo, duma prestação feita a terceiro que, em regra, não extingue a obrigação (art. 770.º). Mas, como o devedor intermédio se aproveita do cumprimento, porque este extingue a sua dívida (art. 767.º), deverá a prestação feita pelo subdevedor subsumir-se ao estatuído na alínea *d)* do art. 770.º e, desta forma, extinguir a obrigação deste em relação ao seu credor. A não se entender assim, é de considerar então que o subdevedor, como co-obrigado, está directamente interessado na satisfação do crédito pelo que, ao cumprir perante o demandante, sub-roga-se nos direitos deste em relação ao seu credor imediato (art. 592.º n.º 1) e, depois, pode invocar a compensação das obrigações (art. 847.º) [93].

O subdevedor não pode opôr, ao credor que o demanda em acção directa, as excepções pessoais (ex. compensação) que poderia deduzir em relação ao devedor intermédio [94]. Mas pode, evidentemente, opôr ao devedor as excepções derivadas da relação subcontratual, como por exemplo, a prescrição e a invalidade.

Depois de ser exigida ao subdevedor a prestação em acção directa, já não poderá este cumprir perante o seu credor directo; pois o subdevedor não pode excepcionar, invocando um cumprimento realizado depois de ter sido demandado em acção directa [95].

[93] Como há uma espécie de solidariedade passiva entre o intermediário e o subcontraente, poder-se-ia questionar se não se trata, antes, de um direito de regresso. Porém, como não há uma verdadeira solidariedade, no caso de o subdevedor pagar ao credor mediato, não nasce um direito de regresso em sentido próprio contra o devedor intermédio. Sobre a diferença entre o direito de regresso e a sub-rogação legal, vd. ANTUNES VARELA, *Das Obrigações em Geral*, I, pp. 755 e 756 e II, pp. 308 e segs.; ALMEIDA COSTA, *Direito das Obrigações*, pp. 564 e 565; MENEZES CORDEIRO, *Direito das Obrigações*, II, p. 101.

[94] Cfr. VAZ SERRA, «Responsabilidade Patrimonial», *cit.*, p. 189; DEMOGUE, *op. cit.*, VII, 2, p. 368.

Quanto à sublocação, vd. LARENZ, *op. cit.*, II, 1, p. 270; SIMONCELLI, *op. cit.*, p. 513.

Quanto ao submandato, vd. PLANIOL e RIPERT, *op. cit.*, XI, p. 906.

Quanto à subempreitada, vd. VAZ SERRA, «Empreitada», *BMJ*, 146, p. 190.

Contra, NÉRET, *op. cit.*, pp. 279, 281, 282 e segs.; BENATTI, *op. cit.*, p. 649; MESSINEO, «Contratto Derivato — Sub-contratto» *cit.*, p. 85; TABET, *La Locazione-conduzione*, p. 631.

[95] Cfr. COSSIO Y CORRAL, *op. cit.*, I, p. 529.

Quanto à sublocação, vd. MICCIO, *La Locazione*, p. 309; GRASSO, *op. cit.*, p. 51.

Quanto à subempreitada, vd. VAZ SERRA, «Empreitada», *BMJ*, 146, p. 200; RUBINO, *op. cit.*, p. 339.

Não oferece dúvida que o subdevedor pode excepcionar, invocando cumprimento efectuado antes de ter sido demandado. Mas já parece duvidoso que seja lícito contrapor o cumprimento de prestações vincendas. Não deverão ser admitidas, como excepções válidas, as antecipações de pagamento que não correspondam aos usos ou que não sejam imprescindíveis em face de circunstâncias particulares — v.g. para que o empreiteiro possa terminar a obra [96]. A não ser assim, permitir-se-ia que, através do conluio entre o devedor directo e o subdevedor, se viesse a prejudicar o credor.

A acção directa tem sido admitida apenas para a cobrança de quantias pecuniárias [97]. E isto como forma de mitigar esta importante restrição à relatividade dos contratos. Contudo, *de iure condendo* nada obsta a que a acção directa seja usada para exigir outras prestações de coisa, ou mesmo prestações de facto.

56. Carácter excepcional

O carácter excepcional da acção directa pode ser visto sob três prismas: como figura só admitida nos casos expressamente determinados na lei; como excepção à relatividade dos contratos; como excepção à regra de que o património do devedor é garantia comum de todos os credores e que todos eles estão em pé de igualdade.

---

[96] Quanto à sublocação, vd. art. 1552.º, 2.ª parte do Código Civil Espanhol, art. 1753.º n.º 2 do Código Civil Francês e art. 1595.º alínea 2 do Código Civil Italiano. Diferentemente, no § 1 do art. 1202.º do Código Civil Brasileiro permite-se que o sublocatário excepcione, invocando pagamentos antecipados.
Quanto à subempreitada, vd. VAZ SERRA, «Empreitada», *BMJ*, 146, p. 199, nota 574, que não admite a segunda excepção.
[97] Cfr. TEYSSIÉ, *op. cit.*, p. 265; AYNÈS, *op. cit.*, pp. 111, 113 e 118; MALAURIE e AYNÈS, *Les Obligations*, p. 599. Segundo estes últimos autores (obras e lugares citados), não se pode, designadamente usar a ação directa para resolver o contrato em que se não é parte. Mas, por exemplo, o § 556.3 do Código Civil Alemão consagra a possibilidade de se exigir do sublocatário a entrega da coisa locada finda a locação principal, cfr. LARENZ, *op. cit.*, II, 1, p. 270.

Quanto ao primeiro aspecto, a posição clássica sustenta que a acção directa não têm carácter genérico([98]), porque está somente consagrada em normas esparsas na lei, que não podem, por conseguinte, fundamentar um princípio geral. Além disso, a admissibilidade da acção directa como figura de carácter geral inutilizaria um meio conservatório da garantia patrimonial: a acção sub-rogatória.

Mas o principal argumento usado para fundamentar o carácter restritivo da acção directa reside no facto de ela ser uma excepção a um princípio geral dos contratos: o princípio da relatividade([99]).

Mas, mesmo partindo do pressuposto da relatividade dos contratos, poder-se-á admitir que a acção directa, como figura de carácter geral, é uma manifestação própria dos grupos contratuais, e, mais concretamente, do subcontrato([100]). De facto, nas situações subcontratuais, em razão da estreita dependência entre os dois negócios jurídicos, é defensável a existência de relações entre o primeiro contraente e o subcontraente, mediante o recurso à acção directa, aceita em termos gerais, e em ambos os sentidos.

As situações subcontratuais talvez sejam o ponto de partida duma construção futura da acção directa([101]).

Por último, a acção directa é uma excepção à regra de que o património do devedor é a garantia comum dos credores([102]). Na realidade, por força desta acção, alguns dos credores ficam titulares como que de um privilégio, que lhes permite pagarem-se prioritariamente, em detrimento dos demais. Este privilégio do credor com acção directa persiste mesmo na hipótese de o deve-

---

([98]) Cfr. PAULO CUNHA, (segundo lições de), *Direito das Obrigações, O Objecto da Relação Obrigacional*, nota 1, p. 382; VAZ SERRA, «Responsabilidade Patrimonial», *cit.*, p. 189; FLATTET, *op. cit.*, pp. 175 e 176; MALAURIE e AYNÈS, *op. cit.*, pp. 599 e 600; BENATTI, *op. cit.*, p. 638.

([99]) Cfr. LACRUZ BERDEJO, *Elementos de Derecho Civil*, II, 2, p. 268; MASNATTA, *op. cit.*, p. 172.

Cfr. também Aresto do Tribunal de Apelação de Milão, de 16 de Setembro de 1980, *BBTC*, XLIV, 1981, II, p. 308.

([100]) Cfr. BACCIGALUPI, *op. cit.*, p. 196; AYNÈS, *op. cit.*, p. 119.

([101]) Vd. FLATTET, *op. cit.*, p. 175.

([102]) Vd. MASNATTA, *op. cit.*, p. 172.

dor imediato se achar insolvente ou falido ([103]). Porém, o credor que demanda o subdevedor concorre em pé de igualdade com os credores deste último.

57. Distinção entre acção directa e acção sub-rogatória

A acção sub-rogatória, também chamada acção oblíqua ou indirecta, vem prevista nos arts. 606.º e segs. ([104]) e está aí consagrada como figura de carácter geral; é um dos meios conservatórios da garantia patrimonial.

A acção indirecta distingue-se da directa porque a primeira é, hoje ([105]), uma figura de carácter geral, enquanto que a acção directa é normalmente considerada como excepcional.

Por outro lado, na acção oblíqua o direito é exercido pelo credor em nome do devedor intermédio, e a acção directa intenta-se em nome próprio. Como consequência desta segunda distinção, na acção sub-rogatória, pela actuação de um credor, lucram os demais credores, pois a prestação efectuada pelo subdevedor entra no património do devedor inactivo ou negligente. A sub-rogação exercida por um dos credores aproveita aos demais (art. 609.º) pelo que, contrariamente à acção directa, o credor que se sub-roga ao devedor não goza de qualquer privilégio.

Daí que o exercício da acção sub-rogatória não esteja limitado ao montante do crédito do *accipiens*. O credor tem a faculdade de exercer, contra terceiro, direitos de conteúdo patrimonial, mesmo que a prestação a que o terceiro esteja adstrito seja

---

([103]) Quanto à subempreitada, vd. VAZ SERRA, «Empreitada», *BMJ*, 146, p. 196.

([104]) Está igualmente prevista no art. 1111.º do Código Civil Espanhol, no art. 1166.º do Código Civil Francês e no art. 2900.º do Código Civil Italiano.

A acção sub-rogatória veio a ser desenvolvida pelos glosadores e, especialmente, pelos comentadores franceses, vd. MENEZES CORDEIRO, *Direito das Obrigações*, II, pp. 481 e segs.; DEMOGUE, *op. cit.*, VII, 2, p. 300.

([105]) Não assim no Código Civil de 1867, em que a acção sub-rogatória assumia um carácter excepcional. Vd. PAULO CUNHA, (segundo lições de) *Direito das Obrigações, O Objecto da Relação Obrigacional*, p. 382, e *Direito das Obrigações, A Garantia da Relação Obrigacional*, pp. 12 e 26; ALMEIDA COSTA, *Direito das Obrigações*, p. 586, nota 3; MENEZES CORDEIRO, *Obrigações cit.*, pp. 482 e 483.

de montante superior ao crédito que o *accipiens* tem sobre o devedor intermédio. Diferentemente, o credor que demanda o subdevedor em acção directa, está limitado ao montante do seu crédito; não pode cobrar mais do que a quantia de que é credor.

A acção sub-rogatória só é permitida quando seja essencial à satisfação ou garantia do crédito do credor (art. 606.º n.º 2), ao passo que a acção directa não está dependente do requisito da essencialidade.

Além disso, a acção sub-rogatória pode ser exercida por credores sob condição suspensiva ou a prazo (art. 607.º), porque a prestação reclamada entra no património do devedor intermédio e, só depois de preenchida a condição, ou vencido o prazo, será satisfeito o crédito do reclamante. Diferentemente, como, mediante a acção directa, ao credor é imediatamente satisfeito o seu crédito, não é admissível o recurso a esta acção por parte de credores sob condição suspensiva ou a prazo.

Por último, na acção indirecta o subdevedor pode opôr ao sub-rogado os meios de defesa pessoais (ex. compensação) oponíveis ao devedor inactivo ou negligente, mas não as excepções pessoais invocáveis contra o demandante. Em contrapartida, na acção directa podem ser contrapostas ao demandante as excepções pessoais invocáveis em relação a ele, mas não as oponíveis ao devedor intermédio.

Pode concluir-se, tendo em conta a tradicional discussão entre a natureza conservatória ou executiva da sub-rogação ([106]), que a acção indirecta tem uma função essencialmente conservatória, enquanto que a acção directa prossegue primordialmente uma função executiva.

([106]) Vd. ATAZ LÓPEZ, *Ejercicio por los Acreedores de los Derechos y Acciones del Deudor,* pp. 31 e segs.

§ 19 A acção directa no subcontrato

58. A acção directa do primeiro contraente contra o subcontraente

A acção directa com carácter geral, do primeiro contraente contra o subcontraente, tem encontrado fundamento em vários argumentos. Pode-se considerar que o subcontraente colabora na violação do contrato principal e, como tal, ele é um «terceiro cúmplice»[107]; ou que o direito do primeiro contraente se expande, quando a contraparte celebra um subcontrato[108]; ou ainda que a acção directa, prevista na sublocação, se aplica analogicamente aos outros subcontratos[109].

De forma mais coerente será de admitir que entre os intervenientes se constitui um dever específico de protecção derivado da situação de confiança. O fundamento seria, então, a boa fé em nome da justiça cumutativa, com base na situação de confiança suscitada.

Nesta sequência, pode admitir-se que, em todo o subcontrato, há um beneficiário, um intermediário e um prestador do serviço[110]. O beneficiário tem sempre acção directa contra o prestador do serviço pelo não cumprimento da prestação, enquanto que este terá acção directa contra aquele para cobrança da dívida. De facto, a interligação entre o contrato base e o sub-

---

[107] Vd. DEMOGUE, op. cit., VII, 2, p. 60.
[108] Cfr. BACCIGALUPI, op. cit., p. 196.
Cfr. também, Aresto do Tribunal de Cassação Italiano, de 30 de Julho de 1960, BBTC, XXIII, 1960, II, p. 488.
[109] Cfr. BACCIGALUPI, op. cit., p. 196; MESSINEO, Manuale di Diritto Civile e Commerciale, III, p. 669; GRASSO, op. cit., p. 13.
Em sentido contrário, PLANIOL e RIPERT, op. cit., X, p. 788; BENATTI, op. cit., p. 625; DARMANTELLO e PORTALE, «Deposito», ED, XIX, p. 266.
[110] Cfr. NÉRET, op. cit., pp. 237 e segs.

contrato fundamenta a existência de relações directas entre os extremos da cadeia negocial; há uma conexão estreita entre o primeiro contraente e o subcontraente ([111]).

É normalmente aceite pela doutrina que o locador tem uma acção directa contra o sublocatário ([112]), até por que tal acção directa se encontra consagrada em muitas legislações ([113]).

Esta acção directa é, as mais das vezes, admitida para a cobrança da sub-renda (ou subaluguer) em dívida, desde que o locatário se encontre igualmente em mora. Mas já se tem aceite a acção directa como meio de exigir quaisquer outras obrigações ([114]), designadamente indemnizações correspondentes a dete-

---

([111]) Vd. GASPERONI, *op. cit.*, pp. 379 e 380; TEYSSIÉ, *op. cit.*, pp. 278 e 279.

([112]) Cfr. CUNHA GONÇALVES, *op. cit.*, VIII, p. 771; BRANDÃO PROENÇA, *op. cit.*, p. 180; ISIDRO DE MATOS, *op. cit.*, p. 272; ORLANDO GOMES, *op. cit.*, p. 161; CAIO SILVA PEREIRA, *op. cit.*, III, p. 216; BARROS MONTEIRO, *op. cit.*, V, 2, p. 175; CASTAN TOBEÑAS, *op. cit.*, IV, p. 416: ALBALADEJO, *op. cit.*, pp. 255 e 262; COLIN e CAPITANT, *op. cit.*, II, p. 539; DEMOGUE, *op. cit.*, VII, 2, p. 60; PLANIOL e RIPERT, *op. cit.*, X, pp. 787 e segs.; COZIAN, *op. cit.*, pp. 81 e segs.; FLATTET, *op. cit.*, pp. 182 e 183; RUGGIERO, *op. cit.*, III, p. 341; MESSINEO, *Manuale cit.*, III, p. 187; GRASSO, *op. cit.*, pp. 13, 34, 35 e 47; MICCIO, *La Locazione*, p. 275; RESCIGNO, *op. cit.*, p. 711; SIMONCELLI, *op. cit.*, p. 513; TABET, «Sublocazione», *NssDI*, XVIII, pp. 589 e 592.

Diferentemente, PEREIRA COELHO, *op. cit.*, p. 230, considera que a acção prevista no art. 1063.º é uma forma particular de acção sub-rogatória, mais ampla que a do art. 606.º; se, no «mais ampla», se enquadra a diferença entre a acção sub-rogatória indirecta e a acção sub-rogatória directa, a divergência é puramente formal.

No sentido de não admitir a acção directa do locador contra o sublocatário, nem para a cobrança da sub-renda, vd. ESSER e WEYERS, *op. cit.*, II, p. 164; LÖWISCH, *Vertragliche Schuldverhältnisse*, p. 136.

([113]) Cfr. art. 1063.º do Código Civil Português, art. 1202.º do Código Civil Brasileiro, art. 1551.º e 1552.º do Código Civil Espanhol, art. 1753.º do Código Civil Francês, art. 1595.º do Código Civil Italiano, art. 264.º 3 do Código das Obrigações Suíco. E só quanto à exigência de entrega da coisa, cfr. § 556.3 do Código Civil Alemão.

O art. 1753.º do Código Civil Francês, na ideia dos seus redactores, tinha uma finalidade diferente: pretendia-se salvaguardar o sublocatário, normalmente de poucos recursos, contra a demanda do locador, vd. FLATTET, *op. cit.*, p. 182; COZIAN, *op. cit.*, p. 83.

Situação idêntica existia no tradicional direito português no que respeitava à subenfiteuse. Vd. *supra* n.º 20.

([114]) Cfr. CASTAN TOBEÑAS, *op. cit.*, IV, p. 416; COSSIO Y CORRAL, *op. cit.*, I, p. 500; DEMOGUE, *op. cit.*, VII, 2, p. 367; PLANIOL e RIPERT, *op. cit.*, X, p. 789; COZIAN, *op. cit.*, pp. 87 e 88; MESSINEO, *Il Contratto cit.*, I, p. 740.

riorações efectuadas([115]), ou a restituição do objecto locado finda a locação principal([116]).

A jurisprudência e a doutrina estrangeiras têm admitido, com bastante amplitude, uma acção directa do mandante contra o submandatário([117]), principalmente quando nas respectivas legislações está prevista tal acção directa([118]).

Esta acção directa funda-se numa conexão estabelecida entre o mandante e o submandatário e não tem razão de ser se o substabelecido desconhecia a existência do contrato base([119]).

([115]) Cfr. CAIO SILVA PEREIRA, op. cit., III, p. 216; ALBALADEJO, op. cit., p. 262.

([116]) Cfr. LARENZ, op. cit., II, 1, p. 231; AA.VV. (GELHAAR), comentário n.º 16 ao § 556 do BGB, op. cit., II, 2, p. 222.

([117]) Cfr. BENATTI, op. cit., p. 628; BUONOCORE, «Sull'art. 1856 CC: Sostituzione nel Mandato o Submandato?», BBTC, XXIII, 1960, II, p. 495; CARRESI, Sostituzioni e Submandato», cit., p. 1089, Il Contratto, 2, p. 857; RESCIGNO, op. cit., p. 820; Aresto do Tribunal de Cassação Italiano, de 30 de Julho de 1966, BBTC, XXIII, 1960, II, pp. 486 e segs.; Aresto do Tribunal de Cassação Italiano, de 15 de Maio de 1972, BBTC, XXXVI, 1973, II, pp. 71, 72 e 73; Aresto do Tribunal de Apelação de Milão, de 16 de Setembro de 1980, BBTC, XLIV, 1981, II, p. 306; CASTAN TOBEÑAS, op. cit., IV, p. 523; COSSIO Y CORRAL, op. cit., I, p. 550; COZIAN, op. cit., p. 48; DEMOGUE, op. cit., VII, 2, pp. 60 e 371; MALAURIE e AYNÈS, Les Contrats Spéciaux, p. 235; PLANIOL e RIPERT, op. cit., XI, p. 906; TEYSSIÉ, op. cit., p. 272.

Em Portugal, também CUNHA GONÇALVES, op. cit., VII, p. 463, se apresenta como partidário desta ideia.

Em sentido contrário, MINERVINI, «Sostituzione ...» cit., p. 380; «Mandato, Submandato ...» cit., pp. 481 e 482; LÓPEZ VILAS, op. cit., p. 158. Estes autores consideram que só há acção directa no caso de substituição e não na hipótese de submandato.

No sentido de só admitir a acção directa em caso de responsabilidade limitada do mandatário, vd. CLARIZIA, Comentário ao Aresto do Tribunal de Cassação Italiano de 15 de Maio de 1972, BBTC, XXXVI, 1973, II, p. 77.

FLATTET, op. cit., pp. 185 e 186, só admite a acção directa se o mandato for com representação.

([118]) Cfr. art. 1722.º do Código Civil Espanhol, art. 1994.º 2 do Código Civil Francês, art. 1717.º 4 do Código Civil Italiano e art. 399.º 3 do Código das Obrigações Suiço.

Era também esta a solução tradicional em Portugal. Vd. supra n.º 20.

([119]) CUNHA GONÇALVES, op. cit., VII, p. 464; NICOLÒ e RICHTER, op. cit., comentário n.º 12 ao art. 1717.º, p. 1021; e PLANIOL e RIPERT, op. cit., XI, p. 907 não admitem a existência de acção directa quando o submandatário, desconhecendo a existência da relação base, se julgava simples mandatário do submandante.

É discutível se tal acção directa só é de admitir quando a responsabilidade do mandatário seja limitada — v.g. porque o mandante autorizou o subcontrato ([120]) — ou, pelo contrário, deverá existir independentemente de qualquer limitação da responsabilidade do mandatário. Se o fundamento da acção directa se encontra na lei, e esta não faz quaisquer restrições, não parece que a acção directa deva ficar restringida às hipóteses em que a responsabilidade do mandatário esteja limitada. Mas se a acção directa encontra o seu fundamento na íntima conexão que se estabelece entre o mandante e o submandatário, o primeiro contraente só poderá recorrer a esta figura caso tenha autorizado o submandato, ainda que tacitamente.

A doutrina dominante, até porque as várias legislações são omissas, não tem admitido a acção directa do dono da obra contra o subempreiteiro ([121]).

Há, todavia, vozes discordantes que admitem a acção directa do dono da obra contra o subempreiteiro ([122]), principalmente no caso de subempreitada total ([123]). E, na realidade, estando os contratos de empreitada e de subempreitada numa relação estreita — especialmente quando o subcontrato foi autorizado, mesmo tacitamente —, não é de excluir a conexão entre o dono da obra e o subempreiteiro, até porque os deveres deste para com aquele não devem ficar desprovidos de uma tutela directa.

Nas restantes situações subcontratuais, a lei não tem, em regra, previsto a existência de acção directa do primeiro contraente contra o subcontraente ([124]), o que não obsta a que a conexão entre o contrato base e o subcontrato fundamente uma relação directa entre os dois sujeitos.

([120]) Vd. *supra* n.º 28 e cfr. CLARIZIA, *Comentário ... cit.*, p. 77.

([121]) Vd. VAZ SERRA, «Empreitada», *BMJ,* 145, p. 66; PEREIRA DE ALMEIDA, *op. cit.,* p. 20; GIANNATTASIO, *L'Appalto,* p. 74; MESSINEO, *Manuale cit.,* III, p. 208; RUBINO, *op. cit.,* p. 87.

([122]) Cfr. PONTES DE MIRANDA, *op. cit.,* XLIV, p. 381; GRASSO, *op. cit.,* p. 112; VETTER, *op. cit.,* pp. 85 e 86; CHESHIRE, FIFOOT e FURMSTON, *op. cit.,* pp. 163 e 164 a propósito do caso «Southern Water Authority V. Carey, 1985»; POWELL-SMITH, *op. cit.,* p. 68, a propósito do caso «Independent Broadcasting Authority (IBA) V. EMI Electronics Ltd. & BICC Constructions Ltd., 1980»; TREITEL, *op. cit.,* p. 205, a propósito do caso «Junior Books Ltd. V. Veitchi Co. Ltd., 1983».

([123]) Vd. PLANIOL e RIPERT, *op. cit.,* XI, p. 169.

([124]) Todavia, em França o art. 14.º da Lei, de 18 de Junho de 1966, estabelece uma acção directa do fretador contra o subafretador.

59. A acção directa do subcontraente contra o primeiro contraente

O *ius quæsitum tertio* contra o primeiro contraente encontra várias justificações. Por um lado, é legitimado por uma razão de ordem económica ([125]), na medida em que, ao promover o estreitamento de relações entre quem não é parte no mesmo contrato, cria uma maior confiança entre os sujeitos e favorece o estabelecimento de relações contratuais. Por outro lado, a existência de uma acção directa, do subcontraente contra o primeiro contraente, está mais adequada com a realidade porque, em regra, eles não se consideram entre si verdadeiramente como terceiros. E, por último, a, em regra, maior debilidade económica do subcontraente ([126]) justifica que se lhe conceda uma acção directa como forma de melhor garantir o seu crédito.

No caso em apreço, a acção directa só tem razão de ser se o subcontrato foi autorizado ([127]), ainda que tacitamente, pois, de outra forma, não se estabelece uma conexão entre o primeiro contraente e o subcontraente.

Quanto à sublocação, a doutrina dominante ([128]) considera que não há reciprocidade da acção directa; isto é, apesar de geralmente se admitir que o locador pode demandar directamente o sublocatário, não se atribui idêntico direito a este último.

Todavia, em caso de sublocação lícita, estabelecem-se relações directas entre o sublocatário e o locador. O sublocatário é titular de um direito pessoal de gozo, oponível ao próprio locador, durante a vigência do contrato de locação. Por conseguinte, ao sublocatário são facultadas as acções possessórias dos arts. 1276.º e segs. mesmo contra o locador (art. 1037.º n.º 2) ([129]).

([125]) Cfr. AYNÈS, *op. cit.*, p. 123; CARRESI, *Il Contratto*, 2, pp. 856 e 857.

([126]) Vd. DRAETTA, «Il Subcontratto Internazionale», *RDIPP*, 1984, 4, p. 649.

([127]) Vd. DEMOGUE, *op. cit.*, VII, 2, p. 60.

([128]) Cfr. CUNHA GONÇALVES, *op. cit.*, VIII, p. 771; ISIDRO DE MATOS, *op. cit.*, 155; BRANDÃO PROENÇA, *op. cit.*, pp. 180 e segs.; ORLANDO GOMES, *op. cit.*, p. 161; COZIAN, *op. cit.*, p. 90; MICCIO, *La Locazione*, p. 317; NICOLÒ e RICHTER, *op. cit.*, comentário n.º 5 ao art. 1595.º, p. 613.

Considerando que é controversa a existência de uma acção directa com carácter recíproco, vd. ESMEIN, «Cession de Bail et Sous-location», *RTDC*, 1924, pp. 255 e segs.; PLANIOL e RIPERT, *op. cit.*, X, p. 784.

([129]) Em sentido idêntico, vd. LARENZ, *op. cit.*, II, 1, p. 271; SIMONCELLI, *op. cit.*, p. 513; TEYSSIÉ, *op. cit.*, p. 273.

Além disso, o locador, sob pena de se constituir em *mora accipiendi* (art. 768.º n.º 1), não pode recusar a renda (ou aluguer) do locatário, prestada pelo sublocatário ([130]), desde que não se tenha expressamente acordado o contrário no contrato base (art. 767.º). Mesmo que o locatário se oponha ao cumprimento por parte do sublocatário — hipótese de difícil concretização prática —, o locador não pode recusar a prestação deste (art. 768.º n.º 2), porque ele é um devedor directamente interessado na satisfação do crédito (art. 592.º n.º 1) que, como tal, poderá ficar sub-rogado nos direitos do locador sobre o locatário ([131]). De facto, o sublocatário é um devedor directamente interessado no cumprimento das dívidas da contraparte por duas razões. Em primeiro lugar, também a ele pode o locador exigir o pagamento do preço locativo (art. 1063.º); e, em segundo lugar, ele sofrerá as consequências da resolução do contrato fundada no não pagamento da renda (art. 1093.º n.º 1 *a)*).

Justifica-se que o sublocatário se sub-rogue nos direitos do locador sobre o locatário, em dois casos. Quando o locatário se opõe ao cumprimento em que se poderá, então, considerar que não se aproveita da prestação efectuada (art. 770.º *d)*); e quando o sublocatário paga quantia superior à da sua dívida para com o locatário e só na medida dessa diferença.

Afora as situações referidas, a lei não fundamenta mais casos em que se manifeste a existência de relações jurídicas entre o sublocatário e o locador. Mas parece justo que o sublocatário possa exigir outras prestações do locador, como, por exemplo, a realização de obras.

A acção directa do submandatário contra o mandante tem sido geralmente aceite por certa doutrina e jurisprudência estrangeiras ([132]), pelo menos quanto à cobrança de salários e

---

([130]) Em sentido contrário, vd. BRANDÃO PROENÇA, *op. cit.*, pp. 180 e 181; BENATTI, *op. cit.*, p. 643; NICOLÒ e RICHTER, *op. cit.*, comentário n.º 6 ao art. 1595.º, p. 614.

([131]) Cfr. ANTUNES VARELA, *Das Obrigações cit.*, II, p. 308; PIRES DE LIMA e ANTUNES VARELA, *op. cit.*, II, pp. 587 e 588.

([132]) Cfr. PONTES DE MIRANDA, *op. cit.*, XLI, pp. 170, 171 e 172; BARROS MONTEIRO, *op. cit.*, V, 2, p. 261; COZIAN, *op. cit.*, p. 48; DEMOGUE, *op. cit.*, VII, 2, p. 60; MALAURIE e AYNÈS, *Les Contrats Spéciaux*, p. 235 e nota 85 p. 236; NÉRET, *op. cit.*, pp. 294 e segs.; PLANIOL e RIPERT, *op. cit.*, XI, p. 908. Quanto à jurisprudência, veja-se Sentença Francesa de 1.ª Câmara Cível de 27 de Dezembro de 1960, cit. no Código Civil Dalloz *in* anotação ao art.

comissões. Tal acção directa fundamenta-se numa relação existente entre os extremos da cadeia negocial.

Pode considerar-se que esta acção directa é perigosa para o mandante, que fica obrigado pelas iniciativas do mandatário ([133]); mas, se esta acção ficar restrita às situações em que o submandato foi consentido ou era necessário, já esse argumento não colhe.

A acção directa dos auxiliares e dependentes do empreiteiro contra o dono da obra está prevista em várias legislações ([134]), mas nem sempre se têm englobado os subempreiteiros no âmbito de protecção dessas normas ([135]), porque estes exercem um trabalho autónomo. Todavia, aos empregados dos subempreiteiros tem sido, por vezes, concedida uma acção directa contra o empreiteiro, pelo menos nos ordenamentos jurídicos onde tal acção directa é concedida aos trabalhadores do empreiteiro contra o dono da obra ([136]).

Desde que a subempreitada tenha sido autorizada ou seja necessária, ao subempreiteiro deve ser concedida uma acção directa contra o dono da obra por motivos de justiça material, e para evitar o conluio deste com o empreiteiro, em detrimento daquele ([137]). Pelo menos, essa acção directa deve ser concedida aos subempreiteiros de escassos recursos económicos, que parti-

---

1994.º; Aresto do Tribunal de Cassação Italiano de 8 de Abril de 1966, *apud* NICOLÒ e RICHETER, *op. cit.*, comentário n.º 8 ao art. 1717.º pp. 1020 e 1021.

Em Portugal, também CUNHA GONÇALVES, *op. cit.*, VII, p. 464, se apresenta como partidário desta posição.

Em sentido contrário, vd. LARENZ, *op. cit.*, II, 1, p. 415; CLARIZIA, Comentário ... *cit.*, p. 68; MINERVINI, «Sostituzione ...» *cit.*, p. 378, «Mandato, Sub-mandato ...» *cit.*, p. 478; TEYSSIÉ, *op. cit.*, p. 272.

([133]) Vd. COZIAN, *op. cit.*, p. 49.

([134]) Cfr. art. 1597.º do Código Civil Espanhol, art. 1798.º do Código Civil Francês, art. 1676.º do Código Civil Italiano. Também estava prevista no art. 1405.º do Código Civil de 1867; vd., a propósito, PAULO CUNHA (segundo lições de) *Direito das Obrigações, O Objecto da Relação Obrigacional*, nota 1, p. 382.

([135]) Cfr. CARRESI, *Il Contratto*, 1, p. 318; CLARIZIA, Comentário ... *cit.*, p. 75; GIANNATTASIO, *op. cit.*, p. 74; RUBINO, *op. cit.*, p. 337; DEMOGUE, *op. cit.*, VII, 2, p. 370; COSSIO Y CORRAL, *op. cit.*, I, p. 527.

([136]) Cfr. RUBINO, *op. cit.*, p. 338. Vd. também art. 38.º n.º 6 do anteprojecto *do contrato de empreitada da autoria de VAZ SERRA (BMJ*, 146, p. 245).

([137]) Cfr. CUNHA GONÇALVES, *op. cit.*, VII, p. 650; ORLANDO GOMES, *op. cit.*, p. 162; CASTAN TOBEÑAS, *op. cit.*, IV, p. 493; DRAETTA, *op. cit.*, p. 646; MALAURIE e AYNÈS, *Les Contrats Spéciaux*, p. 320; NÉRET, *op. cit.*, pp. 252 e

cipam na obra essencialmente com o seu trabalho, por equiparação com os auxiliares e trabalhadores([138]).

Com respeito às restantes situações subcontratuais, as legislações são, em geral, omissas pelo que só se tem aceite a acção directa contra o primeiro contraente com base nos argumentos comummente invocados para a admissibilidade da acção directa com carácter geral.

60. Impossibilidade de generalização da acção directa nos dois sentidos para todas as situações subcontratuais; outras soluções

A lei nem sempre tem admitido a acção directa nas várias situações subcontratuais, e, no sistema jurídico português, só está prevista a acção directa do locador contra o sublocatário para cobrança de rendas e alugueres em mora (art. 1063.º).

É duvidoso que o legislador tenha querido disciplinar a categoria do subcontrato a propósito da sublocação, pelo que a doutrina do art. 1063.º não é extensível às restantes figuras subcontratuais. Isto é, não se pode deduzir um princípio geral de acção directa no subcontrato, com base na sublocação.

Mas já a fundamentação de um princípio geral de acção directa no subcontrato, com base no grupo contratual, é de aceitar. Pois, segundo VAZ SERRA([139]), a acção directa justifica-se sempre que, por força de uma relação tão especial entre o primeiro e o segundo crédito, seja justa uma relação directa entre sujeitos que não são parte no mesmo negócio jurídico. Entre o contrato base e o subcontrato há essa «relação tão especial» que torna justa a acção directa recíproca.

---

segs. e 301 e segs.; VALENTIN, op. cit., p. 16; SAINT-ALARY, Droit de la Construction, p. 571; DIEZ-PICAZO e GULLÓN, Sistema de Derecho Civil, II, p. 425.

Vd. também NICKLISCH, op. cit., p. 2366, que deixa a questão em aberto.

Em França não se suscitam dúvidas, pois o art. 12.º da Lei n.º 75-1334, de 31 de Dezembro de 1975, admite expressamente a acção directa do subempreiteiro contra o dono da obra. E no art. 6.º da mesma lei impõe-se mesmo o pagamento directo do dono da obra ao subempreiteiro.

([138]) Vd. VAZ SERRA, «Empreitada», BMJ, 146, p. 195.
([139]) «Responsabilidade Patrimonial», cit., p. 190.

Todavia, em face da parcimónia com que o Código Civil admite esta figura, é incerto que, na prática, as acções directas com carácter geral venham a ter acolhimento.

De iure condendo a acção directa no subcontrato deveria estruturar-se com mais amplitude, e com reciprocidade[140].

Não sendo possível recorrer à acção directa, sempre restam ao primeiro contraente, e ao subcontraente, outros meios de verem satisfeitos os seus direitos.

A doutrina e a jurisprudência alemãs, talvez pela ausência de uma regra geral sobre responsabilidade civil no Código Civil Alemão[141], deram vida à figura dos *Verträge mit Schutzwirkung für Dritte,* que se poderá traduzir por «Contratos com eficácia protectora para terceiro»[142].

O terceiro que está incluído na eficácia protectora de um contrato não poderá exigir de nenhum dos contraentes o cumprimento das prestações principais e secundárias, mas tem direito a uma indemnização por violação de deveres de cuidado, de protecção, de informação ou de lealdade.

Esta construção jurídica traz como vantagem a possibilidade de colocação do lesado no terreno mais favorável da responsabilidade contratual[143]. Todavia, não está esclarecido quais são os terceiros que ficam integrados na protecção de um contrato. Tem-se afirmado[144] que usufruem da protecção contratual os terceiros que se encontram numa situação de proximidade da prestação (*Leistungsnähe*). Trata-se, todavia, de um juízo demasiado abstracto. LARENZ[145] acrescenta ainda que, para a inclusão do terceiro, é necessário que ele tenha um considerável interesse e que essa protecção seja reconhecível pelo devedor. Mesmo assim subsistem as dúvidas e, por exemplo, o Supremo Tribunal Federal Alemão não considera o sublocatário no âmbito da efi-

---

[140] Cfr. MASNATTA, *op. cit.,* p. 175.
[141] A responsabilidade civil extracontratual está prevista nos §§ 823 e segs. do Código Civil Alemão.
[142] Vd. MENEZES CORDEIRO, *da Boa Fé no Direito Civil,* I, pp. 620 e segs.; MOTA PINTO, *Cessão da Posição Contratual,* pp. 419 e segs.; CREZELIUS, «Untermiete und Mieterschutz», *JZ,* 1984, pp. 73 e segs.; KRAUSE, *op. cit.,* pp. 16 e segs.; LARENZ, *op. cit.,* I, pp. 224 e segs.; WIEACKER, *História do Direito Privado Moderno,* p. 609 e nota 58 da mesma página.
[143] Vd. MOTA PINTO, *Cessão cit.,* p. 421.
[144] Vd. MOTA PINTO, *Cessão cit.,* p. 420; LARENZ, *op. cit.,* I, p. 227.
[145] *Op. cit.,* I, p. 227.

cácia protectora do contrato de locação, o que é contestado por alguma doutrina([146]).

O contrato com eficácia protectora de terceiro não parece que venha a resolver os problemas emergentes das situações subcontratuais. Assim sendo, não se vê, pelo menos neste aspecto, a necessidade da sua importação para o sistema jurídico português.

Uma outra solução possível é o recurso ao *Commodum subrogationis* (arts. 794.º e 803.º). Esta figura vem regulada em termos algo restritos, na medida em que se torna necessário o preenchimento de três requisitos: que a prestação se torne impossível; que o devedor adquira um direito sobre certa coisa ou contra terceiro; que a aquisição desse direito tenha ocorrido em substituição do objecto da prestação.

Apesar da sua formulação limitada, o *Commodum* de representação, como sub-rogação directa([147]), permite que, em certos casos, o primeiro contraente se substitua ao intermediário nos direitos que este tenha adquirido contra o subcontraente, e vice-versa. Assim, se o locador puser termo à locação através de uma denúncia para habitação (art. 1098.º), o sublocatário poder-se-á substituir ao locatário, pelo menos parcialmente, na titularidade do direito à indemnização, previsto no art. 1099.º n.º 1. Também o mandante, que, pela actuação ilícita do subcontraente, não vê executado o encargo de que incumbiu o mandatário, pode substituir-se à contraparte nos direitos que esta tenha adquirido contra o submandatário, e demandar este directamente.

Sempre que, tornando-se impossível a prestação, e em consequência disso, o intermediário adquira um direito contra o subcontraente, pode o primeiro contraente substituir-se nos direitos daquele, e demandar este directamente. Na hipótese inversa, em que o intermediário adquire um direito em relação à contraparte no contrato base, pode o subcontraente substituir-se ao intermediário, e demandar directamente o primeiro contraente.

Mas, através do *Commodum* de representação não se pode exigir o cumprimento da prestação acordada. Surge, então, uma segunda via: a acção sub-rogatória.

([146]) Cfr. CREZELIUS, *op. cit.*, p. 73; KRAUSE, *op. cit.*, p. 16; LARENZ, *op. cit.*, I, p. 228.
([147]) Vd. ALMEIDA COSTA, *op. cit.*, p. 587 e nota 1 da mesma página; VAZ SERRA, «Responsabilidade Patrimonial», *cit.*, pp. 189 e segs.

Como a sub-rogação do credor ao devedor está admitida em termos genéricos nos arts. 606.º e segs., sempre que o intermediário não actue, ou actue negligentemente, a contraparte pode sub-rogar-se-lhe e, indirectamente, exigir do obrigado o cumprimento da prestação, desde que isso seja essencial à satisfação do crédito.

Se, por exemplo, o subempreiteiro não executar atempadamente a obra a que se obrigou (v.g. instalar um elevador no prédio recém construído) e o empreiteiro não lhe exigir o cumprimento, pode o dono da obra exercer o direito da contraparte em relação ao subempreiteiro, e requerer deste a execução da obra. Em suma, o dono da obra, desde que isso seja essencial à satisfação do seu crédito (v.g. o empreiteiro poderia ter negligenciado a interpelação do subempreiteiro e o comitente, para vender os andares, necessitava que a obra estivesse concluída), e não prejudique os demais credores do empreiteiro (art. 609.º), pode, através da acção sub-rogatória, exigir o cumprimento da prestação ao subempreiteiro ([148]).

Da mesma forma, se o locador não efectuar as reparações necessárias, e o locatário lhas não exigir, pode o sublocatário, em nome da contraparte, requerer que as reparações sejam feitas.

As situações em que é possível recorrer à acção sub-rogatória são inúmeras, e este meio conservatório da garantia patrimonial pode solucionar muitos dos problemas que surgem nas relações entre o primeiro contraente e o subcontraente.

Um outro caminho a seguir será o do locupletamento à custa alheia. Sempre que o primeiro contraente enriqueça sem causa justificativa à custa do subcontraente, poderá este último demandar o primeiro, com base nos arts. 473.º e segs., se se verificarem os pressupostos deste instituto. O mesmo se diga na hipótese inversa, em que o subcontraente enriqueceu injustificadamente à custa do primeiro contraente.

Mas ainda resta uma quarta via: a responsabilidade aquiliana. Os extremos da cadeia contratual podem, reciprocamente,

---

([148]) No Acórdão do Supremo Tribunal de Justiça, de 29 de Novembro de 1983, *BMJ,* 331, pp. 544 e segs. discutia-se um caso em que o 1.º Réu fora encarregado de fazer um transporte de uma máquina e, por sua vez, encarregara os 2.º e 3.º Réus de efectuarem esse transporte. Tendo ficado a máquina danificada por imperícia destes últimos, o Supremo condenou-os com base na acção sub-rogatória.

demandar-se com base na responsabilidade extracontratual, sempre que o outro viole um direito do reclamante (art. 483.º n.º 1). E, no sistema jurídico português, não há uma diferença fundamental entre a responsabilidade contratual e a extracontratual ([149]), até porque a obrigação de indemnizar regula-se pelas mesmas regras (arts. 562.º e segs.).

Por via da responsabilidade extracontratual pode-se, inclusivamente, obter o mesmo resultado que se pretendia com o cumprimento do obrigado (seja ele o subcontraente ou o primeiro contraente), porquanto o princípio geral em matéria de obrigação de indemnizar é o da reconstituição natural (arts. 562.º e 566.º n.º 1).

([149]) Sobre as diferenças de regime entre as duas formas de responsabilidade, vd. ALMEIDA COSTA, *op. cit.*, pp. 354 e segs.

CAPÍTULO V

NOÇÃO E NATUREZA JURÍDICA DO SUBCONTRATO

§ 20 Conceito de subcontrato

61. As várias figuras subcontratuais

Nos vários contratos derivados([1]) encontram-se certos elementos comuns que indiciam a existência de uma figura geral: o subcontrato.

Na realidade, em todo o subcontrato estabelecem-se direitos e obrigações *ex novo,* que têm por base a relação jurídica principal. Subsistem, pois, duas convenções estreitamente relacionadas, com identidade de conteúdo e de objecto([2]) e estruturadas hierarquicamente. O subcontrato fica, assim, numa relação de subordinação([3]) relativamente ao contrato base.

A criação de novos direitos e obrigações, própria do subcontrato, pode acarretar duas consequências: uma limitação no exercício dos direitos que ao intermediário advêm do contrato base (por ex. sublocação, subafretamento); ou uma substituição no cumprimento das obrigações a que o intermediário esteja adstrito por força do contrato principal (por ex. submandato, subempreitada).

No primeiro caso, o subcontrato é utilizado como meio de aproveitamento de vantagens que emergem do contrato base, enquanto que, no segundo caso, o contrato derivado serve para a substituição, na execução, de prestações do contrato principal([4]).

O Código Civil apresenta duas definições de subcontrato: a sublocação (art. 1060.º) e a subempreitada (art. 1213.º n.º 1).

([1]) Vd. enumeração *supra* § 3.
([2]) Vd. *supra*, respectivamente, n.ºs 31 e 32.
([3]) Vd. *supra*, n.º 34.
([4]) Vd. *supra*, respectivamente, n.ºs 45 e 46.

Com respeito à primeira definição, o legislador salientou o aspecto de o subcontrato ser celebrado com base num contrato precedente. Na segunda definição, o legislador evidenciou o facto de, com o subcontrato, um terceiro se obrigar a realizar as prestações a que o intermediário estava vinculado.

Do exposto poder-se-ia inferir que há dois tipos distintos de subcontrato: os que visam o disfrutamento das vantagens do contrato base; os que servem para execução do contrato principal.

Esta conclusão não parece totalmente certa, porquanto o subcontrato tem uma natureza unitária, não obstante algumas diferenças que possam apresentar as várias hipóteses subcontratuais. Para concluir no sentido da natureza unitária do subcontrato, podem aduzir-se vários argumentos.

Em primeiro lugar, em todas as situações em que há um subcontrato encontram-se três partes: um prestador do serviço, um intermediário e um beneficiário desse serviço[5]. O prestador e o beneficiário do serviço tanto podem ser o primeiro contraente, como o subcontraente. Assim, no caso da sublocação, o prestador do serviço (no que respeita ao uso do bem) é o locador e o beneficiário, o sublocatário; quanto ao pagamento da sub--renda, o prestador da utilidade poderá ser o sublocatário e o beneficiário, o locador. Já na subempreitada, o prestador do serviço é o subempreiteiro e o beneficiário, o dono da obra.

Em segundo lugar, nos casos em que o subcontrato é um modo de execução do contrato principal (submandato, subempreitada, etc.), para além da substituição no cumprimento, há uma limitação das faculdades do intermediário. De facto, o devedor não tem o direito ao cumprimento[6], mas tem a faculdade de cumprir e essa faculdade é uma das situações jurídicas activas[7]. E, a admitir-se uma acção directa do subcontraente contra o primeiro contraente, o intermediário vê limitado o seu direito à remuneração. Infere-se, pois, que neste grupo de sub-

---

[5] Vd. NÉRET, *Le Sous-contrat*, pp. 234 e segs.

[6] Vd. ALMEIDA COSTA, *Direito das Obrigações*, pp. 72 e 73. Em sentido diferente, cfr. CUNHA e SÁ, «Direito ao Cumprimento e Direito a Cumprir», *RDES*, XX, 2, 3 e 4, pp. 149 e segs. e, em especial, pp. 187 e segs.

[7] A maior parte dos autores equipara a faculdade ao poder em sentido estrito, cfr. OLIVEIRA ASCENSÃO, *Teoria Geral do Direito Civil*, IV, pp. 87 a 91; CASTRO MENDES, *Direito Civil, Teoria Geral*, II, p. 22; MOTA PINTO, *Teoria Geral do Direito Civil*, p. 170. Todavia, MENEZES CORDEIRO, *Teoria Geral do Direito Civil*, I, pp. 245 a 250, distingue as duas figuras.

contratos também há, embora em menor nível, uma limitação de situações jurídicas activas.

Em contrapartida, nos subcontratos em que a limitação no exercício dos direitos do intermediário é preponderante (ex. sublocação), também pode haver uma substituição na execução das prestações, designadamente no caso em que o locador exige o pagamento da sub-renda ou do subaluguer ao sublocatário (art. 1063.º).

Apresentada a questão sob outro prisma, dir-se-á que, no subcontrato, dum ponto de vista funcional, há sempre uma substituição. Essa substituição pode ser na execução das prestações (submandato, subempreitada, etc.) ou no aproveitamento do benefício (sublocação, subafretamento, etc.)[8].

Esta ideia pode traduzir-se de outra forma e dizer-se que o subcontrato implica sempre uma substituição na execução do contrato principal. No caso em que o subcontrato visa o aproveitamento das vantagens do contrato base, a substituição é por parte do credor; e, nas restantes hipóteses, dá-se uma substituição por parte do devedor[9].

As várias figuras subcontratuais apresentam, pois, certas características comuns que permitem enunciar um conceito unitário de subcontrato.

62. Conceito unitário

O subcontrato é um negócio jurídico bilateral sujeito à disciplina geral dos contratos. Este contrato derivado apresenta, porém, certas especificidades.

Em primeiro lugar, uma das partes no subcontrato terá de ser, por sua vez, parte em outro negócio jurídico e o subcontraente é, em regra, estranho à relação contratual base[10].

Em segundo lugar, o contrato principal deverá ser necessariamente daqueles que permitem a criação de direitos e deveres derivados[11]. Ou seja, o negócio jurídico base deverá ser um contrato duradouro e celebrado sem *intuitu personæ*.

---

[8] Vd. AYNÈS, *La Cession de Contrat*, p. 106; NÉRET, *op. cit.*, p. 158.
[9] Vd. AYNÈS, *op. cit.*, p. 106 e nota 7 da mesma página; MALAURIE e AYNÈS, *Les Obligations*, p. 596.
[10] Vd. *supra* n.os 53, 54, 58 e 59.
[11] Vd. *supra* n.os 14, 15, 16, 29 e 30.

Em terceiro lugar, o sujeito que é parte nos dois contratos, para celebrar o subcontrato, utiliza-se da posição contratual adquirida na relação originária. O intermediário conclui o contrato derivado com base na posição jurídica que detém em outra convenção ([12]). Foi esta ideia que o legislador imprimiu no conceito de sublocação (art. 1060.º). A nova situação jurídica é derivada da anterior. Deste carácter derivado advêm as várias características do subcontrato em relação ao contrato base: a identidade de conteúdo e de objecto, a posterioridade lógica e a subordinação ([13]).

Em quarto lugar, como o intermediário é parte nos dois contratos e, por celebrar o subcontrato, não se desvincula da convenção base, passam a coexistir duas relações jurídicas distintas: a do contrato principal e a do subcontrato.

Por último, permite-se no subcontrato, ou o gozo por terceiro das vantagens de que o intermediário é titular (ex. sublocação, subafretamento), ou a substituição deste no cumprimento da actividade a que estava adstrito (ex. submandato, subempreitada). Tanto a cedência do gozo como a substituição no cumprimento podem ser totais ou parciais.

Nem a discrepância legislativa, nem o facto de existirem tendencialmente dois tipos de subcontrato, quebram a unidade conceitual da figura.

Poderá, então, definir-se o subcontrato como o negócio jurídico bilateral, pelo qual um dos sujeitos, parte em outro contrato, sem deste se desvincular e com base na posição jurídica que daí lhe advém, estipula com terceiro, quer a utilização, total ou parcial, de vantagens de que é titular, quer a execução, total ou parcial, de prestações a que está adstrito ([14]).

([12]) Cfr. PESSOA JORGE, *Direito das Obrigações*, II, p. 31; GALVÃO TELLES, *Manual dos Contratos em Geral*, p. 371; ANTUNES VARELA, *Das Obrigações em Geral*, II, p. 355; LACRUZ BERDEJO, *Derecho de Obligaciones*, 2, p. 266; LÓPEZ VILAS, *El Subcontrato*, pp. 18, 19, e 193.

([13]) Vd. *supra*, n.os 31 a 34.

([14]) Quanto à noção de subcontrato, vd. também MENEZES CORDEIRO, *Direito das Obrigações*, II, p. 126; ALMEIDA COSTA, *op. cit.*, p. 572; GALVÃO TELLES, *Manual cit.*, p. 371; ANTUNES VARELA, *Das Obrigações cit.*, II, p. 355; CARRESI, *Il Contratto*, 2, p. 856; LÓPEZ VILAS, *op. cit.*, pp. 18, 19 e 193; MASNATTA, «La Subcontratación», *RJBA*, 1964, I-IV, p. 153.

Quanto à noção de sublocação, vd. ESTELITA DE MENDONÇA, *Da Sublocação*, p. 18; COSSIO Y CORRAL, *Instituciones de Derecho Civil*, I, p. 500.

§ 21 Teorias relativas à natureza jurídica do subcontrato

63. Ideia geral

Com respeito à natureza jurídica do subcontrato, têm sido defendidas várias teorias que poderão reunir-se em dois grandes grupos: teorias da unidade contratual, e teorias da bipartição contratual.

Para os defensores da unidade contratual, os dois contratos, contrato principal e subcontrato, estão de tal forma relacionados que constituem um todo negocial.

Estas teorias podem encontrar uma multiplicidade de fundamentações.

A unidade contratual já foi justificada com base na representação[15]. Todavia o intermediário não é representante do primeiro contraente, e age em nome próprio, no uso de um direito que lhe confere o primeiro contrato. Por outro lado, e por exemplo, no caso de submandato, se o mandatário agir como representante do mandante quando contrata com terceiro, haverá, não um submandato, mas um mandato em que o terceiro é mandatário directo do *dominus*[16].

---

[15] Vd. referência em GALVÃO TELLES, *Manual cit.*, p. 373; ORLANDO GOMES, *Contratos,* p. 162; BACCIGALUPI, «Appunti per una Teoria del Subcontratto», *RDComm,* 41, 1943, p. 182; LACRUZ BERDEJO, *op. cit.,* 2, p. 267.

[16] Vd. *supra* n.º 28 *b).*

Também já se procurou justificar a unidade contratual com base no contrato a favor de terceiro[17], e mesmo na sucessão constitutiva de direitos[18].

Diferentemente, as teorias da bipartição contratual admitem a existência de dois negócios jurídicos distintos. Por sua vez, os defensores destas teorias subdividem-se em dois grupos. Há os que consideram[19] que os dois negócios são independentes e que os efeitos eventualmente existentes entre eles têm uma origem legal e se apresentam como excepcionais. E os que, pelo contrário, admitem[20] que os dois negócios estão intimamente relacionados, apresentando-se, *maxime,* como coligados.

64. O subcontrato como contrato a favor de terceiro

Quem defende que o subcontrato é um contrato a favor de terceiro[21], admite que há um promitente (subcontraente) que se obriga perante o promissário (intermediário) a efectuar uma prestação ao beneficiário (primeiro contraente). No caso de sublocação, o sublocatário obrigar-se-ia perante o locatário a efectuar uma prestação (pagamento da renda) ao locador; e, numa subempreitada, seria o subempreiteiro que se obrigaria perante o empreiteiro a efectuar uma prestação (realização de uma obra) ao dono da obra.

---

[17] Vd. GRASSO, *Il Subcontratto,* pp. 45, 64 e segs., 71, 73, 99, 100, 114, 122 e, especialmente, pp. 104, 135, 137 e segs.; ORLANDO GOMES, *op. cit.,* p. 162; SAVATIER, «Le Prétendu Principe de l'Effet Relatif des Contrats», *RTDC,* XXXIII, 1934, p. 537; SKOPALIK, *Die Rechte der Untermieter,* p. 28.
Vd. também *infra* n.º 65.

[18] Vd. MESSINEO, «Contrato Derivato — Sub-contratto», *ED,* X, p, 82 e *passim,* Este autor, *op. cit.,* p. 87 e *Il Contratto in Genere,* 1, p. 733, apesar de manter a ideia de sucessão constitutiva, defende que se trata de uma união de contratos.
Vejam-se também referências em GALVÃO TELLES, *Manual cit.,* p. 375; BACCIGALUPI, *op. cit.,* p. 182 e segs.
Vd. *infra* n.º 66.
Sobre outras teorias quanto à natureza jurídica do subcontrato, vd. BACCIGALUPI, *op. cit.,* p. 182, 183 e 185.

[19] Cfr. BACCIGALUPI, *op. cit.,* p. 182; LACRUZ BERDEJO, *op. cit.,* 2, p. 267.

[20] Vd. *infra* n.º 66 e autores citados *infra* notas 35 e segs.

[21] Vd. autores citados *supra* nota 17.

O subcontrato seria, assim, um acordo aberto à adesão de terceiro, que adquiriria relevância externa em caso de inadimplemento do intermediário [22]. Na hipótese de incumprimento do contrato base, o terceiro (primeiro contraente) poderia demandar o promitente (subcontraente).

Esta opinião não colhe, por várias razões.

Em primeiro lugar, não admite que o subcontraente possa demandar o primeiro contraente, como acontece, pelo menos, em algumas legislações, com respeito ao subempreiteiro e ao submandatário [23].

Em segundo lugar, do subcontrato não resulta, as mais das vezes, uma atribuição patrimonial directa para o primeiro contraente, como é próprio do contrato a favor de terceiro [24]. Apesar de ter subcontratado, é normalmente o intermediário que cumpre a prestação perante o primeiro contraente. Assim, é o locatário que continua a pagar a renda ao locador, é o empreiteiro que entrega ao comitente a obra completa, em que se incluem os trabalhos de subempreiteiros, etc. Ao suposto beneficiário (locador, mandante, dono da obra) só reflexamente lhe são atribuídas vantagens derivadas do subcontrato.

Por último, o intermediário e o subcontraente não manifestam uma intenção inequívoca de atribuir um benefício a terceiro, e tal intenção teria de constar expressamente do subcontrato para se atribuir a este negócio o carácter «a favor de terceiro». Nem se poderá deduzir a intenção de atribuir uma vantagem a terceiro de uma suposta relação de valuta (contrato base) existente entre o intermediário (promissário) e o primeiro contraente (beneficiário).

65. O subcontrato como sucessão constitutiva de direitos

Partindo também de uma concepção unitária, tem sido defendido que no subcontrato há uma sucessão constitutiva de direitos [25].

---

[22] Vd. GRASSO, *op. cit.*, pp. 51, 71, 73 e 139.
[23] Vd. *supra* n.º 59.
[24] Vd. autores citados *supra* nota 35 do Cap. II.
[25] Vd. MESSINEO, «Contratto Derivatto — Sub-contratto», *cit.*, p. 82, *Il Contratto cit.*, 1, p. 736 e nota 67 da mesma página; DRAETTA, «Il Subcontratto Internazionale», *RDIPP*, 1984, 4, pp. 644 e 645; MOTA PINTO, *Cessão da Posi-*

A sucessão constitutiva implica a autonomização de um direito à custa de outro direito que está na sua base. Quer dizer, constitui-se uma nova relação, cujo conteúdo foi destacado, total ou parcialmente, do contrato principal. Como refere MESSINEO[26], o direito derivado reproduz o conteúdo do direito principal, forma-se à custa deste último e estende-se para onde este cessa.

Esta posição não parece totalmente correcta, porquanto a ideia de sucessão contratual é contrária à coexistência dos dois negócios jurídicos[27]. De facto, coexistindo o subcontrato com o contrato base, não deverá admitir-se a existência de um fenómeno sucessório.

Também não há sucessão constitutiva, porque o subcontraente não assume os mesmos direitos e obrigações do intermediário em relação ao primeiro contraente; o subcontraente pode ser titular de um direito sobre a mesma coisa ou ficar adstrito a cumprir as mesmas obrigações, mas não ocupa a posição jurídica do intermediário.

Além disso, não se pode afirmar que o direito derivado se forme à custa do direito principal, porque este mantém-se intacto no seu conteúdo[28]. O intermediário continua titular dos mesmos direitos e adstrito às mesmas obrigações, perante o primeiro contraente, pois só há uma limitação no exercício e não na essência do direito.

Ao não admitir as concepções unitárias quanto à natureza jurídica do subcontrato, cabe, então, enunciar as teorias da bipartição contratual.

ção Contratual, p. 113 nota 2; AYNÈS, *La Cession de Contrat*, p. 106; CRISTÓBAL-MONTES, «La Cesión de Contratos en el Derecho Venezuelano», *RFDC*, 36, 1967, p. 82; LÓPEZ VILAS, *op. cit.*, pp. 29, 210, 234 e segs.; MASNATTA, *op. cit.*, pp. 169 e 170.

Vd. também TEYSSIÉ, *Les Groupes de Contrats*, p. 77, só no sentido de admitir uma sucessão de contratos.

[26] *Il Contratto cit.*, 1, p. 737.

[27] Cfr. BACCIGALUPI, *op. cit.*, p. 184; GRASSO, *op. cit.*, p. 17; NÉRET, *op. cit.*, pp. 38 e 57.

[28] Vd. BACCIGALUPI, *op. cit.*, p. 184; GRASSO, *op. cit.*, p. 17; GALVÃO TELLES, *Manual cit.*, pp. 375 e 376. Porém, este último autor (*op. e luq. cit.*) admite que, na subenfiteuse, havia, efectivamente, uma sucessão constitutiva, porque o direito do enfiteuta ficava limitado no seu conteúdo. Vd. críticas a esta posição na nota 41 do Cap. III.

66. O subcontrato como união ou coligação de contratos

De entre as teorias da bipartição contratual terá de se fazer uma prévia distinção entre as que negam a existência de relações entre os dois contratos, salvo casos excepcionais, e as que, pelo contrário, aceitam a existência de relações entre o contrato base e o subcontrato.

A primeira posição é criticável, porquanto a existência de um íntima conexão entre os dois contratos não pode ser negada([29]), e tal conexão não se poderá basear, única e exclusivamente, em excepções legais.

Resta, pois, a defesa de teorias que admitem a existência de relações entre os dois contratos.

BACCIGALUPI([30]) defendeu a ideia de pluralidade de contratos com direitos sobrepostos, e, com base nessa sobreposição de direitos, admitia a existência de relações entre os dois contratos. A noção de direitos sobrepostos é muito fluida e pode levar ao —já bastante criticado— conceito de direitos sobre direitos.

De entre as teorias que admitem a existência de dois contratos distintos em estreita relação, cabe fazer uma especial referência àquela que concebe o subcontrato como uma união ou coligação de negócios.

A clássica tripartição da união de contratos de origem alemã([31]), continua a ter aceitação na doutrina portuguesa([32]). Todavia, na união externa ou acidental, não há qualquer nexo de relevância jurídica entre os dois contratos pois, entre eles, existe uma mera ligação material. E, na união alternativa, não há uma coexistência dos dois contratos no que respeita à produção dos respectivos efeitos([33]).

([29]) Vd. *supra* §§ 9, 11, 12, 13, 14, 17 e 18.
([30]) *Op. cit.*, pp. 191 e 194.
([31]) Vd. ENNECCERUS e LEHMANN, *Derecho de Obligaciones*, II, 1, pp. 7 e segs.
([32]) Vd. MENEZES CORDEIRO, *Direito das Obrigações*, I, pp. 429 e 430; ALMEIDA COSTA, *op. cit.*, pp. 257 e 258; VAZ SERRA, *União de Contratos — Contratos Mistos*, pp. 6 e segs. e 23 e segs.; GALVÃO TELLES, *Manual cit.*, pp. 395 e segs., *Direito das Obrigações*, pp. 70 e segs.; ANTUNES VARELA, *Das Obrigações em Geral*, I, pp. 276 e segs.
([33]) No mesmo sentido, cfr. FERNANDO GALVÃO TELLES, «União de Contratos e Contratos Para-Sociais», *ROA*, XI, n.os 1 e 2, p. 69.

Na união interna ou com dependência existe, sim, uma coligação contratual em sentido técnico([34]). Na realidade, na união interna, há uma finalidade económica comum([35]) e uma subordinação entre os contratos.

A finalidade económica comum dos contratos coligados está patente nos vários exemplos de uniões internas ou com dependência que a doutrina tem referido([36]). Na realidade, os negócios coligados prosseguem uma mesma finalidade económica e, em regra, completam-se na prossecução desse objectivo comum.

A subordinação entre os contratos implica que as vicissitudes de um negócio se repercutam no outro. Esta subordinação pode ser recíproca ou unilateral. No primeiro caso, as alterações produzidas em um dos contratos reflectem-se no outro, e vice-versa; no segundo caso, um dos contratos tem predomínio sobre o outro e só as vicissitudes deste se repercutem no seguinte.

A coligação contratual, além de poder ser bilateral ou unilateral, também se pode apresentar como genética ou funcional([37]) e como voluntária ou necessária([38]).

Na coligação genética, um dos contratos produz efeitos na fase formativa do outro, mas esses efeitos não persistem na fase de execução (ex. contrato tipo). Contrariamente, na coligação funcional, o destino de ambos os contratos está ligado, não só na sua formação, como também no desenvolvimento e funcio-

---

([34]) Cfr. VAZ SERRA, *União de Contratos cit.*, p. 23, nota 17; GASPERONI, «Collegamento e Connessione tra Negozi», *RDCDGO*, LIII, 1955, I, pp. 359 e 365; SABATO, «Unità e Pluralità di Negozi», *RDC*, V, 1959, I, p. 428.

([35]) Cfr. VAZ SERRA, *União de Contratos cit.*, p. 7; GALVÃO TELLES, *Manual cit.*, p. 395; CARRESI, *Il Contratto*, 1, p. 316; SABATO, *op. cit.*, p. 416; MALAURIE e AYNÈS, *Le Obligations*, p. 594; MESTRE, «Le Principe de l' Effet Relatif à l'Épreuve des Groupes de Contrats», *RTDC*, 1986, 3, p. 594.

([36]) Cfr. ALMEIDA COSTA, *op. cit.*, p. 257; VAZ SERRA, *União de Contratos cit.*, p. 7, nota 6 e pp. 24 e 25; GALVÃO TELLES, *Manual cit.*, p. 396; ANTUNES VARELA, *Das Obrigações cit.*, I, p. 276; ENNECCERUS e LEHMANN, *op. cit.*, II, 1, p. 8.

A propósito da união de contratos, vd. Acórdão do Supremo Tribunal de Justiça, de 4 de Dezembro de 1979, *BMJ*, 292, p. 345, que, inexplicavelmente, não subsumiu o caso *sub iudice* à coligação de contratos com dependência.

([37]) Vd. CARRESI, *Il Contratto*, 1, p. 319; GASPERONI, *op. cit.*, pp. 366 e segs. e 372 e segs.; SABATO, *op. cit.*, p. 434; LÓPEZ VILAS, *op. cit.*, p. 225.

([38]) GASPERONI, *op. cit.*, p. 373.

LÓPEZ VILAS, *op. cit.*, pp. 225 e segs., faz idêntica classificação, mas denomina estas distinções de coligação subjectiva e objectiva.

namento das respectivas relações. A coligação negocial mais importante, em razão da maior complexidade de efeitos, é, sem dúvida, a união funcional.

Por último, a coligação voluntária é aquela que depende unicamente da vontade dos contraentes. Os sujeitos, no domínio do princípio da liberdade contratual, podem pretender que dois contratos, em que são partes, fiquem coligados entre si. Diferentemente, na coligação necessária, a ligação entre os dois negócios jurídicos fica a dever-se, não a uma expressa vontade dos contraentes nesse sentido, mas à existência de uma relação natural entre os dois contratos, que pode ser económica ou teleológica.

Para haver união de contratos não se torna necessária a identidade de sujeitos[39]. Com efeito, para que dois contratos estejam coligados não é preciso que sejam os mesmos os sujeitos partes em ambos os contratos. É, todavia, imprescindível a existência de um sujeito comum aos dois negócios jurídicos, ou seja, parte em um e outro contratos.

Vistos os aspectos gerais da coligação de contratos, cabe indagar da possibilidade de enquadramento do subcontrato nesta modalidade de negócios jurídicos.

O contrato base e o subcontrato não se fundem num único contrato; antes pelo contrário, mantêm-se como dois contratos distintos e individualizados[40]. E estes dois negócios não só prosseguem, como regra, uma finalidade económica comum, como, sobretudo, têm identidade de conteúdo e de objecto[41]. Além disso, o contrato derivado encontra-se subordinado ao negócio principal[42].

O subcontrato prossegue, normalmente, a mesma finalidade económica do contrato que está na sua base; pretende-se, ou executar as prestações a que o intermediário ficou adstrito no contrato base (ex. subempreitada), ou aproveitar as vantagens que advêm para o intermediário do contrato principal (ex. sublocação).

Por outro lado, o conteúdo dos dois negócios é idêntico, porque o subcontrato é uma convenção do mesmo tipo do con-

---

[39] Cfr. GASPERONI, op. cit., p. 378; LÓPEZ VILAS, op. cit., p. 225; MALAURIE e AYNÈS, Les Obligations, p. 594.
[40] Vd. supra § 11.
[41] Vd. supra n.os 31 e 32.
[42] Vd. supra n.º 34.

trato principal; e há também uma coincidência entre o objecto dos dois contratos. De facto, o subempreiteiro obriga-se a executar, parcial ou totalmente, a mesma obra que fora encomendada ao empreiteiro; o submandatário fica adstrito a cumprir, parcial ou totalmente, o mesmo encargo de que o mandatário fora incumbido; o sublocatário exerce os mesmos direitos de gozo do locatário sobre certa coisa, ainda que parcialmente. O que foi referido com respeito a estes três exemplos de subcontratos é aplicável, *mutatis mutandis,* às demais figuras subcontratuais.

A relação de subordinação que liga o subcontrato ao contrato base é unilateral([43]), porquanto as vicissitudes do primeiro contrato repercutem-se na relação derivada, mas as alterações do subcontrato só indirectamente poderão afectar a relação principal. Não há uma relação de interdependência, visto só um deles estar subordinado ao outro.

Apesar de a dependência ser unilateral, a ilicitude que eventualmente as partes pretendam alcançar com a coligação contratual afecta a validade de ambos os contratos. Assim, no caso de fraude à lei([44]) os dois contratos podem ser de *per si* válidos mas, em conjunto, prosseguirem um fim ilícito e, mercê do fenómeno da união jurídica de negócios, os dois contratos são feridos de nulidade([45]).

A dependência do subcontrato relativamente ao contrato base verifica-se, não só na sua formação, como também durante toda a sua execução. Pode, então, afirmar-se que, entre o subcontrato e o contrato base, há uma coligação funcional([46]). De facto, o contrato principal exerce a sua influência na formação do subcontrato, porquanto este cria-se à custa de direitos que advêm daquele; e também exerce a sua influência no desenvolvimento e funcionamento da relação derivada, na medida em que as vicissitudes do primeiro se reflectem no segundo. É também

---

([43]) Cfr. LACRUZ BERDEJO, *op. cit.*, 2, p. 267; LÓPEZ VILAS, *op. cit.*, p. 29 e 229; MASNATTA, *op. cit.*, p. 167; MESSINEO, «Contratto Derivato — Sub-contratto» *cit.*, p. 87, *Il Contratto cit.*, 1, pp. 737 e 744.

([44]) Vd. *supra* n.º 8.

([45]) Cfr. FERNANDO GALVÃO TELLES, *op. cit.*, p. 71.

([46]) Cfr. CLARIZIA, Comentário ao Aresto do Tribunal de Cassação Italiano, de 15 de Maio de 1972, *BBTC,* XXXVI, 1973, II, p. 76; MESSINEO, *operæ cit.*, respectivamente, pp. 87, 737 e 744; LACRUZ BERDEJO, *op. cit.*, p. 267; LÓPEZ VILAS, *op. cit.*, pp. 29, 230 e segs.; MASNATTA, *op. cit.*, p. 168.

este fenómeno de dependência unilateral de contratos coligados que justifica o efeito extintivo do subcontrato por efeito da resolução do negócio base.

A coligação existente entre este dois contratos, não resulta directamente da vontade das partes, pois esta união acha-se ínsita na própria natureza dos negócios em causa [47], desde que os dois negócios estejam funcionalizados na prossecução do mesmo fim. Há uma dependência natural do subcontrato em relação ao contrato principal que justifica a existência de uma coligação de negócios, independentemente de expressa vontade das partes nesse sentido.

Em suma, o subcontrato e o contrato base formam uma coligação unilateral, funcional e necessária.

Noutra perspectiva de classificação das uniões de contratos [48], poder-se-á dizer que o subcontrato e o contrato base constituem uma união processual (por oposição à união não processual), na medida em que prosseguem o mesmo fim, e uma união em cascata (por oposição à união em cadeia), porque a relação entre eles é vertical. Quanto ao conteúdo, os dois contratos formam uma união homogénea (por oposição à união heterogénea), pois os dois contratos são do mesmo tipo negocial. Por último, no que respeita às relações entre os dois contratos, constitui-se uma união hierárquica (em contraposição às uniões prevalentes e paritárias), porque um dos contratos fica na dependência do outro.

É esta coligação negocial que justifica a existência de relações entre sujeitos que não são parte no mesmo contrato, *maxime,* o estabelecimento de acções directas entre os extremos da cadeia contratual.

Apesar de uma origem remota, só nos últimos tempos se verificou um acentuado incremento do subcontrato. É natural que, cada vez mais, se venham a levantar problemas derivados das relações subcontratuais. Cabe, pois, aos práticos do direito, e em especial aos juízes, o desenvolvimento das bases que aqui foram expostas.

---

[47] Cfr. LÓPEZ VILAS, *op. cit.,* pp. 225 e 228.
[48] Segundo prelecções de MENEZES CORDEIRO, proferidas em aulas teóricas de Direito das Obrigações aos alunos do 3.º ano da Faculdade de Direito de Lisboa.

BIBLIOGRAFIA

AA.VV. — *Das Bürgerliche Gesetzbuch, Kommentar*, II parte, 1.º Tomo, 1976, 2.º 3.º e 4.º Tomos, 1978, Walter de Gruyter, Berlim.

ABREU, Eridano de — «A Acção Competente para Efectivar o Direito de Livre Fixação de Renda Fundada em Sublocação», *Jornal do Fôro*, 1948, Ano 12.º, pp. 170 a 177.

—— «Contra Quem Deve Ser Proposta a Acção de Despejo de Prédios Urbanos quando haja Sublocação», *Jornal do Fôro*, 1948, Ano 12.º, pp. 262 a 278.

ALARCÃO, Rui de — *A Sublocação de Prédios Urbanos (Alguns Aspectos do seu Regime)*, Coimbra, 1953.

—— *A Limitação da Renda no Subarrendamento*, Separata do *Boletim da Faculdade de Direito da Universidade de Coimbra*, Vol. XXXVIII, Coimbra, 1963.

—— «Breve Motivação do Anteprojecto sobre o Negócio Jurídico na Parte Relativa ao Erro, Dolo, Coacção, Representação, Condição e Objecto Negocial», *Boletim do Ministério da Justiça*, n.º 138, pp. 71 a 122.

—— *Direito das Obrigações*, edição policopiada, Coimbra, 1983.

ALBALADEJO, Manuel — *Compendio de Derecho Civil*, 5.ª edição, Bosch, Barcelona, 1983.

—— *Derecho Civil*, Tomo II, *Derecho de Obligaciones*, Vol. II, *Los Contratos en Particular y las Obligaciones non Contratuales*, 7.ª edição, Barcelona, 1982.

ALMEIDA, L. P. Moitinho de — *Inquilinato Urbano Post 25 de Abril*, Coimbra Editora, Coimbra, 1980.

—— «A Responsabilidade Civil do Projectista e o seu Seguro», *Boletim do Ministério da Justiça*, n.º 228, pp. 5 a 29.

ALMEIDA, António Pereira de — *Direito Privado*, II, *Contrato de Empreitada*, Associação Académica da Faculdade de Direito de Lisboa, Lisboa, 1983.

ANDRADE, Manuel de — *Teoria Geral da Relação Jurídica,* Vol. I e II, 2.ª reimpressão, Almedina, Coimbra, 1966.

—— *Teoria Geral das Obrigações* (com a colaboração de Rui de Alarcão), 2.ª edição, Almedina, Coimbra, 1963.

ANSELMO Manuel — «Geografia Jurídica da Sublocação e da Albergaria», *Revista de Direito e de Estudos Sociais,* Ano IX, 1956, n.º 3, pp. 218 a 229.

ASCENSÃO, José de Oliveira — *O Direito, Introdução e Teoria Geral,* 4.ª edição, Editorial Verbo, Lisboa, 1987.

—— *Teoria Geral do Direito Civil,* Vol. I a IV, edição policopiada, Lisboa, 1983/84 e 1984/85.

ASTUTI, Guido — «Deposito (storia)», *Enciclopedia del Diritto,* Vol. XII, pp. 212 a 235.

ATAZ LÓPEZ, Joaquín — *Ejercicio par los Acreedores de los Derechos y Acciones del Deudor,* Tecnos, Madrid, 1988.

AYNÈS, Laurent — *La Cession de Contrat et les Opérations Juridiques à Trois Personnes,* Economica, Paris, 1984.

AZOULAI, Marc — «L'Elimination de l'Intuitus Personæ dans le Contrat», AA.VV. *La Tendance a la Stabilité du Rapport Contratuel,* Paul Durand (Org.), Librairie Générale de Droit et de Jurisprudence, Paris, 1960.

BACCIGALUPI, Mário — «Appunti per una Teoria del Subcontratto», *Rivista di Diritto Commerciale,* Vol. 41, 1943, pp. 181 a 200.

BASTOS, Jacinto Rodrigues — *Dos Contratos em Especial Segundo o Código Civil de 1966,* Vols. II e III, s.l., 1974.

BAUDRY—LACANTINERIE, G. — *Précis de Droit Civil,* Tomo II, 13.ª edição, Sirey, Paris, 1925.

BENATTI, Francesco — «Appunti in Tema di Azioni Diretta (art. 1595, 1676, 2867 C.C.)», *Rivista Trimestrale di Diritto e Procedura Civile,* Ano XVIII, 1964, pp. 624 a 651.

BESTA, Enrico — *L'Obbligazioni nella Storia del Diritto Italiano,* Cedam, Pádua, 1936.

BETTI, Emilio — *Istituzioni di Diritto Romano,* Vol. I, 2.ª edição, Cedam, Pádua, 1942.

—— *Teoria Generale dellè Obbligazioni,* Vol. I, 1953, Vol. III, 1, 1954 e Vols. III, 2 e IV, 1955, Dott. A. Giuffrè, Milão.

—— *Teoria Generale del Negozio Giuridico,* Tomos I e II, 2.ª edição, tradução portuguesa de Fernando de Miranda sob o título *Teoria Geral do Negócio Jurídico,* Coimbra Editora, Coimbra, 1969.

BONFANTE, Pietro — *Corso di Diritto Romano,* Vol. IV, *Le Obbligazioni,* Dott. A. Giuffrè, Milão, 1979.

BROX, Hans — *Besonderes Schuldrecht*, 15.ª edição, Beck, Munique, 1989.

BUONOCORE, Vincenzo — «Sull'art 1856 C.C.: Sostituzione nel Mandato o Submandato?», *Banca Borsa e Titoli di Credito*, Ano XXIII, 1960, II, pp. 486 a 502.

CAMPOS, Diogo Leite de — *A Subsidiariedade da Obrigação de Restituir o Enriquecimento*, Coimbra, 1974.

—— *Contrato a Favor de Terceiro*, Almedina, Coimbra, 1980.

CARBONNIER, Jean — *Droit Civil*, Tomo 4, *Les Obligations*, 13.ª edição, Paris, 1988.

CARNELUTTI, Francesco — *Teoria Generale del Diritto*, Soc. Ed. del «Foro Italiano», Roma, 1940.

CARRESI, Franco — «Sostituzione e Submandato», *Il Foro Italiano*, Vol. LXIII, 1938, I, pp. 1087 a 1094.

—— *Il Contratto*, Tomos 1 e 2 in *Trattato di Diritto Civile e Commerciale*, XXI, Dott. A. Giuffrè, Milão, 1987.

CARVALHO, Sabino dos Santos Sobral — *A Sublocação e a Concessão de Exploração*, Coimbra, 1952.

CARVALHO, Virgílio de Jesus Miranda — *Aspectos Prático-Jurídicos do Arrendamento Rural*, Coimbra Editora, Coimbra, 1984.

CASTAN TOBEÑAS, Jose — *Derecho Civil Español, Comun y Foral*, Tomos III, *Derecho de Obligaciones. La Obligación y el Contrato en General*, 13.ª edição, Madrid, 1983 e Tomo IV, *Derecho de Obligaciones. Las Particulares Relaciones Obligatorias*, 13.ª edição, Reus S. A., Madrid, 1986.

CASTELO-BRANCO, Deusdado — *Problemas de inquilinato*, Almedina, Coimbra, 1973.

CASTRO Y BRAVO, Federico de — *El Negocio Juridico*, Civitas, Madrid, 1985.

CHESHIRE, G. C., C. H. S. Fifoot e M. P. Furmston — *Law of Contract*, 11.ª edição, Butterworths, Londres, 1986.

CHIRONI, G. P. e L. Abello — *Trattato di Diritto Civile Italiano*, Vol. I, Parte Geral, Fratelli Bocca, Turim, 1904.

CIAN, Giorgio e Alberto Trabucchi — *Commentario Breve al Codice Civile*, 2.ª edição, Cedam, Pádua, 1984.

CLARIZIA, Renato — Comentário ao Aresto do Tribunal de Cassação Italiano, de 15 de Maio de 1972, *Banca Borsa e Titoli di Credito*, Ano XXXVI, 1973, II, pp. 67 a 77.

COELHO, Carlos Pinto — «O artigo 61.º da Lei n.º 2030», *Revista da Ordem dos Advogados*, Ano 21, 3.º e 4.º trimestres de 1961, pp. 49 a 55.

COELHO, Francisco Pereira — *Arrendamento*, edição policopiada, Coimbra, 1987.

COLIN, Ambroise e Henri Capitant — *Cours Élémentaire de Droit Civil Français*, II, 5.ª edição, Dalloz, Paris, 1928.

CORDEIRO, António Menezes — *Direito das Obrigações*, 1.º e 2.º Vols. A.A.F.D.L., reimpressão, Lisboa, 1986.

—— *Da Boa Fé no Direito Civil*, 1.º e 2.º Vols., Lisboa, 1984.

—— *Teoria Geral do Direito Civil*, 1.º e 2.º Vols., A.A.D.F.L, Lisboa, 1987.

—— *Teoria Geral do Direito Civil, Relatório*, Lisboa, 1987.

—— *Da Natureza do Direito do Locatário*, Separata da *Revista da Ordem dos Advogados*, Lisboa, 1980.

COSSIO Y CORRAL, Alfonso — *Instituciones de Derecho Civil*, Tomo I, *Obligaciones y Contratos*, Civitas, Madrid, 1988.

COSTA, Mário Júlio de Almeida — *Direito das Obrigações*, 4.ª edição, Coimbra Editora, Coimbra, 1984.

—— *Origem da Enfiteuse no Direito Português*, Coimbra Editora, Coimbra, 1957.

COSTA, Mário Júlio de Almeida e António Menezes Cordeiro — *Cláusulas Contratuais Gerais*, Anotação ao Dec.-Lei n.º 446/85, de 25 de Outubro, Almedina, Coimbra, 1986.

COZIAN, Maurice — *L'Action Directe*, Librairie Générale de Droit et de Jurisprudence, Paris, 1969.

CREZELIUS, Georg — «Untermiete und Mieterschutz», *Juristen Zeitung*, 1984, pp. 70 a 76.

CRISTÓBAL-MONTES, Angel — «La Cesión de Contrato en el Derecho Venezuelano», *Revista de la Facultad de Derecho de Caracas*, 1967, n.º 36, pp. 41 a 85.

CRUZ, Sebastião — *Direito Romano (Ius Romanum) I, Introdução e Fontes*, 4.ª edição, Coimbra, 1984.

CUNHA, Paulo — «O Património do Devedor é a Garantia Comum dos Credores — Os Credores teem o Poder Virtual de Execução sobre o Património do Devedor», *O Direito*, Ano 66, 1934, pp. 98 a 104.

CUNHA Paulo (segundo lições de Paulo Cunha em Apontamentos de Orlando Courrège e outros) — *Direito Civil*, Lisboa, 1937/38.

—— *Direito das Obrigações — O Objecto da Relação Obrigacional*, Lisboa, 1943.

—— *Direito das Obrigações — A Garantia da Relação Obrigacional*, Lisboa, 1942.

DAIBERT, Jefferson — *Dos Contratos, Parte Especial, Das Obrigações*, Forense, Rio de Janeiro, 1977.

DARMANTELLO, Arturo e Giuseppe Portale — «Deposito», *Enciclopedia del Diritto*, Vol. XII, p. 266 (subdepósito).

DAVID, René e David Pugsley — *Les Contrats en Droit Anglais*, 2.ª edição, Librairie Générale de Droit et de Jurisprudence, Paris, 1985.

DECLAREUIL, J. — *Rome et l'Organisation du Droit*, La Renaissance du Livre, Paris, 1924.

DEMOGUE, René — *Traité des Obligations en Général*, Tomo VII, 2, *Effets des Obligations à l'Égard des Tiers*, Rousseau & Cie., Paris, 1933.

DIEZ-PICAZO, Luis e António Gullón Ballesteros — *Sistema de Derecho Civil, II, El Contrato en General, La Relación Obligatoria, Contratos en Especial, Cuasi Contratos, Enriquecimiento sin Causa, Responsabilidad Extracontratual*, Tecnos, 5.ª edição, Madrid, 1988.

DIGESTO (El) de Justiniano, Tomo I, Editorial Aranzadi, Pamplona, 1965.

D'ORS, Alvaro — *Elementos de Derecho Privado Romano*, Ediciones Universitad de Navarra, S.A., 2.ª edição, Pamplona, 1975.

—— *Derecho Privado Romano*, Ediciones Universitad de Navarra, S.A., 3.ª edição, Pamplona, 1973.

DRAETTA, Ugo — «Il Subcontratto Internazionale», *Rivista di Diritto Internazionale Privato e Processuale*, 1984, n.º 4, pp. 641 a 666.

ENNECCERUS, Ludwig e Heinrich Lehmann — *Recht der Schuldverhältnisse — Ein Lehrbuch*, Vol. II, 1.ª Parte, tradução espanhola de Blas Perez Gonzalez e Jose Alguer da 15.ª edição alemã sob o título «*Derecho de Obligaciones*», 3.ª edição, Bosch, Barcelona, 1966.

ESMEIN, Paul — «Cession de Bail et Sous-location», *Revue Trimestrielle de Droit Civil*, Tomo 23, 1924, pp. 251 a 271.

ESSER, Josef e Eike Schmidt — *Schuldrecht I, Allgemeiner Teil*, 6.ª edição, C. F. Müller Juristischer Verlag, Heidelberga, 1984.

ESSER, Josef e Hans-Leo Weyers — *Schuldrecht II, Besonderer Teil*, 6.ª edição, C. F. Müller Juristischer Verlag, Heidelberga, 1984.

FARIA, Avelino de — «O Contrato de Exploração de Estabelecimento Comercial e Industrial e o Contrato de Sublocação são Inconfundíveis», *Revista dos Tribunais*, Ano 77, 1959, pp. 66 a 70.

FERREIRA, José Dias — *Codigo Civil Portuguez Annotado*, 2.ª edição, Vol. III, Coimbra, 1898.

FERREIRA, Vasco Taborda — «Sublocação e Trespasse; Elementos para a definição de Trespasse», *Revista de Direito e de Estudos Sociais*, Ano IX, 1956, n.º 2, pp. 97 a 112.

FERRO, Mário — «Do Subafretamento», *Gazeta da Relação de Lisboa*, Ano 36, n.º 23 de 1 de Abril de 1923, pp. 353 a 355.

FLATTET, Guy — *Les Contrats pour le Compte d' Autrui,* Sirey, Paris, 1950.

FREIRE, Pascoal José de Mello — *Institutiones Iuris Civilis Lusitani,* III, *De Iure Rerum,* IV, *De Obligationibus et Actionibus,* Coimbra, 1815 e tradução de Miguel Pinto de Meneses, *Boletim do Ministério da Justiça,* n.º 166, pp. 98 a 140 e n.º 168, pp. 27 a 165.

GALGANO, Francesco — *Diritto Privato,* 4.ª edição, Cedam, Pádua, 1987.

GARCIA AMIGO, Manuel — *La Cesión de Contratos en el Derecho Español,* Ediciones Revista de Derecho Privado, Madrid, 1964.

GASPERONI, Nicola — «Collegamento e Connessione tra Negozi», *Rivista del Diritto Commerciale e del Diritto Generale delle Obbligazioni,* Ano LIII, 1955, I, pp. 357 a 387.

GIANNATTASIO, Carlo — *L'Appalto, in Trattato di Diritto Civile e Commerciale,* Vol. XXIV, Tomo 2, 2.ª edição, Dott. A. Giuffrè, Milão, 1977.

GIANTURCO, Emanuele — *Contratti Speciali,* Vol. III, *Della Cessioni dei Crediti e di Altri Diritti,* Luigi Piero, Nápoles, 1906.

GIFFARD, A. E. e Robert Villers — *Droit Romain et Ancien Droit Français, Obligations,* 4.ª edição, Dalloz, Paris, 1976.

GOMES, Manuel Januário — *Constituição da Relação de Arrendamento Urbano,* Almedina, Coimbra, 1980.

GOMES, Orlando — *Contratos,* 12.ª edição, Forense, Rio de Janeiro, 1987.

GONÇALVES, Luiz da Cunha — *Tratado de Direito Civil,* Vols. IV, 1932, VII, VIII, 1934, IX, 1935 e XIV, 1942, Coimbra Editora, Coimbra.

GRASSO, Biagio — *Il Subcontratto,* Publicazioni della Scuola di Perfezionamento in Diritto Civile dell' Università di Camerino, 1977.

GRAZIADEI, Michele — «Mandato», *Rivista di Diritto Civile,* Ano XXXI, 1985, n.º 4, pp. 463 a 477.

HEVIA BOLAÑOS, Juan de — *Curia Filipica,* II Parte, Madrid, 1700.

HOMET, José — «O Subcontrato como Meio de Promoção do Desenvolvimento Industrial», *A Indústria do Norte,* Ano 121, n.º 610, Outubro 1970, pp. 55 a 63.

HOYNINGEN-HUENE, Gerrick V. — «Subunternehmervertarg oder Illegale Arbeitnehmerüberlassung?», *Betriebsberater,* Heft, 25, 1985, pp. 1669 a 1675.

IANNUZZI, Mario — «Transporto Cumulativo Occasionale o Subtransporto?», *Rivista del Diritto Commerciale e del Diritto Generale delle Obbligazioni,* Ano L, 1952, II, pp. 363 a 368.

IGLÉSIAS, Juan — *Derecho Romano. Instituciones de Derecho Privado,* Ariel, 9.ª edição, Barcelona, 1985.

JORGE, Fernando Pessoa — *Direito das Obrigações*, Vol. 1, 1975/76 e Vol. II, 1968/69, A.A.F.D.L., Lisboa.

—— *O Mandato sem Representação*, Lisboa, 1961.

—— *Ensaio sobre os Pressupostos da Responsabilidade Civil*, Lisboa, 1968.

KRAUSE, Engelbert — «Untermieter und Mieter im Schutzbereich eines Vertrag», *Juristen Zeitung*, 1982, pp. 16 a 19.

LACRUZ BERDEJO, José Luis — *Elementos de Derecho Civil*, II *Derecho de Obligaciones*, Vol. 2.º *Contrato y Negocio Juridico «Inter Vivos»*, Bosch, Barcelona, 1977.

LACRUZ BERDEJO, Sancho Rebullida, Delgado Echeverria e Rivero Hernandez — *Derecho de Obligaciones*, Vol. I, *Parte General*, 2.ª edição, Bosch, Barcelona, 1985.

LARA PEINADO, Federico — *Codigo de Hammurabi*, Tecnos, Madrid, 1986.

LARENZ, Karl — *Lehrbuch des Schuldrechts*, I, *Allgemeiner Teil*, 14.ª edição, Beck, Munique, 1987.

—— *Lehrbuch des Schuldrechts*, II, *Besonderer Teil*, 1, 13.ª edição, Beck, Munique, 1987.

LATOUR BROTONS, Juan — «Contrato y Subcontrato de Distribuición», *Revista de Derecho Privado*, Tomo LV, 1971, pp. 715 a 720.

LIMA, Fernando Pires de — «Anotação ao Acórdão do Supremo Tribunal de Justiça, de 18 de Março de 1966», *Revista de Legislação e de Jurisprudência*, Ano 99, pp. 269 a 270.

LIMA, Fernando Pires de e João de Matos Antunes Varela — *Código Civil Anotado*, Vol. I, 4.ª edição, 1987, Vol. II, 3.ª edição, 1986, Vol. III, 2.ª edição, 1987, Coimbra Editora, Coimbra.

LOBÃO, Manoel de Almeida Sousa — *Tractado Pratico, e Critico de todo o Direito Emphyteutico*, Tomos I e II, Lisboa, 1828.

—— *Appendice Diplomatico-Historico ao Tractado Pratico, e Critico de todo o Direito Emphyteutico*, Lisboa, 1829.

—— *Notas de Uso Pratico, e Critico*, Parte I, Lisboa, 1816.

LÓPEZ VILAS, Ramón — *El Subcontrato*, Tecnos, Madrid, 1973.

LOUREIRO, José Pinto — *Tratado da Locação*, II, Coimbra Editora, Coimbra, 1947.

LÖWISCH, Manfred — *Vertragliche Schuldverhältnisse*, 2.ª edição, Beck, Munique, 1988.

MACHADO, João Baptista — «Cláusula do Razoável», *Revista de Legislação e de Jurisprudência*, Ano 120 e segs.

MALAURIE, Philipe e Laurent Aynès — *Cours de Droit Civil, Les Obligations,* Cujas, Paris, 1985.

—— *Cours de Droit Civil, Les Contrats Spéciaux,* Cujas, Paris, 1986.

MARQUES, José Dias — *Teoria Geral do Direito Civil,* Vol. II, Coimbra Editora, Coimbra, 1959.

MASNATTA, Héctor — «La Subcontratación (El Contrato Derivado)», *Revista Juridica de Buenos Aires,* 1964, I-IV, pp. 151 a 177.

MATOS, Isidro de — *Arrendamento e Aluguer,* Atlântida Editora, Coimbra, 1968.

MAYR, Robert von — *Historia del Derecho Romano* (desconhece-se o título original), tradução espanhola de Wenceslao Roces, Vol. I, 2.ª edição, 1.ª reimpressão, 1941, Vol. II, 2.ª edição, 1931, ed. Labor, S.A., Barcelona.

MAZEAUD, Henri e Léon Mazeaud — *Traité Théorique et Pratique de la Responsabilité Civile Délictuelle et Contractuelle,* Tomo I, 4.ª edição, 1947, Tomo II, 6.ª edição, 1970, Tomo III, 6.ª edição, 1978, Sirey, Paris.

MEDICUS, Dieter — *Schuldrecht,* II, *Besonderer Teil,* 3.ª edição, Beck, Munique, 1987.

MENDES, João de Castro — *Direito Civil. Teoria Geral,* Vol. II, A.A.F.D.L., Lisboa, 1979.

MENDONÇA, António Estelita de — «Da Sublocação», *Scientia Iuridica,* 1951, Tomo I, n.º 1, pp. 57 a 58.

—— «Sublocação e Cessão», *Scientia Iuridica,* 1951, Tomo I, n.º 2, pp. 158 a 163.

—— «Sublocação e Albergaria», *Scientia Iuridica,* 1952, Tomo II, n.º 5, pp. 42 a 45.

—— *Da Sublocação,* Almedina, Coimbra, 1972.

MESSINEO, Francesco — *Manuale di Diritto Civile e Commerciale,* Vol. III, 9.ª edição, 1959 e Vol. IV, 8.ª edição, 1954, Dott. A. Giuffrè, Milão.

—— *Il Contratto in Genere,* Tomo 1, 1973, Tomo 2, 1972 *in Trattato di Diritto Civile e Commerciale,* XXI, Dott. A. Giuffrè, Milão.

—— «Contratto Derivato — Sub-contratto», *Enciclopedia del Diritto,* Vol. X, pp. 80 a 87.

MESTRE, Jacques — «Le Principe de l'Effet Relatif à l'Épreuve des Groupes de Contrats», *Revue Trimestrielle de Droit Civil,* 1986, n.º 3, pp. 594 a 596.

—— «Une Nouvelle Entorse au Principe de l'Effet Relatif à Travers la Reconaissance d'une Action Directe à l'Emprunter-locataire», *Revue Trimestrielle de Droit Civil,* 1987, n.º 1, pp. 100 a 102.

MICCIO, Renato — *Dei Singoli Contratti,* Unione Tipografico, Turim, 1959.

—— *La Locazione,* Unione Tipografico, Turim, 1967.

MINERVINI, Gustavo — «Sostituzione nell' Esecusione del Mandato e Submandato», *Banca Borsa e Titoli di Credito*, Ano XIV, 1951, pp. 372 a 382.

—— «Mandato, Sub-mandato e Sostituzione del Mandatario nella Prassi Bancaria e nella Giurisprudenza», *Rivista di Diritto Civile*, Ano XXII, 1976, pp. 471 a 482.

MIRANDA, Pontes de — *Tratado de Direito Privado*, Tomos XL, XLI e XLIII, 3.ª edição, 1972, Tomo XLIV, 2.ª edição, 1963, Borsoi, Rio de Janeiro.

MONTEIRO, Washington de Barros — *Curso de Direito Civil*, Vol. V, *Direito das Obrigações*, 2.ª Parte, 21.ª edição, Saraiva, S. Paulo, 1987.

MOREIRA, Guilherme — *Instituições do Direito Civil Português*, Vol. II, *Das Obrigações*, Coimbra, 1911.

MORENO MOCHOLI, Miguel — «Convivencia, Subarriendo y Hospedaje», *Revista de Derecho Privado*, Tomo XXXVII, 1953, pp. 111 a 121.

NÉRET, Jean — *Le Sous-contrat*, Librairie Générale de Droit et de Jurisprudence, Paris, 1979.

NETO, Abílio — *Inquilinato*, 5.ª edição, Petrony, Lisboa, 1982.

NICKLISCH, Fritz — «Rechtsfragen des Subunternehmervertrags bei Bau — und Anlagenprojekten im In — und Auslandsgeschäft», *Neue Juristische Wochenschrift*, Heft 40, Outubro 1985, pp. 2361 a 2370.

NICOLÒ, Rosario e Mario Stella Richter — *Rassegna di Giurisprudenza sul Codice Civile*, Livro IV, Tomo IV (arts. 1470.º a 1822.º), Vincenzo Archidiacono, Franco Jannelli e Carlo Testi (Org.), 9.ª edição, Dott. A. Giuffrè, Milão, 1970.

Novísima Recopilacion de las Leyes de España, Tomo V, Madrid, 1805.

Ordenações Afonsinas, Livros II e IV, reprodução «fac-simile» da edição feita na Real Imprensa da Universidade de Coimbra no Ano de 1792, Gulbenkian, Lisboa, 1984.

Ordenações Manuelinas, Livros II e IV, reprodução «fac-simile» da edição feita na Real Imprensa da Universidade de Coimbra no Ano de 1797, Gulbenkian, Lisboa, 1984.

Ordenações Filipinas, Livros II e IV, reprodução «fac-simile» da edição feita por Candido Mendes de Almeida, Rio de Janeiro, 1870, Gulbenkian, Lisboa, 1985.

PETIT, Eugène — *Traité Élémentaire de Droit Romain*, 8.ª edição, Rousseau & Cie., Paris, 1920.

PEREIRA, Caio Mário da Silva — *Instituições de Direito Civil*, Vol. III, *Contratos*, 7.ª edição, Forense, Rio de Janeiro, 1986.

PINTO, Carlos Alberto da Mota — *Teoria Geral do Direito Civil*, 3.ª edição, 1.ª reimpressão, Coimbra Editora, Coimbra, 1986.

—— *Cessão da Posição Contratual*, Reimpressão, Almedina, Coimbra, 1982.

PLANIOL, Marcel e Georges Ripert —*Traité Pratique de Droit Civil Français*, 2.ª edição, Tomo X *Contrats Civils*, 1.ª Parte, por Hamel, Givord e Tunc, 1956 e Tomo XI, *Contrats Civils*, 2.ª parte, por Rouast, Savatier, Lepargneur e Besson, 1954, Librairie Générale de Droit et de Jurisprudence, Paris.

POWELL-SMITH, Vincent —*Contract*, 6.ª edição, Butterworths, Londres, 1982.

PRATA, Ana —*Cláusulas de Exclusão e Limitação da Responsabilidade Contratual*, Almedina, Coimbra, 1985.

PROENÇA, José Carlos Brandão —«A Sublocação como Fundamento de Despejo», *Revista da Ordem dos Advogados*, 1983, n.º 1, pp. 179 a 190.

QUARENTA, Alfonso —«Sub-appalti», *Il Foro Amministrativo*, Ano LIX, 1983, pp. 1188 a 1199.

RÉMY, Philippe —«La Sous-traitance» (vários artigos), *Révue Trimestrielle de Droit Civil*, 1983, n.º 1, pp. 150 a 152, 1984, n.ºs 2, 3 e 4, pp. 327 a 330, pp. 524 a 525 e p. 743, 1985, n.º 4, pp. 737 a 738 e 1987, n.º 2, pp. 365 a 367.

RESCIGNO, Pietro —*Manuale del Diritto Privato Italiano*, 7.ª edição, Jovene Editore, Nápoles, 1987.

ROCHA, Manuel António Coelho da —*Instituições de Direito Civil Portuguez*, Tomo II, 6.ª edição, Coimbra, 1886.

RODRIGUES, Silvio —*Direito Civil*, Vol. III, *Dos Contratos e das Declarações Unilaterais de Vontade*, 12.ª edição, Saraiva, S. Paulo, 1983.

RODRIGUEZ-PIÑERO, Miguel —*El Auxiliar Asociado (Aportación al Estudio del Subcontrato de Trabajo)*, Universitad de Sevilha, 1960.

ROPPO, Enzo —*Il Contratto*, Il Mulino, Bolonha, 1977.

RUBINO, Domenico —*Dell'appalto* (art. 1655.º — 1677.º) in *Commentario del Codice Civil de Scialoja e Branca*, Livro IV, *Delle Obbligazioni*, Nicola Zanichelli Editora e Soc. Ed. del Foro Italiano, Bolonha, Roma, 1963.

RUGGIERO, Roberto de —*Istituzioni di Diritto Civile*, Vol. III, 6.ª edição, Casa Editrice Giuseppe Principato Messino, Milão, s.d.

SÁ, Fernando Augusto Cunha de —«Direito ao Cumprimento e Direito a Cumprir», *Revista de Direito e de Estudos Sociais*, Ano XX, 1973, n.ºs 2, 3 e 4, pp. 149 a 259.

SABATO, Franco Di —«Unità e Pluralità di Negozi (Contributo alla Dottrina del Collegamento Negoziale)», *Rivista di Diritto Civile*, Ano V, 1959-I, pp. 412 a 438.

SALVADOR, Manuel Júlio Gonçalves —«Sublocação de Casas Mobiladas», *Revista dos Tribunais*, Ano 80, 1962, pp. 290 a 295.

SAINT-ALARY, Roger — *Droit de la Construction,* PUF, Paris, 1977.

SANTA CRUZ TEIJEIRO, Jose — *Instituciones de Derecho Romano,* Editorial Revista de Derecho Privado, Madrid, 1946.

SAVATIER, René — «L'Interdiction de Sous-louer ou de Céder le Bail ses Degrés Divers; ses Effets», *Recueil Dalloz Hebdomadaire,* Ano 1928, pp. 29 a 32.

—— «Le Prétendu Principe de l'Effet Relatif des Contrats», *Revue Trimestrielle de Droit Civil,* 1934, pp. 525 a 545.

SCHLECHTRIEM, Peter — *Schuldrecht, Besonderer Teil,* J. C. B. Mohr, Tubinga, 1987.

SERRA, Adriano Vaz — «Impossibilidade Superveniente por Causa não Imputável ao Devedor e Desaparecimento do Interesse do Credor», *Boletim do Ministério da Justiça,* n.º 46, pp. 49 a 60.

—— «Responsabilidade do Devedor pelos Factos dos Auxiliares, dos Representantes Legais ou dos Substitutos», *Boletim do Ministério da Justiça,* n.º 72, pp. 259 a 303.

—— «Responsabilidade Patrimonial», *Boletim do Ministério da Justiça,* n.º 75, pp. 5 a 410.

—— «Empreitada», *Boletim do Ministério da Justiça,* n.º 145, pp. 19 a 190 e n.º 146, pp. 33 a 247.

—— *União de Contratos. Contratos Mistos,* Lisboa, 1960.

—— «Responsabilidade de Terceiros no Não-cumprimento de Obrigações», *Boletim do Ministério da Justiça,* n.º 85, pp. 345 a 360.

—— «Anotação ao Acórdão do Supremo Tribunal de Justiça, de 19 de Fevereiro de 1974», *Revista de Legislação e de Jurisprudência,* Ano 108, pp. 84 a 94.

SIMONCELLI, Vincenzo — «La Sublocazione e la Cessione dell'Affitto», *in Scritti Giuridici,* Vol. I, Soc. Editrice del Foro Italiano, Roma, 1938.

SILVA, Manuel Gomes da — *O Dever de Prestar e o Dever de Indemnizar,* Lisboa, 1944.

SOUSA, Bernardino Rodrigues de — *Sublocação,* Coimbra, 1941.

SKOPALIK, Otto — *Die Rechte der Untermieter,* 2.ª edição, Wilhelm Goldmann Verlag, Munique, 1976.

TABET, Andrea — «Sublocazione», *Novissimo Digesto Italiano,* Vol. XVIII, pp. 588 a 594.

—— *La Locazione-conduzione, in Trattato di Diritto Civile e Commerciale,* Vol. XXV, Dott. A. Giuffrè, Milão, 1972.

TAVARES, José — *Os Princípios Fundamentais do Direito Civil,* Vol. I, 1.ª Parte, *Teoria Geral do Direito Civil,* 2.ª edição, Coimbra, 1929.

TELLES, Fernando Galvão — «União de Contratos e Contratos Para-sociais», *Revista da Ordem dos Advogados* XI, n.ᵒˢ 1 e 2, pp. 37 a 103.

TELLES, Inocêncio Galvão — *Direito das Obrigações*, 6.ª edição, Coimbra Editora, Coimbra, 1989.

—— *Manual dos Contratos em Geral*, 3.ª edição, Lisboa, 1965.

—— «Aspectos Comuns aos Vários Contratos», *Revista da Faculdade de Direito da Universidade de Lisboa*, Vol. VII, 1950, pp. 234 a 315.

—— «Contratos Civis», *Boletim do Ministério da Justiça*, n.º 83, pp. 114 a 282.

—— «Algumas Considerações sobre o Conceito Jurídico de Sucessão», *Revista da Faculdade de Direito da Universidade de Lisboa*, Vol. XIX, 1965, pp. 89 a 132.

—— «Dos Contratos em Especial (Compra e Venda e Locação)», *Revista da Faculdade de Direito da Universidade de Lisboa*, Vol. V, 1948, pp. 173 a 230.

TELLES, José Homem Corrêa — *Digesto Portuguez*, Tomo III, Coimbra, 1836.

TETTENBORN, A. M. — *An Introduction to the Law of Obligations*, Butterworths, Londres, 1984.

TEYSSIÉ, Bernard — *Les Groupes de Contrats*, Librairie Générale de Droit et de Jurisprudence, Paris, 1975.

THUR, Andreas von — *Allgemeiner Teil des Schweizerischen Obligationrechts*, Tomo II, tradução espanhola de W. Roces, sob o título «*Tratado de las Obligaciones*», Madrid, 1934.

TORRENTE, Andrea e Piero Schlesinger — *Manuale di Diritto Privato*, 10.ª edição, Dott. A. Giuffrè, Milão, 1978.

TRABUCCHI, Alberto — *Istituzioni di Diritto Civile*, 29.ª edição, Cedam, Pádua, 1988.

TREITEL, G. H. — *An Outline of The Law of Contract*, 3.ª edição, Butterworths, Londres, 1984.

TRIMARCHI, Pietro — «Sulla Responsabilità del Terzo per Pregiudizio al Diritto di Credito», *Rivista di Diritto Civile*, Ano XXIX, 1983, n.º 3, pp. 217 a 236.

VALENTIN, Georges — *Les Contrats de Sous-traitance*, Librairies Techniques, Paris, 1979.

VARELA, João de Matos Antunes — *Das Obrigações em Geral*, Vol. I, 6.ª edição, 1989, Vol. II, 3.ª edição, 1980, Almedina, Coimbra.

—— *Contratos Mistos*, Separata do Vol. XLIV, do *Boletim da Faculdade de Direito da Universidade de Coimbra*, Coimbra, 1968.

—— «Anotação ao Acórdão do Supremo Tribunal de Justiça, de 27 de Outubro de 1967», *Revista de Legislação e de Jurisprudência*, Ano 101, pp. 203 a 208.

VAZ, Pessoa — *Do Efeito Externo das Obrigações*, edição policopiada, Coimbra, 1977.

VETTER, Eberhard — «Subunternehmerverträge im Internationalen Industrieanlagengeschäft», *Recht der Internationalen Wirtschaft*, Heft 2, Fevereiro 1986, pp. 81 a 92.

WALD, Arnoldo — *Curso de Direito Civil Brasileiro*, Vol. II, *Obrigações e Contratos*, 6.ª edição, São Paulo, 1983.

—— *Responsabilidade Subsidiária do Locatário e Estipulação em Favor de Terceiro*, Separata da *Revista Jurídica*, Rio de Janeiro, 1971.

WATANABE, Susumu — «La Sous-traitance» (vários artigos), *Revue Internationale du Travail*, Vol. 104, 1971, pp. 55 a 84, Vol. 105, 1972, pp. 445 a 472.

WEIL, Alex e François Terré — *Droit Civil. Les Obligations*, 4.ª edição, Dalloz, Paris, 1986.

WIEACKER, Franz — *Privatrechtsgeschicht der Neuzeit unter Besonderer Berücksichtigung der Deutschen Entwicklung*, tradução de António M. Hespanha sob o título «*História do Direito Privado Moderno*», 2.ª edição, Gulbenkian, Lisboa, 1980.

WOLF, Ernst — *Lehrbuch des Schuldrechts*, I, *Allgemeiner Teil*, Carl Heymans Verlag, Colónia, Berlim, Munique, 1978.

—— *Lehrbuch des Schuldrechts*, II, Besonderer Teil, Carl Heymans Verlag, Colónia, Berlim, Munique, 1978.

XAVIER, Bernardo da Gama Lobo — «A Crise e Alguns Institutos de Direito do Trabalho», *Revista de Direito e de Estudos Sociais*, XXVIII, n.º 4, pp. 517 a 569.

Outros títulos nesta Colecção:

A Tutela Constitucional da Autonomia Privada — Ana Prata
Recursos em Processo Civil — M. de Oliveira Leal Henriques
Do Abuso do Direito — Jorge Manuel Coutinho de Abreu
Participação e Descentralização, Democratização e Neutralidade na Constituição de 76 — J. Baptista Machado
A Falsidade no Direito Probatório — José Lebre de Freitas
Direito Bancário — Temas Críticos e Legislação Conexa — Alberto Luís
Temas de Direito das Sociedades — António Caeiro
Usufruto e Arrendamento — O Direito de Usufruto como Alternativa ao Arrendamento — António dos Santos Lessa
Droga — Prevenção e Tratamento. Combate ao Tráfico — A. G. Lourenço Martins
O Agravo e o seu Regime de Subida — Estrutura, Funcionamento e Prática do Agravo — Fernando Luso Soares
O Processo Penal como Jurisdição Voluntária — Uma Introdução Crítica ao Estudo do Processo Penal — Fernando Luso Soares
Os Direitos dos Consumidores — Carlos Ferreira de Almeida
Direito do Trabalho e Nulidade do Despedimento — Messias de Carvalho — Vítor Nunes de Almeida
Para uma Nova Justiça Penal — Ciclo de Conferências no Conselho Distrital do Porto da Ordem dos Advogados
Temas Laborais — António Monteiro Fernandes
A Convenção Colectiva entre as Fontes de Direito de Trabalho — José Barros de Moura
Despedimentos e Outras Formas de Cessação do Contrato de Trabalho — Carlos Alberto Lourenço Morais Antunes — Amadeu Francisco R. Guerra
Intenção e Dolo no Envenenamento — João Curado Neves
A Natureza Jurídica do Recurso — Direito de Anulação — Vasco Pereira da Silva
Conceitos Fundamentais do Regime Jurídico do Funcionalismo Público — Vol. I — João Alfaia
Estudos de Direito Civil Comercial e Criminal — A. Ferrer Correia
Direitos Fundamentais dos Trabalhadores e a Constituição — João Caupers
O Direito Penal Sexual: Conteúdo e Limites — Karl Prelhaz Natscheradetz
Danos não Patrimoniais — O Dano da Morte — Delfim Maya de Lucena
Problemática do Erro sobre a Ilicitude — Teresa Serra
Cláusulas de Exclusão e Limitação da Responsabilidade Contratual — Ana Prata
Reflexões Críticas sobre a Indignidade e a Deserdação — Branca Martins da Cruz
Estudos de Registo Predial — Jorge Seabra de Magalhães
A Conversão do Negócio Jurídico — Teresa Luso Soares
Contratos Internacionais — Maria Ângela Bento Soares — Rui Manuel Moura Ramos
Arrendamentos Comerciais — M. Januário Gomes
Temas Fundamentais de Direito — M. Bigotte Chorão
Temas de Direito Comercial — Ciclo de Conferências da Ordem dos Advogados do Porto
O Procedimento Administrativo — Paulo Ferreira da Cunha
Temas de Direito de Família — Ciclo de Conferências da Ordem dos Advogados do Porto
Tribunal de Conflitos: Organização, Competência, Poderes e Natureza Jurídica — António Augusto Damasceno Correia
Manual de Acidentes de Viação — Dario Martins de Almeida
Constituição e Direitos de Oposição — J. M. Silva Leitão
Crimes de Empreendimento e Tentativa — Jorge C. Almeida Fonseca
A Relevância Jurídica Penal das Decisões de Consciência — A. Silva Dias
Atendibilidade de Factos não Alegados — Prof. Pessoa Vaz
A Excepção de não Cumprimento do Contrato de Direito Civil Português — José João Abrantes

Sobre os Regulamentos Administrativos e o Princípio da Legalidade — Jorge Manuel Coutinho de Abreu
Trabalho a Favor da Comunidade — Maria Amélia Vera Jardim
Novas Perspectivas de Direito Comercial — Faculdade de Direito da Universidade Clássica de Lisboa
O Novo Código de Processo Penal — Centro de Estudos Judiciários
Estudos de Direito Civil — A. Menezes Cordeiro
A Cláusula de Reserva de Propriedade — Luís Lima Pinheiro
Constituição de Sociedades — Albino Matos
As Operações Comerciais — Curso de Mestrado na Faculdade de Direito de Lisboa — Vários Autores
Assembleias Gerais nas Sociedades por Quotas — Branca Martins da Cruz
Temas de Direito Comercial e Direito Internacional Privado — A. Ferrer Correia
A Tutela dos Interesses Difusos em Direito Administrativo — Luís Colaço Antunes
Estudos de Direito Comercial — Faculdade de Direito de Lisboa
Nome das Pessoas e o Direito — M. Vilhena de Carvalho
Manual dos Juros — F. Correia das Neves
Introdução ao Processo Penal — José da Costa Pimenta